KB005002

# 코끼리에
# 올라타라

# 코끼리에 올라타라

### 홈쇼핑 베테랑의 인도 비즈니스 진출법

신시열 지음

이콘

한 때 세계 최고의 초고속 성장을 구가하던 한국경제가 최근 극심한 어려움을 겪고 있다. 특히 경제적으로 우리와 가장 긴밀한 관계를 맺어 온 중국, 일본과 불화가 생기면서 이 나라들에 대한 의존도를 낮춰야 할 필요성이 대두되고 있다. 그렇다면 우리는 어디와 손을 잡아야 할까. 인도는 우리가 눈을 돌려 발 빠르게 달려가서 손을 내밀어야 할 최적의 파트너이다. 인도야 말로 한국경제의 재도약을 위한 발판을 마련해 줄 수 있는 블루오션이다.

인도는 젊은 인구구조의 13억 6천만 인구, 7% 초중반을 넘나드는 전 세계 최고의 경제성장률, 줄기차게 유입되는 외부의 투자자금과 힘차게 치솟는 증시, 구매력 기준Purchasing Power Parity으로 벌써 전 세계 3위의 경제규모를 가진 나라다. 하지만 아직도 많은 한국인들은 인도를 미개하고 가난한 나라, 여성에게 위험한 나라로만 인식하고 있다. 주인도 대사를 다년간 역임하면서 인도를 세심하게 살펴본 본인이 판단하기엔 천부당 만부당한 얘기다. 이제는 정말 인도를 제대로 파악해야 할 때가 되었다.

이 책은 우리에게 잘 알려지지 않은 인도 경제와 비즈니스의 미래 가능성을 다양한 관점에서 조명한다. 특히 저자가 다년간 인도 소비자와 직접 몸으로 부딪치며 현장에서 겪은 생생한 실무 경험을 담담하게 잘 풀어냈다. 어마어마한 인도 경제, 문화, 시장 그리고 인도 소비자의 진면목을 제대로 파악하려는 한국 기업인들에게 일독을 권한다. 일찍부터 인도 진출에 공을 들여온 일본과 중국의 행보와 비교해 많이 아쉽지만, 지금도 늦지 않았다. 지금이야말로 크게 눈을 뜨고, 인도의 앞날을 세심하게 살펴봐야 할 때다.

이준규 前 주인도대사, 주일본대사, 現 인도포럼 회장

# 서 론

내가 인도를 처음 방문했을 때는 2011년 2월로, 당시 해외진출에 뜻이 있는 CJ오쇼핑 파트너 사장 및 임원 일곱 분과 함께였다. 우리는 인도 수도인 뉴델리와 뭄바이 등 몇몇 대도시를 둘러봤는데, 그중 가장 기억에 남는 장면은 뭄바이에서 가장 큰 기차역인 뭄바이 센트럴역에 들렀을 때였다. 역에 들어서자마자 정말 입이 딱 벌어질 정도로 어마어마한 숫자의 인파가 오가는 장관이 펼쳐졌고, 그 장면을 보면서 내 머릿속에는 인도 인구의 힘과 저력 그리고 그 뒤에 펼쳐질 막대한 시장규모가 스쳐 지나갔다. 바로 이때 나는 결심을 했다. 향후 인도에서 일할 기회가 주어진다면, 무조건 달려가겠다고.

유엔경제사회국UNDESA의 예측치를 봤을 때, 아마도 빠르면 2024년, 늦어도 2025년이면 인도와 중국의 총인구 순위가 역전될 것이다. 한 나라의 인구는 곧 그 나라의 국력과 직결된다는 점에서 나는 결국 인도가 2025년 전후에 미국, 중국과 함께 확고부동한 전 세계 3대 강국으로 등극할 것임을 의심하지 않는다. 미래학자인 박영숙과 제롬 글렌 등은 2011년 12월에 『유엔미래보고서 2025』라는 책을 발간했다. 아래는 이 책에 수록된 미래유망직업 54개 중 경제경영 분야에 인용된 내용인데 미래 유망직업으로 인도전문가가 당당히 랭크되어 있다.

"브레인퀀트, 최고경리자, 세계자원관리자, 금융기술전문가…(중략) … 개인브랜드 매니저, 인도전문가"

2011년 가을 마침내 내게도 인도에 근무할 천금 같은 기회가 주어졌다. CJ오쇼핑과 인도 최대 민영방송국인 스타TV의 합작법인인 '숍CJ'의 법인장 교체 시기가 도래했기 때문이다. 그리고 나는 2012년 2월부터 인도 근무를 시작했다.

사드 사태로 인해 지난 2016년 초가을부터 시작된 중국과의 갈등은 수많은 기업들에게 피해를 입혀왔다. 비즈니스의 기본 중 하나는, 절대로 계란을 한 바구니에 모두 담지 않아야 한다는 것이다. 바구니를 떨어트리기라도 하면 안에 담긴 계란이 모두 깨지기 때문이다. 수십 년간 수출로 성장해왔던 한국경제는 현재 중국에 25%라는 높은 비중으로 의존하고 있다. 아무리 좋게 봐도 지나치게 높은 비중이다. 그렇다면 이제 인도라는, 낯설지만 새로운 곳으로 눈을 돌릴 필요가 있지 않을까.

이 책은 이를 위한 인도 비즈니스 입문서이다. 인도 진출의 첫걸음은 무엇보다 인도의 정치와 경제 그리고 인도 인구의 막강한 힘을 정확하게 이해하는 것이다. 인도는 현재 세계에서 가장 빠르게 성장하는 나라 중 하나이다. 나는 이 동력의 유래를 분석하는 것으로 시작하려 한다. 1장에서 3장까지는 인도를 이해하기 위한 기초교양이라 할 수 있는 인도의 정치, 인도의 인구 그리고 인도의 경제에 관한 개괄적인 내용을 담았다. 더불어 4장에서는 이커머스 시장을 중심으로 인도의 빠른 성장이 인도 소비자와 시장에 어떻게 귀결되는지를 다뤘다.

5장부터는 우리에게 아직 익숙하지 않은 인도의 장점들을 살펴봤다. 누가 뭐라해도 인도는 IT와 우주항공 기술의 강자이다. 인도의 IT 엔지니어들은 실리콘밸리와 함께 최첨단 기술을 이끌고 있으며 미국, 러시아, 유럽연합에 뒤이어 인도는 전 세계 4번째로 화성탐사선 발사를 성공시켰다. 어디 그뿐인가? 인도는 전 세계 4위의 막강한 군사력을 가진 나라이기도 하다. 전 국민의 영어실력이 유창한 것도 인도의 강점 중 하나다. 한국인은 초등, 중등, 고등학교 과정과 대학교육을 받고도 외국인과 유창하게 대화하지 못한다. 하지만 인도에서는 대도시에 소재한 쇼핑몰, 시장, 상점 등 어디에서도 영어로 대화하지 못하는 인도인을 발견하기 쉽지 않다.

인도의 문화, 특히 인도 영화는 인도 특유의 '맛살라 문화'와 접맥되어 있다는 점에서 외국인에게 다소 생소한 것이 사실이다. 하지만 세계화 시대에 맞게 그런 인도 영화도 빠르게 변화하고 있고, 세계인에게 어필할만한 컨텐츠를 만들기 시작했다. 8장에서는 이런 변화하는 문화강국으로서의 인도를 분석했다. 9장에서는 앞에서 언급한 인도의 눈부신 성장과 발전에도 불구하고 그동안 인도에 발을 디디는데 실패한 한국 기업들의 몇 가지 현실적인 이유와 비즈니스 리스크를 짚고자 한다. 마지막으로 부록1은 인도 시장과 소비자를 보다 효과적으로 파악하기 위한 시장조사 방법과 진출방법을 기술했다. 시장조사는 마케팅과 영업의 첫걸음이다. 나는 잘못된 시장조사 방법 대신 국내 및 국외에서 해볼 수 있는 유용한 시장조사 방법을 담아냈다. 부록2는 인도에 진출하는 방법에 다양한 옵션이 있음을 강조하고자 집필한 부분이다. 각각의 진출 방법이 가지는 장단점을 꼼꼼히 따져보았으니, 해당 기업의 입장에서 가장 유리한 진출방법을 고민해봤으면 한다.

아직도 중국발 사드의 망령은 완전히 끝나지 않았다. 다행히 정부가 2018년부터 신남방정책을 적극적으로 검토하면서 인도에 대한 관심도 높아지고 있다. 그리고 무엇보다 최근 인도의 근본적인 성장을 이끌어낸 모디 총리가 2019년 선거에서 다시금 국민들의 뜨거운 지지를 받으며 재집권에 성공했다. 인도라는 국가의 성장은 어쩌면 지금부터가 본격적일지도 모른다. 지리적 위치, 경제적 여건, 정치적 상황 등 다양한 요소들을 고려해봤을 때 인도는 한국이 함께 해야할 전략적 동반자임은 의심할 여지가 없다. 그러므로 바로 지금이 인도라는 코끼리에 올라타야 하는 시기이다.

이 자리를 빌어 나와 함께 인도 사업의 성공을 위해 불철주야 뛰어준 CJ E&M의 신우균, 곽상원, 정진우, 오정훈, 노경근, 김태균, 진상욱, 박성진, 김수철, 홍기영님에게 무한한 감사를 보낸다. 이 책을 쓰면서, 바쁜 회사 생활을 병행하다 보니 제대로 쉬는 밤과 주말이 없어 힘들었다. 그럴 때마다 옆에서 나의 게으름을 일깨우면서 마무리 독려를 해준 아내와 두 아들이 생각난다. 가족 덕에 나의 열정을 이 책에 담을 수 있었다. 그들에게 남편으로서, 아빠로서 약속을 지킬 수 있어 행복하다.

c o n t e n t s

1장

# 최근 인도의
# 정치와 경제 동향

# 근현대 인도 정치의 흐름

인도는 대한민국의 33배에 이르는 커다란 면적을 가진 대국이자 오랜 역사와 함께 다양한 인종, 언어, 기후, 종교, 문화를 보유한 유서 깊은 나라다. 크게 보면 인도의 역사는 힌두 시대, 이슬람 시대, 영국 식민지 시대, 현대의 독립국가 시대로 나뉜다. 힌두 시대는 전 세계 4대 문명 중 하나인 인더스 문명 이후 북방의 아리아인들이 침입하여 군림했던 시기까지를, 이슬람 시대는 이슬람 교도가 인도를 지배했던 무굴 제국이 사라진 시기까지를 지칭한다. 5,000년이 훌쩍 넘는 긴 인도 역사에서 정치적 통일은 오직 마우리아Maurya 왕조(기원전 322년~기원전 185년), 굽타Gupta 왕조(320년~550년), 무굴Mughul 왕조(1526년~1858년), 이 세 왕조에 의해 이루어졌다. 무굴 왕조의 멸망 후 인도는 약 200년 동안 영국의 지배를 받았고 1947년 8월 15일에 영국으로부터 독립하면서 비로소 주권국가가 되었다.

인도의 근현대사는 영국의 식민지 지배와 그 궤를 같이한다. 2001년에 출간된 앵거스 메디슨Angus Maddison의 『세계 경제The World Economy』에 따르면, 인도는 1700년에는 세계 GDP의 약 23%를 차지하며 크게 번성했으나 영국 식민지 지배가 최고조에 달했던 1870년에는 그 비율이 12%로 수직 하강했다. 급기야 1950년대 초 영국이 최종적으로 떠난 직후, 인도는 세계 GDP의 3.8%에 불과한 경제 빈곤국으로 전락하고 말았다.

영국식 의회 민주주의를 따르는 인도는 가장 많은 유권자를 보유한 세계 최대의 민주주의 국가다. 지난 2014년 선거 당시 총유권자 수는 무려 8억 6,350만 명을 넘었다. 당시 법정 선거자금액, 전국에 설치된 투표소 수, 동원된 공무원 및 보조인원 수 등은 상상을 초월하는 규모였고 투표 진행 자체에만도 5주 정도 소요되었다. 부정부패와 폭력으로 얼룩진 여타 저개발국가와 달리 다행히, 평화롭고 질서정연한 선거였다. 이런 면에서 인도가 세계 최대의 민주주의 국가임은 맞지만, 현대의 인도 정치는 인도 독립의 아버지로 불리는 네루-간디 가문에 의해 정권 독점이 이뤄진 적이 있었다. 초대 총리를 역임한 자와할랄 네루Jawaharlal Nehru를 필두로 네루의 딸 인디라 간디Indira Gandhi, 그녀의 아들이자 네루의 외손자인 라지브 간디Rajiv Gandhi가 총리 자리에 오름으로써 3대 총리 역임의 기록을 세웠기 때문이다. 이런 이유 때문에 네루-간디 가문은 인도의 케네디Kennedy가문으로 지칭되기도 한다.

그러다 1991년, 1984년부터 총리를 역임한 라지브 간디가 선거유세 중 폭탄테러로 사망했다. 그러자 라지브 간디의 부인인 소냐 간디Sonia Gandhi가 이끄는 국민회의당INC: Indian National Congress(1885년에 설립된 인도의 보수정당으로 1920년 이후 마하트마 간디의 리더십 아래 인도 독립운동의 중심적 역할을 했고, 주로 자유주의와 경제발전을 지지함)이 2004년 총선에서 정권을 재창출하면서 만모한 싱Manmohan Singh을 총리에 추대했다. 10년 가까이 집권한 만모한 싱 총리는 인도 경제의 성공적 발전을 이끌기 위해 노력했으나 지속적으로 발생된 각종 부정부패 사건, 물가급등 그리고 2010년 이후 지속된 경제침체로 2014년 5월 제1야당인 인도국민당BJP: Bharatiya Janata Party(1980년에 설립된 인도 정당으로 힌두 중심의 사회, 문화, 종교적 가치, 보수주의, 국가 안보를 중시함)에 대패했다.

2019년 현재 인도의 연방총리인 나렌드라 모디Narendra Modi는 2013년부터 일찌감치 인도국민당의 차기 총리 후보로 추대되었다. 그가 장기간 주 총리Chief Minister로 재임했던 구자라트Gujarat주州의 눈부신 경제적 성과를 바탕으로 젊은 층과 중산층으로부터 폭넓은 지지를 받았기 때문이다. 2014년 5월 하원의원 총선거에서 인도국민당은 단독으로 과반수를 확보하는 압승을 거두었고, 모디 후보는 제14대 총리에 취임했다.

# 모디 총리의 중앙무대 진출과
## 구자라트 모델

2014년에 이어, 2019년에도 나렌드라 모디는 총선에서 압승하며 인도의 총리로 당선되었다. 인도의 중산층과 젊은 세대로부터 열화와 같은 성원과 지지를 꾸준히 받아왔고 그 인기가 여전히 높다는 점에서 모디 총리는 대한민국의 문재인 대통령과 닮아 보인다. 지금부터는 이러한 나렌드라 모디 총리의 리더십과 그가 추구하는 정책의 핵심, 그중에서도 모디 경제 정책의 정수라 할 수 있는 '모디노믹스Modinomics'의 핵심 내용을 자세히 살펴보고자 한다.

모디 총리는 카리스마적 리더십을 가진 대표적인 인물이다. 리더십, 특히 한 나라의 운명을 좌지우지하는 국가지도자의 리더십은 해당 국가의 존망을 결정지을 수 있다는 점에서 중차대한 요소다. 더군다나 인도처럼 시기적으로 국가의 발전과 성장이 무엇보다 중요한 개발도상국에게 국가지도자의 추진력 있고 걸출한 리더십보다 중요한 변수는 없다. 이유는 단순명쾌하다. 그 걸출한 리더가 다른 개발도상국과의 치열한 경쟁을 극복하고, 중진국을 거쳐 선진국으로 빠르게 도약해야 하는 핵심 과제를 진두지휘해야 하기 때문이다. 특히 모든 국민들의 가장 큰 관심사인 의식주, 다시 말해 실제로 먹고 사는 문제의 해결에 있어서는 더욱 그렇다.

때는 2014년 1월, 인도 중앙정부 총리 선거가 약 4개월여 남은 시기였다. 총리 후보자들에 대한 검증 관련 기사를 비롯하여 후보자에 대한 각종 지지자들의 의견과 토론이 TV와 신문, 잡지 그리고 인터넷 등을 한창 뜨겁게 달구고 있었다. 모디 총리 후보에 대한 화제를 가지고 얘기할 때, 나는 아직도 CJ오쇼핑의 인도 홈쇼핑 합작법인인 숍 CJShop CJ의 마케팅·PR 담당자 마헤시 파텔Mahesh Patel이 보여줬던 그 열정적인 눈매와 표정을 잊을 수가 없다. 마헤시에게 있어 모디 총리 후보자는 거의 신적인 존재였다. 하지만 당시 나는 마헤시가 모디 후보와 동향同鄕, 즉 같은 구자라트주 출신이니 그렇게 일방적인 찬사를 보내는 것도 일견 당연하다고 생각했었다. 우리나라와 마찬가지로 혈연, 지연, 학연은 인도에서도 사회관계망의 중요한 요소이기 때문이다.

하지만 2014년의 총리 선거전이 이루어졌던 2월, 3월, 4월이 가면서 모디 총리 후보의 지지자들, 그중에서도 특히 인도 젊은이들이 보내는 응원은 상상을 초월할 정도로 광범위하고 맹목적이었다고 기억된다. 마헤시가 모디에게 보인 열정과 관심은 고향이 같다는 이유에서만 나온 것이 아니었던 것이다. 당시 인도의 미래를 염려하고 걱정하는 젊은 세대와 오피니언 리더들에게는 인도국민당의 나렌드라 모디 후보만이 미래의 거함巨艦 인도를 바람직하게 이끌 유일무이한 지도자라고 인식되어 있었다.

아니나 다를까. 모디 후보가 진두지휘한 제1야당 인도국민당은 2014년 5월에 치러진 총선에서 과반을 거뜬히 넘긴 282석을 확보하면서 집권여당인 국민회의당을 문자 그대로 압도해버렸다. 당시 소냐 간디와 그녀의 아들인 라훌 간디Rahul Gandhi가 이끌었던 국민회의당은 인도국민당이 확보한 의석수의 20퍼센트 수준에 불과한 44석만 얻어냈을 뿐이다. 따라서 나렌드라 모디 후보가 이끈 인도국민당의 승리는 새로운 정치 및 변화 그리고 리더십을 갈망하는 인도 국민들의 압도적 지지를 보여주는 것으로 판단되었다. 긍정적인 변화에 대한 국민들의 뜨거운 갈망이 엄청난 표심으로 증명된 것이다. 연방총리 선거 전의 10년간 이어진 경제성장 둔화와 뿌리 깊은 부정부패는 이렇게 인도의 유서 깊은 정치 명문인 간디 가문을 철저히 주저앉히는 결과를 가져왔다.

여기서 나렌드라 모디 총리의 당선과 관련해 잊지 말아야 할 한 가지 중요한 포인트가 있다. 바로 모디 총리의 당선이 단순히 정권교체를 이룩한 것이 아니라, 30년 만에 처음으로 '단독정부'를 구성했다는 점이다. 단독정부가 되면 야당인 다른 정당들의 눈치를 볼 것 없이 정부가 원하는 바를 일관되고 힘 있게 독자적으로 추진할 수 있는데, 모디 정부는 바로 이 점에서 이전 정부들과 근본적으로 다른 차별점을 갖는다. 예컨대 과거 여당이었던 국민회의당은 다수당에 기반을 두는 단독정부가 아니다 보니 정부의 특정 정책을 원안 그대로 밀고 나가기 위해 항상 다수의 다른 정당들과 엉성한 '연합정부'를 구성할 수밖에 없었다. 의견과 생각이 저마다 다른 정당들로 느슨하게 만들어진 연합정부로는 통합적이고 강력한 힘과 리더십을 발휘할 수 없기 마련이다. 따라서 국민회의당이 자신들의 핵심 정책을 독자적으로 밀고 나갈 환경과 여건이 조성되지 않은 것은 당연한 결과였다. 이에 반해 나렌드라 모디 총리는 그동안 모든 정당이 가장 바랐던 것, 즉 단독정부를 마침내 구성함으로써 자신이 가지고 있는 소신을 정책으로 구현해내는 것이 가능해졌다. 이는 연임에 성공한 2019년 5월 이후에도 마찬가지였다.

나렌드라 모디 총리는 1950년 9월 구자라트주의 메사나Mehsana에서 태어났다. 1965년 카슈미르Kashmir 지방의 영유권을 둘러싸고 제2차 인도-파키스탄 전쟁이 발발했을 때, 그는 메사나 기차역을 오가는 젊은 군인들에게 인도의 전통차인 짜이Chai를 파는 소년이었다.

모디 총리의 신분 계급은 논란이 되기도 했었다. 지난 수천 년간 인도인의 삶은 카스트 제도에 의해 실질적으로 좌우되어왔다. 카스트 제도는 최근 인도가 현대화 과정을 겪으면서 점차 유명무실해지고 있는 상태지만 여전히 많은 인도인의 일상생활을 규정짓는 사회적 제도와 관습으로 남아 있다. 그렇기에 인도인들은 어떤 특정인을 살펴볼 때 아직도 그 사람의 카스트를 내밀하게 주목하곤 하며, 결혼할 때도 여전히 상대의 카스트 계급을 신중하게 따진다.

카스트는 크게 네 가지 계급으로 구성된다. 브라만Brahmin(성직자, 승려 및 학자 등의 승려계급), 크샤트리아Kshatriya(무사 및 군인 등의 통치계급), 바이샤Vaishya(상인 및 전문직 등 상인계급), 수드라Shudra(노동자 및 하인 등의 천민계급) 등이 그것이다. 그런데 몇몇 사람들은 모디 총리가 불가촉천민 계급 출신이라고 잘못 알고 있다. 불가촉천민이란 앞서 언급한 네 계급으로 구성되는 카스트 제도에조차 속하지 않는 하층 중의 하층으로, 달리트Dalit 혹은 하리잔Harijan이라 부르기도 한다.

하지만 인도에서 가장 권위 있는 일간지 〈타임스 오브 인디아Times of India〉가 연방총리 선거 직전에 했던 보도에 따르면, 모디 총리는 바이샤와 수드라의 중간쯤에 해당되는 텔리-간치Teli-Ghanchi라는 계급 출신이다. 그러므로 그가 불가촉천민까지는 아니지만 전통적인 카스트에서 상위 그룹에 해당하는 브라만이나 크샤트리아가 아닌, 사회적 혜택을 받지 못한 중간 이하의 신분임은 분명한 사실로 보인다.

인도국민당과 모디 총리의 오랜 인연은 1985년부터 시작되었다. 모디가 8살 때부터 가입해 있던 민족의용단RSS: Rashtriya Swayamsevak Sangh(인도의 우파로, 준군사적 조직을 갖춘 힌두 민족주의자 그룹을 지칭함)이 1971년 이후 정식 단원이 된 모디를 1985년에 인도국민당으로 파견했기 때문이다. 이후 모디는 인도국민당 내에서 다양한 직위를 맡아 나름의 역할을 수행했다. 지난 2001년 10월에 처음 구자라트주의 주 총리로 선출된 그는 2014년 4월까지 무려 세 번의 주 총리직을 연임했다.

사실 나렌드라 모디에 대한 인도 국민들의 관심은 구자라트주의 경제성장에서 시작되었다. 그가 주 총리로 재직하면서 성취했던 경제성장과 사회적 업적은 인도 내 다른 주들의 부진한 성적표와 비교했을 때 눈에 띄게 탁월했고, 그에 따라 모디의 경영능력도 우수한 것으로 평가받았다. 2002년부터 2014년 4월까지 주 총리로 재직한 12년의 기간 중 구자라트의 경제성장률은 2007년 한 해를 제외하고는 항상 인도 전체 경제성장률을 큰 폭으로 앞질렀던 것이 사실이다. 12년은 강산이 한 번 변하고도 남는 장구한 세월이다. 이 긴 기간 동안 구자라트를 인도에서 가장 부유한 주로 자리매김하게 만든 모디 주 총리의 업적은 국내외 경제 전문가와 국민들, 특히 젊은 세대와 중산층을 매료시키기에 충분했다.

여기에서 참고로 할 만한 재미있는 사실 하나는, 구자라트주의 성장과 발전에 있어 모디 주 총리가 모델로 삼은 것이 바로 한국이었다는 것이다. 이는 2018년 7월까지 주한 인도대사로 재직했던 비크람 도레스와미Vikram Doraiswami가 각종 콘퍼런스와 세미나에서 중점적으로 언급한 바 있다.

2015년 1월 8일자 영국 주간지 〈이코노미스트Economist〉는 "모디의 주 총리 재임기간인 2001년부터 2012년까지 구자라트주는 경제성장률 면에서 인도 전체의 연평균 국내총생산 경제성장률보다 훨씬 높은,

약 10%에 육박하는 출중한 실적을 만들어냈다. …(중략)… 구자라트의 인구는 전체 인도인의 5%에 불과하고 면적 또한 국토의 6%밖에 차지하지 않지만, 모디가 주 총리로 재직하면서 전체 GDP의 7.6%, 전체 노동력의 10% 그리고 전체 수출의 22%를 차지하는 알찬 주로 거듭났다"고 썼다.

당시 구자라트의 경제성장과 모디 주 총리에 관해서는 여러 유명한 에피소드가 있다. 지난 2008년 인도 타타모터스Tata Motors사의 회장 라탄 타타Ratan Tata는 전 세계에서 가장 경제적이고 저렴한 차로 잘 알려진 나노Nano의 공장을 애초에 동쪽 웨스트뱅갈주 싱구르Singur에 세우려 했었다. 그러나 당시 해당 지역의 농민들과 야당 지도자 마마타 바너지Mamata Banerjee의 반대에 부딪혀 공장 가동이 어려워지자 2년간 수천억을 투자하며 공들였던 웨스트뱅갈주를 포기한 뒤 구자라트의 사난드Sanand로 공장을 옮겼다. 당시 주 총리였던 모디가 라탄 타타 회장에게 유치를 환영한다는 문자를 보내는 등 나노 자동차 공장을 구자라트로 가져오기 위해 적극 뛰었기 때문이다. 이 공장 유치 직후 인도의 주요 기업인들이 구자라트에 모여 모디가 차기 인도의 연방총리감이라고 선언한 일도 있었다. 타타 모터스의 나노 자동차 공장이 들어선 이후 사난드는 포드Ford 및 푸조Peugeot, 시트로엥Citroen의 공장들이 설립되어 이제는 명실상부한 자동차 플랜트의 메카가 되어 있다.

평생을 청렴결백하게, 또 성실하게 살아온 모디 총리는 부정부패와 게으름을 철저히 추방했다는 평도 받는다. 자신의 친동생을 포함하여 친인척 관리에 철두철미한 그는 지금도 늦게까지 서류 및 미진한 업무를 챙기다 잠자리에 들어도 이튿날 새벽 5시면 어김없이 일어나 1시간

이상 요가를 수련하는 모범을 보인다. 과거 우리나라에 '코리안 타임'
있었던 것처럼 인도 역시 전통적으로 약속 시간에 30분, 심지어 그 이
상 늦는 일도 예사로운 '인디안 타임'이라는 것이 있었다. 그러나 모디
총리의 집권 후에는 정부 공무원들의 출근시간이 칼같이 지켜지고 있
다고 한다. 더불어 공무원들이 점심 후 잠깐씩 즐기던 오침도 모디 총
리 취임 이후 자취를 감추었다고 한다.

　이렇듯 친기업적 성향과 시장 친화력에 기초한 경제성장 능력, 깨끗
한 정부를 만들어 내는 모디 총리의 리더십은 구자라트 주 총리 시절
부터 본격적으로 발휘되었다고 알려져 있다. 2014년 5월 연방정부 총
리 선출 선거에서 모디가 압승을 거둔 근본적인 이유는 인도 국민 대
부분이 모디가 연방총리가 되면 그가 구자라트에서 이끌었던 경제의
성장 및 발전 모델이 인도 전체 차원에서도 멋지게 구현될 것이라 굳
게 믿었기 때문이다. 지금 상당수 경제학자들이 관심을 가지고 있는
모디노믹스는 그가 연방총리가 되면서 어느 날 갑자기 혜성처럼 등장
한 용어가 아니라, 이처럼 10년 이상의 장구한 세월 동안 구자라트의
주 총리로 재임했던 그가 그곳을 인도에서 가장 잘사는 주로 등극시
킨 실제 경제적 성과와 그의 총체적인 리더십에 따른 부산물임을 명
심해야 한다.


## 모디노믹스의 의미

　미국에 '클린턴노믹스Clintonomics'나 '오바마노믹스Obanomics'가 있다
면 인도에는 모디노믹스가 있다. 나렌드라 모디 인도 총리의 경제 정

책을 의미하는 모디노믹스의 기본 취지는 의외로 간단하다. 모디 총리는 민간이나 외국인직접투자FDI: Foreign Direct Investment를 통해 대기업 및 중소기업의 고용을 늘리면, 자연스럽게 그 고용인들이 급여를 받아 소비를 촉진시킬 것이라고 본다. 그에 따라 관련 기업들의 매출이 확대되고, 이것이 다시 기업의 추가 투자를 부른다는 것이다. 이렇게 투자와 고용확대 그리고 소비촉진의 선순환 사이클이 정착되면 나라 경제의 발전과 성장이 당연히 순조롭게 담보될 것이라는 것이 모디 총리의 판단이다. 간단하지만 지극히 이치에 맞는 말이다.

모디노믹스의 핵심 정책은 크게 두 가지로 요약된다. 하나는 그 유명한 '메이크 인 인디아Make in India' 정책, 다른 하나는 '인프라 개발' 정책이다. 후자는 다시 두 가지의 세부 핵심 인프라 정책으로 나뉘는데 그중 첫 번째는 스마트시티 정책이고, 두 번째가 산업회랑Industrial Corridor 정책이다. 산업회랑은 우리나라에서 많이 쓰이지 않는 다소 생소한 표현이긴 하지만 오래전부터 인도의 인프라 정책을 얘기할 때 사용되던 표현이다. 이에 대해서는 뒤에서 좀 더 자세히 살펴보겠다.

## 메이크 인 인디아

내가 인도를 생애 처음 방문한 시점은 2011년 2월이었다. 당시 CJ오쇼핑의 TV와 인터넷 그리고 카탈로그에 여러 상품을 공급하던 대표 협력사 사장 일곱 분이 적극적으로 인도 시장 진출에 관심을 보였기에 그분들을 모시고 인도를 방문했다. 우리는 델리Delhi와 올드 델리Old Delhi 등 뉴델리New Delhi 주변 시장 동향을 먼저 살펴봤고, 누구나 한 번쯤 찾는 타지마할Taj Mahal을 탐방한 뒤 인도의 경제적 수도라 할 수 있는 뭄바이Mumbai를 방문해 내가 후에 몸담게 된 숍CJ를 포함한 뭄바이의 유명 쇼핑몰 몇 군데의 시장조사를 했다.

당시 우리 일행은 구성원 모두가 상품 제조사 혹은 유통사의 사장 및 임원들이었기에 자연스럽게 인도의 소비시장과 상품들 그리고 그것들을 구매하는 소비자들을 주의 깊게 관찰했었다. 우리가 첫 번째로 파악한 사실은, 뉴델리와 뭄바이 등 대도시의 몇몇 대형 쇼핑몰을 제외하면 인도 소비시장의 대부분은 동네 및 타운 어디에서나 흔히 보이는 소규모 영세 상점 '키라나Kirana'로 이루어져 있어 현대적 유통 프로세스가 자리 잡았다고 보기 어렵다는 것이었다.

뒤에서 보다 자세히 알아보겠지만, 2011년 당시 현대화된 쇼핑몰, 슈퍼마켓, 매점 및 숍 등이 전체 소비 유통시장에서 차지하는 비중은 8% 이하였다. 더불어 소비재 시장 내 상품들의 종류가 충분치 않고 품질 수준 또한 높지 않다는 점도 관찰되었다. 여기서의 소비재 상품은 주로 일상생활에 반드시 필요한 기본적인 생활 및 주방용품 등을 의미한다. 이는 기본적인 생활 제조업이 아직 인도에 제대로 자리 잡지 않았기 때문이라고 느껴졌다.

지난 2014년 9월에 본격화된 모디 총리의 '메이크 인 인디아' 정책은 이렇듯 인도의 뒤떨어진 제조업을 우선적으로 육성하겠다는 내용을 담고 있다. '메이크 인 인디아'는 인프라 개발 정책과 함께 모디노믹스의 가장 중요한 핵심 정책이다. 한국수출입은행에 따르면, 2015년 기준 인도의 제조업 비중은 경쟁국 중국의 제조업 비중인 약 41%의 절반에도 미치지 못하는 수준이었다. 모디 총리는 이러한 제조업 열위를 적극적으로 극복하고자 당시의 15%인 제조업 비중을 2022년까지

25% 선으로 끌어올리고, 궁극적으로는 제조업에서 1억 개에 달하는 양질의 일자리를 만들겠다는 야심찬 계획을 갖고 있다.

당연한 얘기겠지만 '메이크 인 인디아' 정책이 표방하는 "제조업에서의 양질의 일자리 1억 개"는 곧 제조업과 관련된 공장, 설비, 시설과 각종 원부자재 및 부품이 직접적으로 필요하다는 의미다. 이러한 제조업 활성화 정책은 바로 뒤에서 설명할 인프라 개발 정책인 스마트시티 및 산업회랑 건설과 직간접적으로 연결되면서 일자리 창출 면에서 시너지 효과를 일으킬 것이고, 이에 따라 추가투자와 경제성장의 지속 또한 예상된다.

## 인프라 개발 정책: 스마트시티

앞서 언급했듯 인도를 처음 방문해 이곳저곳을 둘러보면서 공통적으로 느낀 바가 있다. 인도에는 철도, 도로, 교량, 터미널, 공단 등의 인프라가 제대로 갖추어지지 않았다는 점이었다. 사람과 차, 오토바이는 엄청나게 많음에도 인도의 도로와 거리는 여전히 비좁고 울퉁불퉁하며, 냄새 나면서 불결하고, 주변 정비가 잘 이루어지지 않은 상태였다.

공공시설 인프라를 일정 수준 이상으로 구현하려는 작업 역시 제조업 활성화와 더불어 모디노믹스의 중요한 과제 중 하나다. 사실 모디 총리는 취임 직후 약 32조 원대의 스마트시티 및 천문학적 재원이 소요되는 인프라 투자계획을 세웠다. 이를 실질적으로 구현하기 위한 핵심 정책이 스마트시티 100개를 건설하는 것이고, 주요 스마트시티들은 다시 산업회랑으로 연결시켜 상호유기적인 구조를 가지게 하겠다는 것이 모디 총리의 인프라 계획이다.

도시화는 농경사회에서 산업사회로 이행하려는 나라라면 동서고금을 막론하고 반드시 겪어야 하는, 그리고 겪을 수밖에 없는 필요한 과정 중 하나다. 산업화는 공업의 지역적 집중 현상을 촉진하여 도시 사람들에게 취업기회를 제공하고, 이와 더불어 산업의 고도화에 따른 서비스업의 지속 발전 역시 도시에서 많은 고용을 창출한다. 도시화는 이렇듯 복합적인 이유 때문에 도시로 인구가 집중되면서 이루어지는데 특히 개발도상국에서 광범위하게 목격된다. 모디노믹스는 '메이크 인 인디아'라는 구호와 함께하는 강력한 제조업 육성의 기치하에 이러한 도시화를 보다 신속하고 효율적으로 진행하기 위해 스마트시티를 구축하겠다는 계획을 세웠다.

일반적으로 한국에서의 스마트시티는 정보통신기술ICT을 이용해 도로, 전력, 물, 환경 등의 인프라와 도시의 각종 첨단 서비스가 연결되는 고효율, 친환경 도시를 말한다. 하지만 '메이크 인 인디아'에서 의미하는 스마트시티는 최첨단 IT로 무장한 미래도시의 개념이라기보다는 그야말로 여러 가지 기본적인 인프라가 상호유기적으로 원활하게 연결되어 해당 스마트시티에 거주하는 사람들이 삶을 편리하게 영위할 수 있는 도시를 뜻한다. 실제로 모디 정부의 스마트시티 계획을 살펴보면 스마트시티에 대한 명확한 정의가 내려져 있지 않다. 다만 모디 정부가 추구하는 스마트시티는 1)충분한 수도 시설 기반, 2)안정적인 전기 공급, 3)폐기물 처리를 포함한 위생시설, 4)효율적인 도시 이동성과 공공교통망, 5)빈민층을 아우를 수 있는 합리적 주거환경, 6)탄탄한 정보통신망과 디지털 기반, 7)시민참여와 전자 자치eGovernance가 확보되는 자치 기반, 8)지속 가능한 환경, 9)시민, 특히 여성·아동·노인에 대한 안전, 10)건강과 교육 등 열 가지 핵심 인프라 요소를 반드시 포함하고 있어야 한다. 모디 정부의 웹사이트(smartcities.gov.in)에서는 스마트시티의 스마트솔루션을 알기 쉬운 그림으로 상세히 설명하고 있으니 더 궁금하다면 참고하기 바란다.

2015년 6월 작성된 계획에 따르면, 모디 총리는 2022년까지 이러한 스마트시티 100개를 건설할 계획을 잡았다. 2018년 1월 19일자 〈타임스 오브 인디아〉 기사에 따르면, 2018년 1월 기준 99개의 스마트시티가 확정된 상태다.

여기서 우리는 자연스럽게 다음 질문을 던질 수 있다. 왜 인도의 스마트시티 구축에 대한민국이 관심을 가져야 할까? 인도 정부가 스마트시티 건설에 투자할 자금은 무려 150억 달러다. 우리 입장에서는 문자 그대로 초대형 건설 프로젝트다. 스마트시티 건설에 대한 실제 경험이 있는 우리 입장에서는 매력적인 해외 건설 수주 기회일 수밖에 없다.

1970년대의 중동 붐 이후 대한민국의 사회간접자본 및 인프라 구축 노하우는 전 세계 최고 수준에 도달해 있다. 모디 정부가 적극적으로 추구하고 있는 스마트시티 건설과 연관된 것만 살펴보더라도 우리는 이미 세종신도시, 송도신도시 등 구체적인 성공 사례가 많다. 설계, 시공, 구축 경험과 운영 노하우는 이미 충분한 상태니 남은 문제는 '투자비 조달과 회수를 포함한 현실적인 문제를 어떻게 풀어나갈 것인가'다.

중요한 것은 일단 인도 스마트시티 건설과 관련된 구체적인 성공 사례가 먼저 이루어져야 한다는 점이다. 인도 내 스마트시티 구축 성공 사례는 제2의, 제3의 성공 사례를 만들기 위한 시금석이기 때문이다. 2018년 7월 현재 한국토지주택공사가 뭄바이에 사무소를 개소하여 인도 정부와 '깔리안-돔비블리Kalyan-Dombivali와 반드라Bandra 스마트 시티' 사업의 추진을 협의 중에 있다. 2018년 7월 문재인 대통령이 인도 방문 당시 스마트시티 100개 건설, 산업회랑 건설 등 대규모 인프라사업에 참가하기를 적극 희망한다고 피력한 만큼 향후 더욱 활발한 인도 인프라 사업의 전개를 기대한다.

## 인프라 개발 정책: 산업회랑

'산업회랑'은 우리의 일상생활에서 많이 사용되지 않는 다소 생소한 표현이다. 영어로는 Industrial Corridor라 하는데 이를 글자 그대로 해석하자면 '산업의 복도'라는 뜻이다. 산업회랑은 산업 개발을 촉진하기 위해 특정 지역에 특화된 인프라 개발 패키지라고 이해하면 되고, 그 목표는 제조업 혹은 다른 산업 클러스터의 거점을 창출하는 데 있다.

인도의 산업회랑은 이 그림에 표시된 것처럼 뉴델리, 뭄바이, 벵갈루루Bengaluru, 첸나이Channai, 비자카파트남Visakhapatnam(안드라 프라데시Andhra Pradesh주의 가장 큰 대도시이자 경제 중심지), 콜카타Kolkata 및 암리차르Amritsar(델리 북쪽에 있는 펀자브주의 주도) 등 대도시를 고속화물철도·산업도로·고속도로로 상호 연결하는 매머드 인프라 개발계획을 뜻한다. 예를 들어 아래 1번의 설명처럼 수도인 뉴델리와 경제중심지인 뭄바이 간 약 1,450킬로미터 구간에 고속 화물철도·산업도로·고속도로를 구축하는 동시에 뉴델리와 뭄바이에서 약 150킬로미터 이내 위치한 다수의 산업단지, 스마트시티, 발전소 등을 건설하는 식이다. 산업회랑은 각 구간에 따라 다시 다음과 같은 다섯 개로 나뉜다.

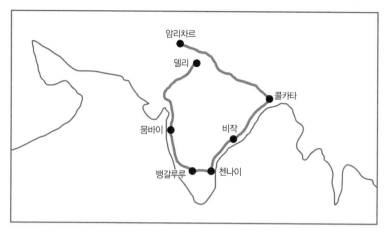

[그림 1] 인도에 구축될 다섯 개 산업회랑의 구성

1) 뉴델리와 뭄바이를 잇는 DMICDelhi–Mumbai Industrial Corridor 산업
   회랑
2) 벵갈루루와 뭄바이를 잇는 BMECBangalulu–Mumbai Economic
   Corridor 산업회랑
3) 첸나이와 벵갈루루를 잇는 CBICChannai–Bangalulu Industrial Corridor
   산업회랑
4) 첸나이와 비자카파트남을 잇는 VCICVisakhpatnam–Channai Industrial
   Corridor 산업회랑
5) 콜카타와 암리차르를 잇는 AKICAmritsar–Kolkata Industrial Corridor
   산업회랑

눈치 빠른 독자라면 바로 이해할 수 있겠지만, 이상의 다섯 개 산업
회랑은 우선적으로 대도시 일곱 곳을 축으로 한다. 실제 주요 스마트

시티들의 위치는 현실적으로 다섯 개 산업회랑을 따라 분포되기 때문이다. 각 구간에 위치할 스마트시티는 정보통신, 상하수도, 산업·상업, 주거, 교육, 여가, 의료, 엔터테인먼트 등 생활에 필요한 인프라가 상호 유기적으로 아우러져 해당 도시민들에게 윤택한 삶을 제공하는 곳으로 이해하면 된다. 이러한 스마트시티와 산업회랑 계획은 여전히 전체적으로 인프라 개발이 미비한 인도 입장에서 당연히 우선적으로 추진할 수밖에 없는 성장 및 발전 계획이라 할 수 있다.

현재까지 모디 정부의 모디노믹스는 마치 잘 짜인 계획을 단계별로 실행에 옮기는, 힘 좋고 뚝심 있는 기관차와 같다. 중요한 점은 이 뛰어난 인도 기관차를 전 세계의 주머니가 두둑한 투자가들이 유심히 바라보고 있다는 사실이다. 그리고 이 투자자들은 투자 적기라는 판단이 들면 거침없이 투자할 것이다.


## 모디 정부의 향후 전망


2016년 11월 초, 모디 총리는 인도 전체 유통 현금의 무려 86%에 달하는 500루피(약 8,500원)권과 1,000루피(약 1만 7,000원)권에 대한 화폐개혁을 과감히 감행했다. 이들 두 지폐를 일거에 시중에서 사용하지 못하게 하고 신권으로 전격 교체하게끔 정부의 강제 지침을 내린 것이다. 물론 주 목적은 위조지폐 퇴치와 함께 해묵은 부정부패와 지하경제의 혁신이었다. 이런 정책은 신용카드와 체크카드 등 비현금 사용 비율이 현격히 낮은 인도 경제에 그 자체로 큰 충격을 줄 수밖에 없기 때문에 많은 경제 전문가들은 인도 2016~2017년 회기(참고로 인도의 공식 회기는 한국과 달리 매년 4월 1일부터 이듬해 3월 31일까지다)의 경제성장률에 다소 부정적 영향을 미칠 것으로 보았다.

숍CJ와 같은 홈쇼핑 및 플립카트Flipkart(인도의 온라인 소매업체), 아마존Amazon, 스냅딜Snap Deal(인도의 전자상거래 플랫폼) 등의 온라인 커머스 회사들은 모디 총리의 화폐개혁으로 직격탄을 맞았다. 그간 상품을 수령한 고객의 대부분이 500루피권 및 1,000루피권으로 현금 결제를 해왔기 때문이다. 화폐개혁 직후 심각한 타격을 받은 이들 회사는 매출이 평소 대비 30~40% 이상 줄었고, 심지어 반토막 난 회사도 속출했다. 국제통화기금IMF은 이 화폐개혁으로 말미암아 기존 인도의 경제성장률이 어느 정도 낮아질 것으로 관측했었다. 실제로 IMF에 따르면 2016년 인도의 실제 GDP 경제성장률은 2014년 7.5%, 2015년 8%에 비해 소폭 하락한 7.1%를 기록했고, 2017년 성장률도 7%를 넘지 못할 것으로 예측되었다. 심지어 당시 일부 경제예측 전문기관에서는 2017년 경제성장률이 6%를 하회할 수도 있다는 견해를 내놓기도 했다. 하지만 IMF는 2018년 이후 인도 경제성장률이 다시 7%를 웃돌 것으로 전망했다. 약 1년 6개월 이상이 흐른 2018년 하반기의 시점에서 볼 때, 모디 정부의 화폐개혁은 중장기적인 관점에서 부정적 영향보다 긍정적 효과가 더 크게 작용하는 것으로 판단된다. 시간이 경과하면서 부정부패의 근절 및 지하경제의 양성화라는 모디 총리의 원래 의도대로 변할 확률이 크기 때문이다.

그 중요한 근거로 2017년 3월 인도 29개주 가운데 가장 인구가 많은 우타르프라데시Uttar Pradesh주 주의회 선거에서 모디 총리가 속한 인도국민당이 큰 승리를 거두었다는 점을 기억해야 한다. 이 선거는 2019년에 치러질 연방총리 선거에서 모디 총리가 연임에 성공할 수 있을지에 대한 리트머스 시험지와도 같았다. 총리를 결정하는 연방 하원의원 545명 중 15%나 되는 80명이 이 선거를 통해 선출되는 것이었기 때문이다. 또한 인도국민당은 우타라칸드Uttarakhand주 주의회선거에서도 과반수 의석을 차지하며 승리를 거두었다. 이를 바탕으로 미루어 보면, 인구가 가장 많은 우타프라데시 및 우타라칸드주의 주민들은 화폐개혁과 관련하여 일상생활에서 겪었던 불편함보다는 부정부패와 지하경제를 일소하려는 모디 총리의 개혁 마인드와 진정성에 보다 큰 점수를 주었다고 판단할 수 있다. 다만 2018년 12월 주의회 선거에서 인도국민당의 기존 텃밭이었던 마디아프라데시, 차티스가르, 라자스탄에서 야당이 승리함으로써 긴장감이 조성된 것은 사실이다.

더불어 추가적인 복병이 또 하나 있다. 뒤에서 보다 자세히 살펴보겠지만, 지난 2017년 7월 1일에 시행된 통합간접세GST:Goods and Services Tax법의 시행 여파도 만만치 않은 것이 사실이기 때문이다. 통합간접세법은 그간 인도 전체 29개주와 7개 연방직할지별로 각각 다른 세율을 부과하던 상품과 서비스에 대해 단일 세율을 적용하여 통합하는 것을 뜻한다. 안타깝게도 통합간접세법은 시행 1년 반 이상 지난 지금도 생활경제 현장에 아직 완전히 자리 잡지 못한 것이 사실이다. 하지만 2016년 11월 시행된 화폐개혁과 더불어 통합간접세법은 장기간 이어져왔던 인도의 복잡하고 혼란스러운 세제를 바로잡기 위한 방편으로 작용할 것이다.

통합간접세법이 왜 필요한지에 대한 좋은 사례로는 나의 인도 근무 초기부터 가깝게 알고 지냈던 인도 내 다른 홈쇼핑회사 사장의 일화를 들 수 있다. 그는 새로운 영업 정책을 채택하려 해도 세금부서가 그것이 매출 및 영업이익에 미치는 정확한 영향을 계산하는 데 비정상적으로 오랜 시간이 걸린다고 이야기했다. 인도에서 홈쇼핑이나 전자상거래 회사의 상품은 고객이 주문한 뒤 배송받기까지 심하면 몇 개 이상의 주 경계를 넘어야 하는 경우가 발생할 수 있는데, 각 주마다 세금 체계가 다르니 이를 각각 적용하여 계산하는 것이 보통 일이 아니었던 것이다. 따라서 어느 누군가는 이러한 고질적 병폐와 복잡성의 사슬을 끊어야만 했는데 모디 정부가 이를 과감히 단행한 것이다. 일단 이 새로운 세금 체계가 인도 사회경제 전반에 완전히 자리를 잡는다면 인도 경제는 새로운 날개를 갖는 셈이 될 것이다. 그동안 인도 경제에 투자하고자 하는 많은 기업 및 투자자들을 좌절하게 했던 비즈니스의 가시성과 예측성이 확보될 것이기 때문이다.

2018년 12월 5개주 주의회 선거에서 야당에게 패하고, 농촌의 빈곤문제와 더불어 2018년 하반기 실업률이 치솟는 등 모디 정부의 모디노믹스는 당장은 울퉁불퉁한 비포장도로를 잠시 걷고 있는 것으로 보였다. 그렇지만 향후 2024년까지 중국의 인구 수를 추월하고, 그다음 10년 내에 중국과 어깨를 대등하게 견주게 될 수도 있는 대국 인도를 끌어가는 모디 정부의 경제 정책 '모디노믹스'는 그 중장기적인 앞날이 상당히 밝다고 판단하는 것이 옳다. 2019년 4월 11일부터 장장 39일이 소요된 인도의 총선에서 나렌드라 모디는 재집권에 성공했다. 모디 집권 2기를 통해 모디노믹스의 추진력은 다시 힘을 얻을 것이고 이를 감안한 한국 기업들의 현명한 대응이 필요한 시점이다.

# 일본과 중국의 발 빠른 투자

나는 가족과 함께 2012년 2월 인도에 도착했다. 우리가 그곳에서의 본격적인 삶을 위해 가장 시급히 해결해야 했던 문제는 집을 구하는 것과 두 아들의 학교를 결정하는 것이었다. 내가 두 아이를 뭄바이의 한 국제학교에 입학시켰을 당시에는 그 학교에 일본 학생들이 그리 많지 않았다. 하지만 2016년 상반기에 한국으로 귀국하기 위한 서류 및 절차 문제로 그 학교에 몇 번 들러보니 처음과 달리 일본 학생들의 수가 증가한 것이 눈에 띄었다. 인도에 대한 일본의 투자가 본격화되면서 많은 일본 비즈니스맨과 그 가족이 입국했기 때문이었다. 부쩍 늘어난 일본 학생들의 수에서 짐작할 수 있는 일본의 대(對)인도 투자가 그렇지 않은 대한민국의 현실과 비교되면서 내심 안타까운 심정이 들었다.

일본은 아주 일찍부터 전략적인 마인드와 중장기 계획을 가지고 용의주도하게 인도 시장을 공략해왔고, 대인도 투자액 또한 이미 대한민국의 열 배를 넘어섰다. 우리는 지난 1990년대 중후반 삼성, LG, 현대자동차 등의 대기업이 괄목할 만한 인도 진출을 이루어냈으나 그 뒤로는 후발 대기업 및 변변한 중견 혹은 중소기업의 진출이 적었다. 물론 대한민국 정부 차원에서 이루어지는, 인도라는 국가에 대한 깊이 있는 분석과 그에 따른 전략 수립도 미미했다고 본다. 20년 이상의 시간 동안 대한민국은 정부든 민간이든 지나치게 중국이라는 한 곳에 선택하고 집중한 면이 없지 않았고, 그 결과로 2019년 현재까지도 완전히 해소되지 않은 '사드 보복'의 그림자가 남아 있다. 정말 안타까운 심정이다. 계란을 모두 한 바구니에 넣고 가다가 넘어지면 바구니 속 계란은 대부분 깨지고 만다. 이는 비즈니스에 있어 절대적인 기본 진리에 해당한다.

「인도 모디 정부의 경제개발 정책과 한-인도 협력방안」이라는 연구 보고서 등을 통해 오래전부터 대한민국의 적극적인 인도 진출을 주장해온 대외경제 정책연구원KIEP의 조충제 박사는 "일본과 중국은 각각 정상회담을 통해 350억 달러와 200억 달러의 대인도 투자 지원을 약속하는가 하면 각각 열한 개와 두 개의 전용 공단 개발도 추진하고 …(중략)… 고속철도와 스마트시티 개발에도 적극 참여한 …(중략)… 일본의 대인도 투자는 2000년대 후반부터 급격히 증가하여 2015년 현재 누적 기준 우리나라의 열 배 이상을 기록하고 있다"고 분석했다.

최근 아베 총리의 일본이 부활하고 있다는 소식이 여기저기서 들려온다. 일본의 2016년 유효구인배율(구직자수에 대한 구인수의 비율)은 1.43을 기록해 20년 만의 최고치를 보였다. 이는 취업을 원하는 사람 한 명당 1.43개의 일자리가 마련되었다는 의미다. 일본은 한동안 경제가 추락하여 '잃어버린 20년'이라는 말도 종종 들었지만 이제 그것을 끝내고 힘차게 회생하고 있는 것이다. 앞서 이야기한 바처럼 일본은 오래전부터 인도에 공을 들였다. 인도의 전략적 중요성을 일찌감치 파악한 뒤 적극적으로 인도 시장을 공략해온 것이다.

중국 역시 인도로의 공격적인 진출에 따른 성과가 나쁘지 않다. 전체 누적 투자액 면에서는 일본에 뒤지지만, 2017년의 몇 개월간 인도와 심각한 국경분쟁이 있었음에도 중국은 지속적으로 대인도 투자와 진출을 감행하고 있다. 예컨대 최근 삼성전자 휴대폰의 시장점유율을 턱밑까지 쫓아와 위협하고 있는 샤오미Xiaomi, 모토롤라Motorola를 인수한 레노보Lenovo, 비보VIVO, 오포OPPO 등의 휴대폰 제조사들이 보이는 행보가 그것을 웅변한다. 몇몇 기사는 이미 중국의 샤오미가 삼성을 스마트폰에서 앞섰다고 분석하기도 했다. 이들 중국 휴대폰 제조사의 통합시장점유율은 이미 50%를 훌쩍 넘어서고 있다. 뿐만 아니라 중국의 알리바바Alibaba나 텐센트Tencent 같은 이커머스e-commerce 및 투자회사도 인도의 주력 전자상거래 및 스타트업 업체들의 지분 확보를 위해 상당한 심혈을 기울이고 있다.

대한민국의 경우, 지난 2016년 7월부터 있었던 중국의 사드 보복이 2019년 상반기 현재에도 완전히 끝나지 않았다. 겉으로는 다소 완화되어가는 것처럼 보이지만, 향후 중국과의 관계에 따라 무슨 일이 어떤 형태로 벌어질지는 아무도 장담할 수 없다. 북한의 대륙간탄도탄ICBM과 핵개발뿐 아니라 지난 60년 이상 지속된 남북한의 특수 관계 및 미국, 중국, 일본, 러시아 등 주변 열강과의 지정학적 역학관계가 변수로 작용하기 때문이다. 이것이 대한민국 전체 수출의 25% 이상을 중국에게 과도하게 의지하는 현실을 한시바삐 탈피해야 하는 강력한 이유 중 하나다. 한강의 기적을 만들어낸 대한민국이 정신을 바짝 차리고, 또 한 번 절치부심해 대한민국의 기적을 새롭게 창조해야 할 때라는 생각이다.

중국 의존도를 낮추기 위해 대한민국이 최근 베트남과 인도네시아 등 동남아 국가와의 추가적인 관계 개선을 다각적으로 모색하고 있는 것은 바람직하다. 하지만 향후 우리나라에게 필요한 파트너로 삼기에 동남아 국가군의 그릇은 다소 작다는 판단이 든다. 어마어마한 국토, 인구 그리고 자원을 보유한 인도에 중장기적 선택과 집중을 해야 하는 이유가 여기에 있다.

## 대한민국 기업을 위한 시사점: 빨간 코팅 목장갑

빨간 코팅 목장갑? 제조 및 건설 현장에서 흔히 목격되는 빨간 코팅 목장갑이 인도와 어떤 연관이 있을까? 답은 간단하다. 바로 이 목장갑이 향후 3년에서 5년간, 아니 그 이상의 기간 동안 인도에서 가장 핫하게 팔릴 만한 상품이기 때문이다. 현재 모디 총리가 추진하는 모디노믹스의 핵심 정책이 '메이크 인 인디아' 캠페인의 제조업 육성뿐 아니라 인도에 현저히 부족한 철도, 도로, 항만, 부두, 교량, 공단 등 인프라 및 스마트시티의 구축에 있다는 점을 염두에 둔 얘기다. '메이크 인 인디아'를 가열차게 추진하고 있는 인도 연방정부는 현재 중국의 절반에도 미치지 못하는 인도의 제조업 비중을 2022년까지 25% 수준으로 끌어올릴 계획이며, 턱없이 부족한 스마트시티 및 인프라 구축에 향후 천문학적인 재원을 쏟아 부을 전망이다. 결국 제조업 육성을 위한 공장 및 플랜트 건설을 포함해 대한민국의 약 33배에 이르는 광대한 인도 국토의 상당 부분이 제조 공장, 플랜트 및 인프라 구축을 위한 건설 현장이 될 텐데, 이러한 건설 현장에 반드시 필요한 물품 중 하나는 빨간 코팅 목장갑이 될 것이다.

한국의 빨간 코팅 목장갑은 미군의 공병대에게조차도 부러움의 대상이 되는 상품이라고 한다. 그들에게는 작업 시에 착용하는 전용장갑이 있지만 정작 그것보다 훨씬 저렴한 한국의 코팅 목장갑을 부러워한단다. 고가의 공병대 전용장갑보다 훨씬 밀착력이 우수하고 미끄러지지 않는다는 이유에서다. 가격이 저렴한데 품질이 뛰어나니 부러워하지 않는다면 그것이 오히려 이상할 것이다.

앞에서 우리는 모디노믹스의 핵심인 '메이크 인 인디아'와 스마트시티 및 산업회랑의 건설 및 구축 계획을 살펴보았다. 이는 곧 대규모의 제조 공장, 플랜트, 도시 및 인프라 건설 붐이 수반될 것임을 뜻하며, 이에 따라 해당 제조 및 건설 현장에 저렴하면서도 질 좋고 효과적인 목장갑이 대량으로 필요할 것이다. 대략 계산해도 연간 몇 억 켤레를 훌쩍 뛰어 넘지 않을까 싶다. 최근 한국의 건설 현장에서는 아침과 오후, 하루에 두 개씩 새 목장갑을 인부들에게 지급한다고 한다. 제조업 현장에서만 연간 1~2억 켤레 이상의 목장갑이 투입될 수 있으니 여기에 토목, 건설 현장까지 더해진다면 천문학적인 양이 필요할 것이라 판단된다. 그런데 제조업 및 건설 현장에서 필요한 필수 작업 아이템 혹은 안전용품이 어디 목장갑뿐이겠는가? 목장갑과 아울러 안전한 작업을 위해 요구되는 안전모와 안전화 등 여타 안전용구들에 대한 수요도 필수적으로 높아질 것이다.

지난 2017년 6월 인도 삼성전자가 우타르프라데시에 있는 노이다 Noida 공장의 휴대폰 생산라인을 두 배로 증설키 위해 약 8,000억 원 이상을 들여 공사를 시작했다. 이어 11월에 대우건설이 인도 최대 기업인 타타 그룹Tata Group과 컨소시엄으로 뭄바이 남부와 나비 뭄바이Navi Mumbai를 잇는 인도 최장의 해상교량을 수주했고 기아자동차는 안드라프라데시주의 아난타푸르Anantapur에 연간 30만 대 생산 규모의 공장을 2019년에 신설했다. 향후 인도에서 이루어질 한국 기업들의 제조 및 인프라 건설 붐의 본격적 서막으로 여겨진다. 특히 기아자동차는 공장 가동에 필요한 협력사 부품단지와 부대시설 및 직원 가족들이 기거할 주거단지 구축 등까지 함께 진행할 것으로 보이는데, 이는 스마트시티급의 대규모 인프라가 필요하다는 점에서 시사하는 바가 크다. 아울러 지난 2017년에 한화케미칼 등이 CPVC염소화폴리

염화비닐를 인도에 수출하게 된 것도 중요한 의미가 있다. 앞서 설명에서는 누락됐지만, 인도 정부는 2019년까지 약 16조 원에 가까운 예산을 투입해 인도 전역에 화장실 1억 110만 개와 하수도관 시스템을 설치할 계획이다. 이른바 모디 정부의 '클린 인디아Clean India' 계획의 일부다. 이런 이유에서 화장실의 청소 및 정화 활동에 소요되는 CPVC 및 PVC 수요가 많이 증가할 것으로 판단된다.

# TIP
## 3대 안전용구에 주목하라!

제조 공장, 플랜트 및 각종 건설 현장에서 필요한 안전용구로는 목장갑, 안전모, 안전화, 안전조끼, 안전벨트 등이 있는데, 이 중 반드시 구비해야 할 3대 물품은 목장갑, 안전모, 안전화다. 사실 인도의 작업 및 건설 현장을 둘러보면 이 세 가지조차 제대로 갖추어지지 않은 곳이 허다하다. 아파트 및 빌딩의 건설 현장에서 맨발 차림으로 시멘트나 모래 및 자갈을 나르는 인부들을 보는 것도 흔한 일이다. 하지만 향후 모디노믹스의 '메이크 인 인디아'와 인프라 건설이 본격화되면 이들 기본 안전용구에 대한 수요는 틀림없이 폭발적으로 증가할 것이다. 안전용구가 제대로 갖추어지지 않은 상태에서는 각종 사고가 늘어날 수밖에 없기 때문에 향후 인도 정부는 여러 현장에 점점 더 엄격한 안전규제를 적용시킬 것은 당연하다.

인도에서 쓰이는 "파이샤 바술"이란 힌두어 표현은 직역하면 "가격으로 말한다"는 의미인데, 우리로 치면 "가성비가 좋아야 한다"는 소리다. 안타깝게도 앞서 말한 세 가지 필수 안전용구를 대한민국에서 제조하여 인도에 수출하는 방식은 현실적으로 가격경쟁력을 갖추기가 어렵다. 인도의 값싼 노동력과 비교하면 원가 경쟁이 안 되기 때문이다. 더군다나 수출 방식으로 진행하려면 배송비, 창고료 등의 비용이 추가되므로 이는 더더욱 어려운 일이다.

그렇기에 대한민국 기업이 이들 안전용구 시장에 성공적으로 진출하려면 인도에 공장을 세우는 것이 가장 합리적이고 현실적인 대안이 될 수 있다. 만약 당장 이렇게 하는 것이 부담스럽다면 처음에는 계약생산대행CMO: contract manufacturing organization을 활용하는 것도 방법이다. 이를 통해 인도 내수시장으로의 간접적인 진출을 일단 꾀하면서 일정 기간 동안 안전용구의 생산 및 매출 추이를 파악한 뒤 자신감이 생겼을 때 본격적인 공장 설립을 행할 수도 있다는 의미다.

2장

# 인구가 힘이다!
# 인구가 국력이다!

# 인도 사람들

인도에 4년 넘게 살면서 막대한 인구와 관해 잊혀지지 않는 장면이 몇 가지 있다. 인도를 대표하는 기차역 중 하나인 뭄바이의 차트라바티 시바지Chhatrapati Shivaji 중앙역에 처음 들렀을 때 봤던 것도 그중 하나다. 영화 〈슬럼독 밀리어네어Slumdog Millionare〉를 포함한 여러 영화에 등장했고, 세계에서 가장 아름다운 기차역 중 하나로 종종 소개되는 뭄바이 중앙역은 인도 인구의 어마어마한 규모를 생생하게 확인할 수 있는 곳이다. 이곳은 적절하게 잘 배치된 조명 덕에 특히나 밤 시간의 풍경이 아름답고, 출퇴근 시간이면 '어디서 이렇게 많은 사람들이 나와서 오가는 것일까' 싶을 정도로 엄청난 규모의 인파를 볼 수 있다.

몇 년 전까지 사람들은 인도의 인구가 대략 12억 명이라 말해왔다. 그런데 2015년 12월 인도 경제지의 대표주자인 〈이코노믹 타임스 Economic Times〉는 모바일 인터넷 인구를 분석하는 기사에서 전체 인구를 12억 5,000만 명이라 언급했다. 그 후 나는 각종 포럼 및 컨퍼런스 등에서 인도의 총인구를 이야기할 때 이를 인용하곤 했지만 숫자는 금방 바뀌었다. 유엔경제사회국은 2017년 6월 말 기준 인도의 인구가 13억 4,000만 명, 중국의 인구는 14억 1,000만 명이라고 발표했고 현재의 인구증가율 추세를 감안하면 인도는 2024년 중국을 추월해 전 세계 1위의 인구 대국으로 자리 잡을 것이라 예측된다. 급속한 고령화 및 저출산 문제로 심각한 고민에 빠져 있는 대한민국과 비교하면 부러울 따름이다. 참고로 전 세계 인구를 실시간으로 알려주는 사이트 월드오미터스Worldometers에 따르면, 2018년 4월 15일 기준 인도의 인구는 비공식적으로 13억 5,080만 명을 조금 웃도는 것으로 집계된다. 아울러 같은 날 중국의 인구는 총 14억 1,380만 명으로 나타났다. 중국과 인도 양국의 인구를 합하면 총 27억 6,000만 명이 훌쩍 넘는데, 월드오미터스가 밝히는 전 세계 총인구가 약 76억 명임을 바탕으로 생각해보면 양국의 인구가 차지하는 비중은 세계의 약 36%에 해당함을 알 수 있다.

나의 많은 지인들이 대한민국의 인구를 얘기할 때 빼놓지 않고 거론하는 표현이 있다. "인구는 곧 그 나라의 힘이자 국력"이 그것이다. 이것과 같은 맥락에서 "한 나라의 인구는 적어도 1억은 돼야 한다"는 얘기도 종종 듣는다. 인구가 그 정도는 되어야 비로소 제대로 된 소비시장이 형성되고 국가 경제도 활발한 '규모의 경제'가 가능해진다는 데는 나 역시 절대적으로 동의한다. 그런데 사실 한 나라 인구의 절대적 규모보다 훨씬 중요한 요소가 있으니, 바로 그 나라의 인구구조다. 이 인구구조야말로 해당 국가의 현재 및 미래의 실질적인 성장과 발전 그리고 활력의 정도를 결정지을 중요한 변수라 하겠다.

2019년 2월 현재 대한민국은 출산율이 다시 기존 최저치를 경신하여 전 세계적으로 유례없는 인구 쇼크를 겪고 있다. 통계청이 2019년 2월 28일에 발표한 「2018년 인구동향조사」에 따르면 2018년 합계출산율은 0.98명으로, 종전까지 최저치였던 2017년의 1.05명 보다 0.07명 낮은 수치를 기록함과 동시에 최저치 기록도 세웠다. 합계출산율은 15~49세 여성이 가임 기간에 낳은 총 자녀수를 말한다. 일반적으로 남녀 한 쌍이 최소 2.1명의 자녀를 출산해야 기존의 인구 규모를 유지할 수 있는데, 한국의 경우는 이의 절반도 안되는 0.98명 수준밖에 되지 않는 것이다. 심지어 출생자보다 사망자의 수가 더 많이 기록되었던 2017년 12월은 월별 기준으로 봤을 때 인구가 자연 감소를 기록한 최초의 달이었다.

문제는 현 상황을 타개할 해결책이 마땅치 않다는 점이다. 지속되는 청년실업, 결혼기피 현상, 높은 자녀교육비 등으로 말미암아 저출산 현상이 고착화된 탓에 2.0명 이상의 출산율을 다시 회복한다는 것은 불가능해 보인다. 몇몇 인구통계학자들의 우려와 걱정을 굳이 거론할 필요도 없이, 사회의 활력과 동력 면에서 대한민국은 심히 걱정되는 상태에 있다. '고령 사회'는 이미 우리 삶의 많은 부분을 실질적으로 바꾸어놓고 있다.

이에 반해 미국중앙정보국CIA의 「전 세계 팩트북The World Factbook」에 따르면, 앞서 약 13억 4,000만 명으로 추산했던 인도인들의 평균 연령은 약 28세(2017년 추정치)에 불과하다. 진정 젊고 패기가 넘치는 가능성을 가진 국가라 하지 않을 수 없다. 28세는 이제 막 대학교 등에서 학업을 마치고 사회에 갓 진입한 젊은이들의 풋풋한 패기와 활력 그리고 도전정신이 느껴지는 나이다. 반면 중국은 평균 나이가 37.4세(2017년 추정치)로 인도보다 약 10세 많다. 전체 인구는 인도보다 조금 더 많지만 인구구조의 활력 면에서는 큰 차이를 보인다.

또한 인도는 전체 인구의 약 3분의 2가 35세 미만인 젊은 인구구조를 갖고 있다. 특히 뉴델리, 뭄바이, 벵갈루루, 첸나이, 하이데라바드Hyderabad, 콜카타 등의 대도시를 실제로 방문해보면 패기 넘치는 인도의 젊은 역동성이 바로 느껴진다. 그처럼 활력적인 젊은이들이 미래의 인도를 힘차게 이끌어가는 원동력이자 핵심 소비층이 되는 것이고, 이들이 열심히 뛰는 인도의 미래는 문자 그대로 열린사회, 즉 무엇이든 이루어낼 수 있는 활력으로 똘똘 뭉친 사회다. 바로 이것이 전 세계 유수의 연구기관들이 인도의 향후 미래를 희망적으로 판단하는 결정적인 이유다.

우리가 흔히 젊은 국가라 칭하는 동남아의 베트남이나 말레이시아도 아직까지는 그렇게 불릴 수 있지만, 이들의 상황은 빠르게 변하고 있다. 국민들의 고령화 속도가 빨라져 주황색 경고등이 켜진 것이다. 2017년 베트남 보건부는 수십 년 지속된 1가구 2자녀 정책의 전면적인 수정 준비에 착수했다. 더불어 베트남 노동보훈사회부 역시 기존에 남자는 60세, 여자는 55세로 정해놨던 정년퇴직 연령을 각각 62세, 60세로 연장하는 방안을 검토 중이다. 마찬가지로 말레이시아도 현재 60세인 은퇴 연령을 65세로 바꾸는 것을 검토하고 있다. 각 나라별로 구체적인 내용은 조금씩 다르지만 여타의 동남아 국가들의 상황도 이와 유사하다. 동남아 국가들의 고령화 속도가 이렇듯 빠른 것은 기대수명이 늘어나는 반면 출산율은 급락하고 있기 때문이다. 물론 중장기적으로는 인도 역시 이러한 추세로부터 자유로울 수 없겠지만 적어도 현재까지는 그렇지 않다. 인도는 아직까지 젊고 패기 넘치는 나라고, 가까운 미래에도 그러할 것이라는 뜻이다.


## 인도의 중산층

사실 인도 중산층을 정확히 어떻게 정의할 수 있고, 어떤 기준으로 집계할 수 있는지에 대해서는 논란의 여지가 꽤 있는 것이 사실이다. 인도 중산층의 규모를 가장 작게 산정하는 기관은 크레디트 스위스Credit Suisse 투자은행이다. 소득이 아닌 부를 기준으로 하여 지난

2015년에 내린 크레디드 스위스 투자은행의 정의와 집계에 따르면 인도 중산층의 수는 약 2,400만 명에 불과한데, 이는 여러 기관의 전망 중 가장 보수적인 수치다. 다른 한편 약 12년 전인 2007년 당시 맥킨지 글로벌 인스티튜트McKinsey Global Institute는 인도 중산층 숫자를 이미 5,000만 명으로 집계했고, 18년 후인 2025년에는 그 열 배가 넘는 5억 8,300만 명 수준으로까지 증가할 것이라 예측했다. 물론 맥킨지 글로벌 인스티튜트의 2007년 전망은 같은 해 세계은행World Bank에서 산출한 2억 6,400만 명과 비교하면 다소 큰 편차가 있음을 밝힌다.

한편 2016년 11월에 방영된 KBS 6부작 프로그램 〈슈퍼 아시아〉의 제3회 '인도' 편은 현재 인도 중산층의 숫자를 약 1억 6,000만 명이라 언급하고, 앞으로 10년 후에는 5억 명이 될 것이라 내다보기도 했다. 마지막으로 2017년 9월 말 방한한 수레시 프라부Suresh Prahbu 인도 상공부 장관은 인도 중산층이 2억 명을 넘어섰다고 언급했다. 이렇듯 다양한 전망과 관련하여 나는 현재 인도의 중산층이 약 2억 명 초반 정도의 규모일 것이라고 판단한다. 이는 이미 10년 전에 세계은행이 언급한 2억 6,400만 명이라는 수치를 안전하게 수용하는 것임과 동시에 2017년에 수레시 프라부 장관이 언급한 중산층의 수도 동시에 충족시키기 때문이다.

여기서 잠깐 내가 재미있게 숙독한 경제협력개발기구OECD 보고서에 등장한 도표 하나를 소개하고자 한다. 이는 인도 중산층 소비의 향후 증가 가능성과 규모를 타 OECD 국가들과 비교하여 상대적으로 한눈에 가늠할 수 있는 좋은 자료다.

다음의 도표는 2000년부터 2050년까지 미국, 유럽연합EU, 일본을 비롯하여 중국과 인도 중산층 소비의 점유율을 전망한 것이다. 여기에서 특히 주목해야 하는 것은 인도 중산층의 소비 증가가 시작되는 2015년 이후의 추세다. 시간을 나타내는 가로축의 왼쪽부터 오른쪽까지를 감안해서 도표를 살펴보면, 대략 2015년부터 인도 중산층의 소비 비중은 중국보다 훨씬 빠른 속도와 큰 규모로 급격히 확대되어 2050년경에 정점을 찍는 것으로 나타나 있다. 즉, 이 도표는 2015년 이후 인도 중산층의 소비가 급격히 확대되어 결국 전 세계 경제를 좌지우지할 만한 주요 추세가 될 것임을 분명히 나타내고 있다.

어느 나라를 막론하고 중산층은 해당 국가의 성장과 발전을 위한 필수불가결한 버팀목이자 중요한 요소다. 이유는 두 가지다. 첫째는 중산층이야말로 한 나라의 발전과 성장을 실질적으로 좌우하는 주요 동력이기 때문이고, 둘째는 바로 이런 이유에서 해당 국가는 튼튼한 중

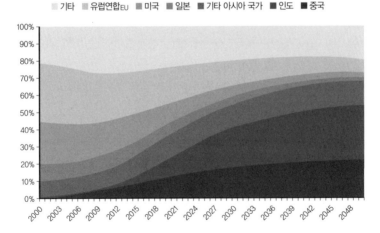

[표 1] 세계 중산층의 물결을 만드는 인도와 중국
(출처: OECD Development Centre Working Paper No.285.)

산층의 존재를 바탕으로 향후 더 나은 미래로의 도약을 꾀할 수 있기 때문이다. 많은 경제 및 인구 전문가들이 중산층의 존재와 부침浮沈을 통해 한 나라의 현재와 미래를 전망하는 것도 같은 맥락에서다.

인도의 중산층 동향을 우리가 주목해야만 하는 이유 역시 이것이다. 대한민국의 경제는 석유 및 광물 등 내세울 만한 지하자원이나 부존자원 없이 수출로 먹고 사는 구조인데, 그마저도 전체 수출 비중의 25%를 중국에 의존하고 있다. 때문에 우리나라는 '넥스트 차이나', 그중에서도 중산층이 획기적으로 증대될 인도와 가깝게 지내면서 밀접한 경제적 유대관계를 구축해나가야 한다. 소비재 및 내구재 등의 제조업, 건설, 철강, 화학, 원자력 등과 관련하여 우리가 가진 노하우와 경험을 인도에 나누어주면서 상호교역의 규모를 지속적으로 늘려가야 한다는 것은 지극히 상식적인 얘기다.

최근 대한민국이 한류 바람 및 시장접근성 측면에서 베트남과 인도네시아 등 몇몇 동남아 국가에 관심을 갖는 것도 일면 당연한 일이다. 하지만 정말 큰 성장과 대규모 발전이 중장기적으로 이루어질 인도를 대상으로 주도면밀한 시장조사와 그에 따른 투자를 집행하는 것은 사실상 10~20년, 아니 그 이상의 앞을 내다보고 추진해야만 하는 국가발전에 필수적인 과제. 인도의 가능성은 인도가 단순히 빠른 속도로 성장과 발전을 할 국가라는 데 그치지 않고 향후 '넥스트 차이나' 혹은 새로운 'G2'로 등극할 수 있는 특별한 국가라는 데 있기 때문이다. 1장에서도 언급했듯이 일본이 오래전부터 지금까지 인도의 공단 및 인프라 구축을 위해 한국 대비 열 배가 넘는 투자를 집행한 것을 곰곰이 분석해보면, 대한민국 정부와 기업이 인도와 관련하여 향후 어떤 전략을 수립해야 하는지에 대한 답이 쉽게 나온다. 일본보다 투자액 규모 면에서는 작지만 중국이 인도에 중장기적으로 투자해온 추세를 살펴봐도 마찬가지의 결론이 나온다. 인도에 대한 대한민국의 투자는 이미 한참 늦은 것일지도 모른다. 미래에 인도가 가질 가능성을 높이 나는 매의 눈으로 한시라도 빨리 명확하게 판단해 인도와의 교역 규모를 늘리고, 중장기 투자를 아낌없이 진행해야 하는 중차대한 시점이 바로 지금이다.

## 재외 인도인들의 힘

인도의 막대한 인구를 설명하는 데 있어 꼭 언급하고 넘어가야 할 내용이 있으니, 바로 NRINon Resident Indian 및 PIOPersons of Indian Origin 라 불리는 재외 인도인들의 존재가 그것이다. 전 세계에는 엄청난 수의 재외 인도인이 있는데, 주목해야 하는 것은 이들이 송금을 통해 본국에 이바지하는 부분이다.

몇 년 전에 인도에 있으면서 가족과 함께 아랍에미레이트의 도시 두바이를 며칠간 방문했던 경험이 있다. 형편이 괜찮은 인도 사람들은 비행기로 뉴델리나 뭄바이에서 3시간 반 정도 걸리는 두바이를 자주 방문한다. 당시 우리 가족의 두바이 방문은 처음이었기에 두바이 공항에 내려 바로 호텔로 가지 않고 약 30~40분간 시내를 짧게 돌았는데, 그때 내심 깜짝 놀랐던 장면이 있었다. 다름 아니라 인도의 영화 산업, 즉 발리우드Bollywood를 주름잡는 샤룩 칸Shahrukh khan, 살만 칸 Salman Khan, 프리앙카 초프라Priyanka Chopra 등 유명 배우들의 대형 현수막들이 시내 대형건물들 여기저기에 걸려 있었기 때문이다. 당시 우리 가족은 마치 인도 어느 대도시의 대형 건물에 설치된 광고판을 보는 것처럼 느꼈었다.

2018년 GMI<sub>Global Media Insight</sub> 및 2017년 세계인구리뷰<sub>World Population Review</sub>의 통계에 따르면 두바이의 전체 인구는 약 332만 명으로 추산되는데, 그중 약 144만 명이 인도인이라고 한다. 이 수치는 두바이 전체 인구의 약 43%에 달하는 규모다. 인도와 같거나 유사한 인종이며 인도 문화와 트렌드의 영향을 받는 파키스탄(17%), 방글라데시(9%), 스리랑카(1.5%) 사람들의 비중까지 모두 감안하면 범 인도계가 두바이에서 직간접적으로 차지하는 비중은 거의 70%에 육박한다 할 수 있다. 상황이 이러하니 두바이 여기저기에 걸려 있는 인도 발리우드 스타들의 현수막을 흔히 볼 수 있었던 것도 전혀 놀랄 만한 일이 아니었다.

인도 외무부는 2018년 12월 기준으로 전 세계에 흩어져 있는 재외 인도인이 총 약 3,100만 명이라고 공식 발표했지만, 비공식적으로는 5,000만 명을 훌쩍 넘는 것으로 추측되기도 한다. 인도에 있을 때 나는 종종 이들 재외 인도인들을 다룬 TV 프로그램들을 시청하곤 했다. 2015년 말에 봤던 한 인도 프로그램은 남아프리카공화국에 거주하는 인도 이민자 가족 및 거류민들을 다루었는데, 그들은 다른 나라의 사회와 경제에 잘 뿌리 내리고 적응하여 살아가는 재외 인도인의 전형이라 할 수 있었다. 조금 오래된 통계지만 참고로 2011년 남아프리카 공화국 통계청<sub>Statistics South Africa</sub>에 따르면 이곳에는 아프리카 대륙에 속한 여러 국가 가운데 가장 많은, 약 127만 명의 재외 인도인들이 상당히 부유하게 살고 있다. 이렇듯 재외 인도인들은 전 세계를 무대로 인도인 특유의 유연한 적응력, 생활력을 보여주고 있다.

2018년 12월 8일자 〈이코노믹 타임스〉에 따르면 이들 재외 인도인들이 인도 본국에 송금하는 액수는 2018년 기준으로 약 800억 달러에 이르는데, 이는 인도 GDP의 약 4%를 상회하는 큰 액수이다. 우리 돈으로는 약 88조 원(환율 1,100원 기준)에 해당하는데, 2015년 6월 기준 대한민국의 외환보유고가 약 412조 원 정도니 이 송금액의 규모와 위력이 어느 정도인지 쉽게 짐작할 수 있다. 이들 재외 인도인들의 송금액은 아직도 열악한 상황을 면치 못하는 인도의 철도, 도로, 제방, 항만, 부두, 공단 등 인프라 확충에 투자되며 인도의 현대화에 큰 역할을 담당하고 있는 중이다.

인도 본국으로의 송금액 88조 원 중 약 10% 이상은 미국에 거주하는 재외 인도인들로부터 나온다. 과거의 재외 인도인들은 미국과 캐나다 등에서 공부한 뒤 가능한 한 해당국에 그냥 머무르려 했으나 최근의 추세는 그렇지 않다. 예컨대 홉CJ의 50% 대주주였던 사모펀드 프로비던스 에쿼티의 담당자 다수는 인도에서 태어나 명망 있는 인도 대학을 졸업하고, 미국에서 유수의 경영대학원에서 학업을 마쳤으며, 대형 투자은행 등에 근무했다가 인도로 돌아온 케이스였다. 귀국의 이유를 물었을 때 그들의 대답은 단순명쾌했다. 모국이 빠르게 발전하고 있어 향후의 사업 전망도 밝게 여겨지기 때문이라는 것이었다. 재외 인도인들의 이러한 자국 복귀 추세는 앞으로도 더욱 커질 것 같다. 인도의 눈부신 발전 속도 외에도 도널드 트럼프Donald Trump 현 미국 대통령의 '미국우선주의' 정책이 지속되면서 이민자에 대한 미국의 문호가 지속적으로 좁아질 것으로 예상되기 때문이다.

# 무섭게 뜨지만 기부에도
# 힘쓰는 인도 부자들

지난 2014년 봄에 나는 재밌는 장면을 하나 목격했다. 인도 중부 서쪽 끝에 위치하여 삼면이 바다로 둘러싸인 뭄바이(인도 제1의 경제 중심지로 과거에는 봄베이Bombay라 불렸다)는 북쪽의 반드라와 남쪽의 월리 Worli 사이의 바다를 잇는 시링크Sea Link라는 큰 다리를 기준으로 남쪽 뭄바이와 북쪽 뭄바이로 나뉘는데, 남쪽 뭄바이에서 제일 크고 럭셔리한 쇼핑몰이 피닉스 밀Phoenix Mill이다. 이곳은 전 세계에 널리 알려진 구찌Gucci, 보테가 베네타Bottega Veneta, 버버리Burberry, DKNY 등 고가의 명품 브랜드들이 밀집해 있는 뭄바이 최고의 고급 쇼핑몰이다.

두 아들 녀석들의 생일이 모두 5월인 터라 그달의 어느 토요일, 우리 가족은 마침 집 근처에 있는 피닉스 밀 바로 옆에 있는 팔라디움 Palladium 호텔에서 점심식사를 하고 있었다. 당시 바로 옆 테이블에서는 한눈에도 상류층임을 알 수 있는 십여 명의 인도 사람들이 가족 모임을 갖고 있었다. 아주 말끔하게 차려입은 대학생인 듯한 다섯 명의 여학생이 네댓 명의 어른과 함께 식사 중이었는데, 상황을 바탕으로 짐작해보면 그 학생들은 어른들의 조카뻘쯤 될 것 같았다.

여느 가족처럼 화기애애하게 식사와 담소를 즐기던 그들에게 놀란 것은 그다음 상황에서였다. 그때까지는 평범한 가족 모임으로 보였는데, 식사가 거의 끝나갈 무렵이 되자 큰어머니쯤으로 보이는 나이 지긋한 아주머니가 자기 옆에 나란히 놓여 있던 큰 쇼핑백 다섯 개를 여학생들에게 나눠주기 시작했다. 선물을 받고 포장을 풀어본 여학생들은 "꺄아!" "와아!" 하며 갑자기 기쁨에 찬 소리를 지르기 시작했고, 서빙하던 종업원들도 다수 모여 이 장면을 구경하는 등 주변이 갑자기 시끄러워졌다. 쇼핑백에서 나온 선물은 다름 아닌 구찌의 클러치백이었는데(다섯 개의 사양은 같았지만 컬러는 서로 달랐던 것으로 기억한다), 내가 알기로 그 제품의 가격대는 최소 150만 원에서 200만 원 사이였다. 어떤 모임이고 무엇을 축하하는 자리인지는 알 수 없었지만 친척 어른 한 명이 다섯 명이나 되는 조카들 각각에게 고가의 제품을 선뜻 선물해주는, 인도 최고 부잣집의 한 단면을 접한 날이었다. 우리 가족이 깜짝 놀랐던 것은 당연했다.

미국 경제지 〈포브스Forbes〉는 오래전부터 매해 전 세계 억만장자 순위를 집계해왔다. 2019년 3월 이 잡지는 당시 시점의 주가 및 외국환 시세를 기준으로 했을 때, 자산총액이 10억 달러(약 1조 1,200억 원) 이상인 전 세계 억만장자의 수는 2018년 2,208명에서 2019년 2,153명으로 55명이 오히려 줄었다고 발표했다. 이들의 자산총액 역시 약 4,000억 달러 감소한 87조 달러로 조사됐다. 이는 전 세계 주식시장의 침체 때문이다. 국가별 억만장자 수를 보면 미국이 607명으로 가장 많았고 중국(홍콩 포함)이 395명으로 2위, 독일이 114명으로 3위, 인도가 106명으로 4위, 그리고 러시아가 98명으로 5위를 차지했다. 2016년에 인도는 84명으로 5위를 차지했으나 3년 만에 22명이 추가되면서 순위가 한 단계 상승했다. 한편 2019년 중국판 포브스로 지칭되는 후룬胡潤연구소의 글로벌 보고서는 104명의 억만장자를 가진 인도가 중국, 미국, 독일, 영국 다음으로 억만장자 최다보유국 리스트에서 5위를 차지한다고 분석했다.

그런데 인도에 한 번이라도 방문한 적이 있다면 쉽게 알 수 있는 사실이 있다. 바로 빈부격차가 엄청나게 심한 사회라는 점이다. 우리나라에서도 빈부격차 문제는 오랫동안 이슈화되었지만, 인도의 경우엔 우리와 차원이 다르고 예상을 뛰어넘는 심각한 수준이다.

사거리의 교통신호에 걸려 정지한 차에 홈리스들이 여럿 몰려와 창문을 두드리며 구걸하는 모습을 여전히 흔히 볼 수 있는가 하면, 인도 최고의 부자로 손꼽히는 릴라이언스 그룹Reliance Group의 무케시 암바니Mukesh Ambani 회장처럼 뭄바이 시내 남부 한가운데에 무려 1조 원이 넘는 빌딩을 짓고선 그곳을 사무실이 아닌 자신의 집과 파티 장소로 활용하는 사람도 있다. 2016년 2월 27일 인도 경제지 〈민트Mint〉의 통계에 따르면 지난 1998년 인도 상위 1% 부자의 소득은 전체 인도인이 벌어들인 소득의 약 9%를 차지했으나, 2012년에는 이 비율이 12.9%로 증가했다. 이어 2017년 12월에 발행된 「세계 불평등 보고서World Inequality report 2018」를 보면 2016년 인도에서는 소득분위 상위 10%가 인도 전체 소득의 55%를 차지한 것으로 나와 있다. 이러한 인도의 소득 불균형은 브라질 및 서아시아 다음으로 높은 수준이다. 이와 관련하여 크레디트 스위스 투자은행은 2015년 보고서에서 "인도 상위 1% 부자들은 국가 전체 자산의 무려 53%를 차지하고 있다"고 분석한 바 있다. 이처럼 인도의 경우 2000년 이후 현재까지 미국, 캐나다, 유럽과 비교했을 때 극소수 부자에게 부가 집중되는 속도의 증가가 지나치게 급격한 감이 없지 않다. 이에 비해 러시아와 중국은 2010년 이후 부의 집중도가 상대적으로 완화되었다.

인도의 부자들은 이렇듯 심각한 빈부격차 문제를 해소하고자 다양한 방안을 모색해왔는데, 그중 한 가지가 기부문화다. 주지하다시피 마이크로소프트Microsoft의 설립자이자 전 회장인 빌 게이츠Bill Gates

와 투자의 귀재 워런 버핏Warren Buffett의 중장기적이고 지속적인 기부
는 아주 잘 알려져 있다. 지난 2011년 3월 빌 게이츠가 워런 버핏과
함께 기부문화를 확산시키기 위해 인도 뉴델리에서 개최한 자선 서약
The Giving Pledge 캠페인 '뉴델리 이벤트New Delhi Event'에는 약 50여 명
에 달하는 인도의 억만장자들이 적극적으로 참여해 기부를 활성화하
겠다는 자신들의 의지를 다짐한 바 있다.

빌 게이츠 및 워런 버핏과 함께 메인 게스트로 뉴델리 기부 이벤트
에 참여했던 인도의 대표적 정보기술 회사 위프로Wipro의 회장 아짐
프렘지Azim Premji는 그즈음 15조 원이 넘는 재산 중 2조 2,000억 원
어치 이상의 주식을 자신이 설립한 자선단체에 기부해 아시아 최고의
자선사업가로 자리매김했다. 참고로 인도 사람들에게 프렘지 회장은
소형차를 타고 출퇴근하는 '인도의 빌 게이츠'로 알려져 있다. 근검절
약을 몸소 실천하는 그는 비행기를 탈 때 이코노미석을 이용하고, 심
지어 서민들의 3륜차인 오토릭샤를 이용하기도 한다. 어디 프렘지 회
장뿐인가? 인도에서 가장 높은 신망과 존경을 받는 타타 그룹의 명예
회장 라탄 타타는 창업주인 잠셋지 타타Jamsetji Tata의 철학, 즉 '사회로
부터 받은 것은 사회로 환원한다'는 것을 실제로 구현하기 위해 노력
해왔다. 일례로 타타 그룹의 수익 중 3분의 2는 사회로 다시 환원되는
데, 이는 그룹의 총자산 중 약 67%를 그룹 내의 자선단체가 소유하고
있기 때문이다. 이렇게 기업의 사회적 책임을 몸소 실천하는 모범을 보
이는 타타 그룹은 비즈니스에서의 성공과 이익을 추구하는 여타 기업
가와 분명 차별화되어 있다. 앞으로도 아짐 프렘지 회장이나 라탄 타
타 명예회장처럼 노블레스 오블리주를 실천하는 진정한 부자들이 인
도에서 더더욱 많이 나오기를 기대해본다.

# TIP
## 인도의 영유아용품 시장을 주목하라

대한민국의 영유아용품 및 아동용품 제조 및 생산, 유통 기업들의 입장에서 보면 영유아부터 14세까지의 아이들과 관련된 인도 시장은 한마디로 '수요의 보고寶庫'라 할 수 있다.

2017년 인도 인구와 관련된 정보를 제공하는 인덱스문디Indexmundi에 따르면 현재 인도에서 영유아 및 아동을 포함한 0~14세까지의 인구는 총 3억 5,000만 명으로 전체 인구의 약 27.7%를 차지하고 그 중 남아는 약 1억 8,600만 명, 여아는 약 1억 6,400만 명으로 파악된다. 참고로 인덱스문디는 인도의 총인구가 2016년 7월을 기준으로 약 12억 6,700만 명이라 추산했는데, 이 수치는 앞서 유엔경제사회국의 추산 규모인 13억 4,000만 명보다 약 7,000만 명 정도 적은 것이니 실제 영유아 및 아동 인구는 3억 5,000만 명을 훌쩍 뛰어넘을 것이라 짐작된다. 이 7,000만 명의 20%인 약 1,400만 명만 3억 5,000만 명이라는 통계 자료에 추가해도 0~14세까지의 인구는 약 3억 6,400만 명에 이른다. 더불어 인도의 출생률은 1.93명으로 우리의 0.98명과는 비교가 안 되는 높은 수준이니 당연히 향후에도 영유아 인구가 엄청나게 지속적으로 증가할 것이라 예상된다. 이런 점에서 인도는 대한민국 영유아용품 및 아동용품 기업들이 주목해야 할 '보물단지'가 아닐 수 없다.

최근 몇 년 전부터 중국 젊은 세대 중 적극적이고 개성도 뚜렷한 신세대 엄마들에게는 한국산 기저귀와 분유가 인기라고 알려져왔다. 중국 최대 직구 온라인몰인 티몰 글로벌Tmall Global이나 다수 홈쇼핑 계열사의 쇼핑몰 및 그 밖의 온라인몰에서 중국 소비자들이 보인 매출 추이의 분석 결과에 따르면, 이들은 가격이 다소 높더라도 안전성과 품질이 보장된 영유아 제품을 선호하기 때문에 선진국의 제품을 많이 사용한다고 한다. 그중 특히 한국산 기저귀와 분유는 제품의 질이 좋으면서도 타 선진국 제품보다 가격이 저렴한 편이기 때문에 중국의 젊은 신세대 엄마들에게 크게 어필했던 것이다. 이러한 추세는 중국 젊은 소비자들에게 한류, K-POP의 영향 및 한국산 화장품의 깨끗하고 청정한 이미지가 영향을 미친 결과일 것이다.

인도는 아직 중국에 비해 1인당 국민소득과 가처분소득이 낮기 때문에 한국산 기저귀와 분유가 진출한다 해도 당장 폭발적인 인기를 얻기는 어려워 보인다. 그런 의미에서 본격적인 진출에는 시간이 필요한 것이 사실이지만, 중국의 경우와 마찬가지로 영유아의 안전과 건강에 관심이 많은 인도 중산층의 신세대 엄마들에게 향후 한국산 기저귀와 분유가 어필할 가능성은 충분하다고 판단된다. 참고로 인도 정부는 영유아와 아동을 대상으로 한 위생용품과 완구의 경우 나름 까다로운 국제 안전인증을 요구하고 있으므로, 인도에 진출하고자 하는 국내 영유아 및 아동용품 기업들은 인도로의 수출과 관련된 성분인증과 서류 및 절차를 사전에 미리 주도면밀하게 파악하여 준비해야 한다. 관련 내용을 인도 정부의 요구 수준에 맞춰 자료들을 꼼꼼히 준비하는 데도 상당한 시간과 노력이 필요하기 때문이다. 인도 진출을 시작하는 방법은 수출이겠지만, 시간이 흘러 인도 중산층 신세대 엄마들의 특성을 파악하고 판매에도 자신감이 붙는다면 인도에 현지 법인을 설립하여 제품을 제조 및 생산하는 것도 바람직한 방법이 될 것이다.

## 인도의 유아용품 시장

예전만 해도 고궁이나 동물원에 가면 선생님의 구령에 맞춰 손에 손을 잡고 길게 줄을 서서 아장아장 걸어가는 유치원생들을 흔히 볼 수 있었지만 이제는 이런 모습을 보는 것도 쉽지 않다. 대한민국의 출산율은 전 세계 최저 수준인 0.98명이기 때문이다.

하지만 인도에서는 어느 동네를 가든 깔깔거리며 뛰노는 어린이들, 가족과 함께 외출 나온 영유아들의 모습을 흔히 볼 수 있다. 뭄바이의 많은 외국인들은 대개 반드라 지역에 모여 사는데, 이곳에서 약 십여 분 걸리는 곳에는 피닉스 마켓 시티Phoenix Market City라는 큰 쇼핑몰이 있다. 집에서 멀리 떨어지지 않은 곳이라 우리 가족도 종종 이곳을 애용하곤 했다. 공휴일이 되면 피닉스 마켓 시티에서는 쇼핑몰 내 큰 광장 등에서 어김없이 유아 및 아이들을 대상으로 하는 각종 행사와 프로그램이 진행되었는데, 가끔 행사장을 들여다보면 아이들과 부모들이 꽉 들어차 발 들여놓을 데가 없는 경우가 많았다. 이렇게 아이들이 많으니 이들을 위한 상품과 시장이 활발하게 돌아가지 않을 수 없다. 각종 통계를 살펴보면 4세 이하 인도 유아의 수는 전 세계 유아 인구에서 무려 20%를 차지한다. 실로 놀라운 비중이라 하지 않을 수 없다.

영국의 시장조사기관 테크나비오TechNavio에 따르면 2014~2019년 인도 유아용품 시장의 연평균 매출증가율은 약 17%다. 인도 전체의 경제성장률의 두 배 이상에 해당하는 이 수치는 인도의 유아용품 시장이 얼마나 빠르게 성장하고 있는지를 단적으로 보여준다 할 수 있다. 2014년 우리 돈으로 약 15조 원 규모였던 이 시기의 인도 유아용품 시장은 2019년에 약 34조 원 규모로 성장할 것이라 예상된다. 유아용품은 의류, 스킨케어, 헤어케어, 유아식, 기저귀, 분유 및 위생티슈, 장난감, 안전용품 등을 지칭한다. 인도 유아용품 시장 전체의 약 90%는 의류가, 7%는 장난감이, 그리고 나머지 2%는 그 외 스킨케어 제품과 기저귀 및 유아식 등이 차지한다. 주요 영유아용품 제조사들로는 존슨 앤드 존슨Johnson & Johnson, 네슬레Nestle, 프록터 앤드 갬블Procter & Gamble, 다부르Dabur, 위프로 등이고, 이들의 제품은 최근 급속히 성장한 플립카트, 아마존, 스냅딜 등의 주요 이커머스 사이트에서 인기리에 판매 중이다. 이 사이트들은 영유아용품 섹션을 별도로 마련하여 활발한 판매활동을 벌이고 있다. 특히 베이비스월드Baby's World나 퍼스트크라이FirstCry처럼 유아용품에만 특화된 상품을 취급하는 전문몰도 빠르게 성장 중이다. 오프라인 영유아용품 유통과 관련해서는 퓨처그룹 리테일Future Group Retail 등의 '마더케어Mothercare'가 대·중·소도시를 중심으로 하는 유통망을 적극 운용하고 있다.

인도 영유아용품 시장에 관심이 있는 대한민국 기업이라면 우선은 시장조사부터 선행한 뒤, 그 결과를 바탕으로 이들 이커머스 기업 혹은 영유아용품 전문몰을 활용한 인도 시장으로의 진출을 추진해야 한다. 처음부터 대규모 영업을 시도할 이유는 없다. 일단 테스트 마케팅을 통해 영유아용품에 대한 인도 소비자의 반응을 신중하게 살피고 자사 제품에 자신감이 생기면 그때부터 가짓수와 품목을 늘리면 된다. 시장의 반응을 면밀히 체크하면서 진행하다 보면 어떤 품목으로 어떻게 승부를 걸어야 할지 판단되는 순간이 올 것이다. 경제성장률보다 훨씬 빠른 속도로 확대되는 인도의 영유아용품 시장에서 우리 기업들이 멋지게 선전할 수 있기를 기대한다.

# 3장

# 인도 경제의
# 눈부신 성장

# 세계 최고의 경제성장률

앞의 1장과 2장에서 현재 인도의 정치적 상황과 엄청난 인구의 힘을 소개했으니, 이번에는 인도의 경제를 이야기할 차례다. 전 세계를 통틀어 지금 가장 빠른 속도로 경제가 성장하는 국가인 만큼, 세계의 많은 기업인과 투자자를 비롯한 경제 전문가들은 인도 주식시장의 추이와 외국인직접투자 규모에 관심을 갖고있다. 점점 커지는 막대한 인도 시장과 그 시장을 형성하고 있는 소비자에 대한 분석도 중요한 과제로 떠올랐다. 이는 소비자 계층에 관한 세부 분석과 아울러 그들의 소비패턴을 살펴보는 작업이다. 아울러 인도 소비자들에게 현 시점에서 중요한 화두인 디지털 혁명과 그 파급효과를 파악하여 향후 미래가 어떻게 전개될 것인지도 전망하고, 마지막으로 인도 진출을 원하는 대한민국 기업들에게 유용할 관련 팁도 이야기해보려 한다.

미·중 무역전쟁이 촉발되기 전인 2018년 초반까지는 "전 세계 경제가 몇 년 전에 비해 좀 나아졌다"는 얘기가 나왔었다. 하지만 몇 년 전까지만 해도 세계의 경제 상황을 얘기할 때마다 거의 항상 등장하는 화두가 있었으니, 우리가 살고 있는 이 시대가 소위 '글로벌 저성장 시대'라는 게 그것이었다. 저성장은 지난 몇 년간 한국뿐 아니라 전 세계가 해당되는 문제였다. 때문에 세계 각국의 언론과 방송은 '성장과 발전'에 목말라했고, 그들은 이런 맥락에서 빠르게 성장 및 발전하는 지역 및 국가를 특별히 주목하려 했다.

최근 몇 년간 미국 CNN 방송을 눈여겨본 독자가 있다면 CNN의 요즘 관심사가 무엇인지 어렵지 않게 파악할 수 있었을 것이다. 그중 하나가 경제성장률이 높다는 아프리카에 대한 관심이다. CNN을 상세히 모니터링하다 보면 아프리카를 특집으로 다룬 프로그램들을 어렵지 않게 찾아볼 수 있다. 국내에서도 몇몇 방송 및 언론 매체가 급속한 도시화와 함께 쑥쑥 크고 있는 아프리카와 그 내수시장이 가진 잠재력에 주목한다. 이러한 관심은 아프리카가 2012년 6.8%의 경제성장률을 달성한 이후 생겨났지만 2012년 이후 아프리카의 성장률은 하락 추세를 보이고 있다.

최근까지 주목받았던 아프리카의 2010~2017년 연평균 경제성장률은 약 4%를 조금 웃도는 수준이었던데 반해 2012~2017년까지 전 세계 국가들의 평균 경제성장률은 3% 중반 정도였다. 전 세계 평균보다 약 1% 가까이 높기 때문에 아프리카가 '약속의 땅'이라는 방송 및 언론 매체의 평가를 받은 것도 자연스러운 일이었다. 그리고 그런 평가 다음에는 "급속도로 성장하는 아프리카 대륙에 우리나라도 하루빨리 진출하여 시장을 선점해야 한다"는 얘기가 뒤를 이었다.

여기서 인도로 눈을 돌려보자. IMF가 집계한 2014년 및 2015년 인도의 경제성장률은 각각 7.4%와 8.2%였다. 또한 IMF는 당초 인도의 2016년 경제성장률을 약 7.5~7.6% 전후로 예상했고, 2018년 10월에 발표한 보고서에서 재조정된 경제성장률도 7.1%였다. 참고로 비슷한 시기에 발간된 IMF의 보고서에서 중국은 6.7%의 성장률을 기록했다.

2016년 인도의 경제성장률이 원래 예측에 비해 다소 하향 조정된 이유는 2016년 11월 초에 모디 총리가 과감히 단행한 화폐개혁의 영향 때문이었다. 당시 500루피권과 1,000루피권이 인도의 유통현금 전체에서 차지하는 비중은 무려 86%였는데, 앞서 이야기했듯 모디 총리가 이 둘 모두의 사용을 갑자기 금지시키자 이로 말미암아 현금에 기반을 둔 인도 경제 곳곳이 큰 타격을 받았다. 하지만 화폐개혁 때문에 하향 조정되었다는 2016년 경제성장률 7.1%도 그토록 주목받는 아프리카 대륙의 평균 성장률에 비하면 약 2.5%포인트 이상이 높은 것이었다. 이 수준의 경제성장률은 전 세계 최고 수준의 것에 해당한다.

한편 IMF는 2018년 10월 보고서에서 인도의 2017년과 2018년 경제성장률을 각각 6.7%와 7.3%로 발표했다. 당초 IMF는 인도의 2017년 경제성장률도 7% 이상일 것으로 예측했으나, 2017년 7월 1일부터 시행된 통합간접세법의 영향을 감안해 예측치를 조금 낮춘 것으로 보인다. 그럼에도 IMF는 2018년부터 인도가 다시 견조하게 7% 이상의 경제성장률을 회복할 것으로 판단했다.

경제 성장에 대한 전망이 이렇듯 다소 하향 조정되었음에도 여전히 인도의 경제성장률이 전 세계 최고 수준임은 부인할 수 없는 사실이다. 그렇다면 대한민국은 이러한 인도에 대해 과연 얼마만큼의 관심을 보이고, 진지하게 바라보며, 연구하고, 투자하고 있을까?

가끔 내게 기회가 주어져 외부에서 강연을 할 때면, 몇 년 전부터 반드시 잊지 않고 소개하는 간단한 그래프가 있다. 바로 블룸버그 Bloomberg(1981년 설립되어 주로 금융정보와 경제뉴스를 제공하는 미국의 미디어 그룹)가 중국과 인도 두 나라의 경제성장률을 비교한 그래프다. 이에 따르면 1999년 한 해를 제외하고는 1998년 이래 인도가 중국의 경제성장률을 추월한 적이 없었다. 그러나 2015년에 인도는 마침내 중국을 제쳤고, 심지어 모디 총리의 갑작스러운 화폐 개혁이 있었던 2016년에도 7.1%를 기록하면서 중국에게 1위 자리를 내주지 않았다. 2017년에는 통합간접세법의 시행 여파 때문에 7% 아래로 잠깐 내려갔지만, 2018년 이후 다시 너끈하게 7% 이상의 성장률을 보이면서 성장이 지속될 것으로 판단된다. 이에 반해 계속해서 6% 중후반대의 경제성장률을 기록한 중국은 향후 성장과 발전의 탄력이 조금씩 둔화될 것으로 보이며, 현재 한창 진행 중인 미국과의 무역전쟁을 감안하면 이보다 더 큰 폭으로 하향 조정될 가능성도 있다. IMF는 향후 아시아-태평양 지역에서 중국의 둔화되는 성장률을 인도가 부분적으로 메꾸어줄 것이라 예상하고 있다.

인도 및 중국의 경제성장률 추세에 대한 이런 분석은 비단 블룸버그뿐 아니라 전 세계적으로 공신력을 갖는 IMF나 아시아개발은행ADB: Asia Development Bank 및 세계은행에서도 공통적으로 내놓는 것이다. 최근 미국 하버드대 국제개발센터Harvard Center for International Development 또한 향후 10년 내 글로벌 성장의 중심이 기존 중국에서 인도로 전환될 것으로 전망한 바 있다. 참고로 이 센터가 전망하는 향후 10년간 인도 경제성장률은 7.72%로 역시 전 세계 최고 수준이다.

하지만 1인당 GDP 수치에 주목하여 이를 살펴보면 조금 의아하게 느껴지는 부분이 있다. IMF의 2016년 통계를 기준으로 하면 인도의 1인당 GDP는 약 1,750달러, 원화로 환산하면 약 193만 원(달러당 1,100원 기준)에 불과한 적은 액수다. 또한 이는 연평균 수치이므로 이를 12개월로 나누면 20만 원에도 미치지 못하는 보잘것없는 금액이 산출된다. 1인당 GDP가 이렇게 낮은데 과연 인도의 미래가 밝다고 이야기할 수 있을까? 결론부터 얘기하면 "그렇다. 인도의 미래는 밝고, 시장전망은 긍정적이다"라고 답할 수 있다. 어떻게 이렇게 적은 1인당 GDP로 인도의 미래가 밝다고 하는 것일까?

그 답은 PPPPurchasing Power Parity GDP에 있다. 우리말로는 물가를 감안한 '구매력 평가'라 할 수 있는 PPP GDP는 인도의 진정한 성장 잠재력을 평가할 수 있는 매우 중요한 지표다. 주지하다시피 이는 국가별 구매력, 즉 국가별로 차이가 나는 상품 가격의 수준을 고려한 GDP다. 앞서 언급했듯 IMF가 발표한 2016년 기준 인도의 1인당 명목 GDP는 1,750달러이므로 인도의 밝은 미래를 설명할 수 있는 지표라 하기에는 거리가 있어 보인다. 우리 기준으로 평가했을 때 이 액수는 상당히 낮은 수준이라 판단되기 때문이다. 하지만 이를 인도의 실제 구매력을 감안한 1인당 PPP GDP로 환산하면 명목 GDP의 약 4배가 넘는 7,220달러(IMF의 2016년 추정치)가 되어 얘기가 달라진다.

마찬가지의 논리로 인도의 명목상 총 GDP는 2조 6,900억 달러(IMF의 2018년 10월 추정치)로 세계 7위다. 하지만 이 명목상 총 GDP를 PPP에 기준한 총 GDP로 환산하면 10조 4,000억 달러(IMF의 2018년 10월 추정치)로 명목상 총 GDP의 약 네 배 가까이 달하는데, 이는 전 세계 3위에 당당히 랭크되는 수준이다. PPP GDP를 기준으로 평가하면, 인도는 2010년까지 일본에 이어 전 세계 4위를 기록했으나 5년 만에 일본을 누르고 전 세계 3위에 올라와 있다. 인도 앞에는 오직 미국과 중국 두 나라만이 자리할 뿐이다. 이에 더하여 PPP GDP에 근거한 세계은행의 예상에 따르면, 약 30여 년 후인 2050년에는 인도가 미국을 추월하여 전 세계 2위의 부국으로 자리 잡을 것이라 한다. 이 예상은 전 세계에서 가장 뛰어난 투자자라 평가받는 손정의 소프트뱅크SoftBank 회장이 지난 2015년 인도 신문과의 인터뷰에서 유사하게 언급했던 내용이기도 하다. 정말 놀랄 만큼 엄청난 인도의 성장 잠재력이 아닐 수 없다.

# 중국을 앞지른 외국인직접투자와
## 뛰는 증시

2017년 2월 말, 인도 뭄바이에서 신문사 및 인터넷 비즈니스 회사를 경영하고 있는 친구 아비셰크Abhishek가 인도에 대한 외국인직접투자와 관련하여 연락을 줬다. 평소에도 아비셰크와 여러 근황을 주고받는데, 그는 2016년 인도에 대한 외국인들의 직접투자 규모가 다시 중국을 훌쩍 넘어섰다는 얘기를 들려줬다. 인도에 대한 외국인들의 뜨거운 관심을 무척 자랑스럽게 여기는 눈치였다.

성장 및 발전 면에서의 잠재력이 워낙 풍부하다 보니 최근에는 인도를 모니터링하는 외국인들도 바빠지고 있고, 그 당연한 결과로 향후 성장의 과실을 적극적으로 나누고 싶어 하는 외국 자본들도 인도로 몰려들고 있다. 빠르게 상승하는 외국인직접투자 관련 데이터들이 그 증거인데, 여기에서 잠시 그간의 추이를 살펴보자.

사실 인도에 대한 외국인직접투자 유입액 규모는 지난 2013년만 하더라도 전 세계에서 15위에 불과했었다. 하지만 이듬해인 2014년 5월에 모디의 연방총리 당선과 더불어 갑자기 9위로 뛰어오르더니 급기야 2015년에는 드디어 세계 1위로 등극했다. 또한 인도는 2016~2017년 회기에 유입된 외국인들의 투자금액 역시 전년 대비 약 36%가 증가한 600억 8,000만 달러로 중국을 다시 넘어섰다. 이는 한화로 약 66조 원(환율 1,100원 기준)에 이르는 액수로 역대 최고치를 경신하는 것이었다.

인도는 지난 3년간 외국인의 직접투자 규모를 늘리기 위해 21개 부문에 걸쳐 총 87개의 외국인직접투자 규정을 완화시킨 바 있다. 조세 회피처로 간주되는 모리셔스Mauritius를 제외하고 살펴보면 인도에 대한 직접투자를 가장 적극적으로 진행한 국가는 47억 1,000만 달러를 투자한 일본이었고 네덜란드와 미국이 그 뒤를 따랐다. 뒤에서 더 자세히 다루겠지만, 이는 모디 총리 당선 이후의 인도 성장 및 발전을 그만큼 낙관적이고 긍정적으로 판단하는 외국인들이 많아졌다는 의미다. 앞으로도 인도에 대한 외국인직접투자 규모는 단기적인 부침이 있을지언정 지속적으로 증가될 것으로 보인다. 모디 정부가 지속적으로 관련 부문의 외국인 지분 한도를 완화 중이고, 화폐개혁의 성공 및 통합간접세법이 당초 예정대로 2017년 7월 1일부터 시행되는 등 개혁 및 개방 경제로 이행하는 인도에 대한 외국인들의 기우와 불안이 하나둘씩 해소되었기 때문이다.

더불어 2016년 11월 말 이후 2017년 12월까지 인도 루피화는 그 가치가 지속적으로 올라 약 8% 가량 상승한 바 있다. 2018년 4월 이후 2019년 유가상승 등 이유로 4월까지 약 4% 정도의 하락이 있긴 했으나, 나는 국제 유가가 안정될 것이라는 전제하에 중장기적으로 루피화의 가치가 꾸준히 상승할 것이라 전망한다. 루피화 가치 상승은 인도에 투자를 진행한 외국인 투자자들에게 있어 분명 희소식이다. 인도에 투자된 자산의 가치는 기본적으로 루피화로 계산되기 때문이다. 상식적인 얘기겠지만, 모든 투자는 향후의 투자수익률을 예상하고 움직이는 법이다. 인도에 투자한 자금이 향후 플러스 수익률을 보장할 수 있다는 계산이 서지 않는데도 중장기적으로 인도의 미래에 투자한 국가가 과연 있을까?

힘찬 우상향 그래프는 외국인직접투자와 관련된 자료뿐 아니라 인도의 주가지수 자료에서도 나타난다. 인도를 대표하는 주가지수는 크게 센섹스SENSEX와 니프티NIFTY 50 등이 있는데, 특히 전자는 여러 자료에서 광범위하게 인용되는 지수이기도 하다. 센섹스 지수는 나렌드라 모디의 연방총리 당선이 예견된 지난 2014년 1월부터 견조하게 오르기 시작했다. 2014년 1월 2만 포인트를 넘어섰던 센섹스 지수는 1년 만인 2015년 1월에 3만 포인트 수준을 거의 달성했다가 2016년 2월 2만 3,000포인트로 빠진 바 있다. 하지만 그때부터 줄기차게 다시 뛰어올라 2019년 6월 하순 현재 3만 9,000포인트를 넘어서 있다. 2014년 1월 센섹스 지수 기준으로 계산할 시, 이는 5년 만에 무려 80% 이상 상승한 수치다. 상황이 이렇다 보니 인도에 투자한 투자자들은 여기저기서 즐거운 비명을 지르고 있다.

인도 국내와 외국인 투자자뿐 아니라 인도 펀드에 투자한 모든 한국 내 투자자도 기쁨을 느끼기는 마찬가지다. 언론 보도에 따르면, 2017년 한국에서 인도 펀드에 유입된 자금은 2,700억 원을 초과하면서 가장 큰 규모를 보였다. 중국 및 유럽 관련 펀드에서 각각 5,000억 원이 넘는 대규모 자금이 크게 이탈한 것과는 대조되는 모습이었다. 중국 및 유럽 펀드보다 규모는 작지만, 같은 기간에 일본 펀드에서도 1,000억 원 이상의 자금이 빠진 바 있다. 탁월한 실적을 낸 인도 주식형 펀드 중 최고 수익률은 미래에셋자산운용의 것으로 44% 이상의 수익률을 기록했다. 2017년 인도에 투자한 상위 10개 펀드의 평균 수익률도 30%에 이르렀다. 그렇다 보니 2017년 초 이후 해외 주식형 펀드 중 인도 펀드는 23% 이상이라는 가장 높은 수익률을 기록했다. 이 수익률은 같은 기간 해외 주식형 펀드 전체가 기록한 평균 수익률의 약 두 배에 달한다. 아울러 금융정보를 제공하는 에프앤가이드에 따르면, 2019년 1월 18일 기준 설정액 60개 이상인 신흥국 펀드 중 인도 펀드는 1개월, 3개월간 각각 0.59% 및 5.49%의 상대적으로 높은 수익률을 기록하며 연초부터 선방 중이다.

모디 총리 당선 이후 인도 주가지수가 지속적으로 상승하는 데는 특별한 이유가 있다. 수년간 전 세계 최고의 경제성장률을 보여왔고 외국인직접투자액이 대규모로 유입된 것도 있지만, 무엇보다 모디 총리가 제대로 된 정치적 리더십을 발휘하고 있기 때문이다. 한마디로 국가 전체 살림살이를 잘하고 있다는 뜻이다. 사실 지난 2014년 5월에 모디가 총리로 당선됐다는 사실 자체는 향후 '인도라는 국가의 발전에 희망의 등불이 보인다'는 정도로만 평가받았다. 즉, 모디 총리가 무언가를 실행했고 그에 따른 결과가 좋게 내려졌다는 것이 아니라, 객관적으로 봤을 때 '인도가 가질 가능성'에 파란불이 켜진 정도였다는 뜻이다. 이는 그간 인도가 너무나 큰 정치적 리더십의 부재에 시달려왔기 때문이었다.

그런 의미에서 지난 2016년 11월 초에 지하경제 척결과 부정부패 일소를 목표로 단행된 화폐개혁은 모디 총리의 향후 리더십에 대한 시험대였다고 볼 수 있다. 화폐개혁 후 상당 기간 동안 인도 국내외 전문가들이 모디 정부의 미래에 대한 우려를 표명했지만, 모디는 많은 인도 국민들이 불편해했던 화폐개혁의 불확실성을 뛰어넘은 것으로 보인다. 그 증거로, 화폐개혁 이후였던 2017년에 실시된 우타르프라데시와 우타라칸드 주의회 선거에서 모디 총리가 속한 인도국민당이 큰 승리를 거뒀다. 이는 화폐개혁을 포함한 모디 총리의 정책에 대한 인도 국민들의 상당한 신뢰가 엿보이는 대목이기도 했다.

인도 경제를 리드하고 있는 모디 정부의 특징을 한마디로 요약하자면, 중장기적인 '안정성'의 확보를 바탕으로 한 미래 성장 동력의 '추진력'이다. 사실 인도는 중앙은행의 신뢰 가능한 통화 정책을 축으로 지난 2013년 무려 10%를 넘겼던 물가상승률을 2017년 6월을 기점으로 전년 동기 대비 2% 이하로 낮춘 바 있다. 2018년 1월부터 10월까지 다소 가파르게 하락했던 달러 대비 루피화의 가치도 2019년 4월 현재 차츰 안정화 추세를 보이고 있다. 다만 2018년 하반기부터 지속되고 있는 미국의 금리인상과 미-중의 무역전쟁 그리고 유가 추이에 따라 루피화의 가치가 하락할 가능성은 남아 있다.

물론 인도의 경제와 관련된 모든 전망이 낙관적인 것은 아니다. 그동안 문제시되었던 은행권의 부실자산 정리와 더불어 아직도 전반적인 금융 시스템에 대한 낮은 신뢰, 비효율적인 토지 및 노동 시장, 그리고 운송 관련 기반시설 등 인프라의 낙후성 등은 종합적인 혁신을 절실히 필요로 한다. 현재 농촌 빈곤 문제와 함께 약 7%에 육박하는 실업률도 고민이다. 실업률 상승이 특히 아픈 이유는 모디노믹스의 핵심 정책인 '메이크 인 인디아'의 정책 성과가 일자리 확보와 효과적으로 연동되지 않았음을 의미하기 때문이다. 하지만 다수의 난관과 어려움에도 향후의 발전과 성장에 대한 전망에는 아직도 파란불이 켜져 있다고 판단된다.

# 인도 시장의 막대한 규모 및
# 소비시장 분석

앞에서 인도의 명목상 총 GDP 규모와 달리 PPP에 기반한 GDP 규모는 명목상 총 GDP의 약 네 배 이상에 달하며, 이것으로 인도는 2010년까지 3위였던 일본을 제치고 전 세계 3위에 오르게 되었다고 밝힌 바 있다. 인도를 왕래하는 다수의 한국인들에게는 외견상 인도가 도시와 농촌을 막론하고 아직도 구석구석이 더럽고 지저분하여 일견 발전과 성장이 요원한 나라로 보일지 모르나, 인도는 이미 구매력을 감안한 실질적 GDP 규모가 세계 톱클래스인 국가로 업그레이드되었다.

2016년 6월에 발표된 골드만삭스Goldman Sachs의 보고서 「인도 소비자 상세 분석Indian Consumer Close-Up」과 세계은행 및 몇몇 유력 투자은행 및 조사기관의 자료를 살펴보면, 거대한 인도 소비시장은 다음과 같이 요약된다.

1) 앞서 인도 전체 인구의 3분의 2는 35세 미만이라고 언급했는데 그중 4억 4,000만 명은 1980~1990년대에 태어난 밀레니얼Millenniels 세대, 3억 9,000만 명은 2000년 이후 태어난 Z세대다. 향후 20년간 이 젊고 패기만만한 밀레니얼 세대와 Z세대는 높은 교육열과 함께 인도 소비시장의 구매력을 이끌 핵심 계층이다.

2) 현재 인도의 대졸자는 약 9,600만 명으로, 중국의 7,900만 명보다 약 2,000만 명이 더 많다. 더불어 매년 새로운 대졸자의 수는 약 700만 명에 달한다.

3) 2016년 5월 현재 인도에서 휴대폰을 사용하는 전체 인구는 11억 8,000만 명이며, 2015년에만 신규 판매된 총 휴대폰 수는 이미 1억 3,000만 대를 훌쩍 상회했다.

4) 2015년에 제작된 인도 영화의 수는 총 1,602편이다. 이는 당시 약 100여 편에 불과한 우리나라의 약 15배에 달하는 수치다.

5) 인도는 중국 다음으로 큰 금 시장이기도 하다. 인도의 연간 금 소비량은 약 31조 원 규모에 이른다.

6) 인도 사람들은 결혼식에 적게는 약 850만 원, 많게는 8,500만 원을 소비하는데 1인당 명목 GDP를 고려했을 때 이는 상당히 큰 지출이다.

7) 2015년 기준 인도의 자동차 내수 판매량은 약 340만 대 이상이다.

8) 2015년 기준 인도의 오토바이 판매량은 약 1,600만 대 이상이다.

9) 인도의 연간 우유 소비량은 약 6,000톤으로 전 세계 최고 수준이다.

이 아홉 가지 항목에서 인도의 소비시장을 각각 요약 및 묘사하는 수치를 종합해봤을 때, 인도 시장의 엄청난 규모와 무한한 성장 가능성을 가늠하기란 어렵지 않다. 컨설팅 회사인 KPMG와 언스트앤영 Ernst & Young이 집계한 인도 전체 소매시장 규모는 약 800조 원을 조금 웃돌지만, 이마케터eMarketer가 추산한 규모는 1,100조 원에 육박한다. 이런 점에서 2016년 9월 당시 공식 등기이사로 선임된 이재용 삼성전자 부회장이 추석 명절임에도 해외에 나가 가장 먼저 만난 인물이 모디 총리였다는 것은 지극히 당연한 일이다. 삼성이 전 세계 휴대폰 1위, 아니 향후 자사가 생산하는 모든 전자제품을 전 세계 1위로 올려놓거나 유지하겠다는 목표는 이렇게 거대한 인도 소비시장을 석권하지 않을 경우엔 달성하기 어려울 것이기 때문이다. 인도 소비시장의 석권은 비단 삼성뿐 아니라 이미 인도에 진출해 있는 LG전자나 현대자동차는 물론, 한창 진출 중이거나 아직 제대로 진출하지 않은 모든 한국 기업들에게 공통적으로 요구되는 과업이다. 그들이 향후 대규모 시장으로 진출하여 미래의 초일류 기업으로 자리매김하고자 한다면 말이다.

우리나라 기업인들의 입장에서 어느 나라로든 해외 진출을 꾀하고자 할 때 가장 먼저 살펴봐야 할 것은 그 나라의 소비시장 혹은 소비자 프로파일이다. 상세한 소비시장 분석을 통해 진출 가능한 분야와 그렇지 않은 분야를 구별할 수 있고, 진출 상품이나 서비스의 우선순위도 가릴 수 있기 때문이다. 소비시장 분석의 목적은 진출 상품 및 서비스에 대한 정보를 사전에 합리적으로 파악하는 것이다. 시장기회를 올바르게 분석해 진출 시기 결정과 함께 진출에 수반되는 인원, 장비, 시설 및 투자비 등을 최대한 효율적으로 운용해야 함은 지극히 당연하다. 이를 마케팅의 맥락에서 얘기하자면 한마디로 소비자의 니즈needs와 원츠wants에 대한 분석이라 할 수 있으며, 이를 바탕으로 기업은 소비자에게 무엇을 판매할 수 있고 어떻게 다가가야 바람직할지를 결정하게 된다.

나는 인도 소비시장 분석을 위해 일찍부터 몇몇 자료들을 주목해왔다. 인도 시장의 빠른 성장과 발전을 주의 깊게 연구, 모니터하고 있는 전 세계 유수의 컨설팅 회사와 투자은행들의 보고서가 그것이다. 보스턴 컨설팅 그룹BCG: Boston Consulting Group의 각종 소비자 보고서나 AT커니AT Kearney의 「글로벌 소비 발전 인덱스GRDI: The Global Retail

Development Index」, 맥킨지 앤드 컴퍼니McKinsey & Company 혹은 인도 브랜드 가치 재단IBEF: India Brand Equity Foundation의 소비시장 보고서 등이 이에 해당한다.

그중 나는 보스턴 컨설팅 그룹이 2017년 3월에 발간한 인도 소비시장에 관한 보고서 「새로운 인도인: 변화하는 인도 소비자의 다양한 측면The New Indian: The Many Facets of a Changing Consumer」을 참조하여 인도 소비자를 심층적으로 분석하고, 더 나아가 이에 근거하여 인도 소비자에게 어필할 만한 상품군과 부문을 살펴보려 한다. 인도 진출을 도모하는 한국 기업인들에게 인도 소비자 분석에 대한 내용이 실질적 도움이 될 것이라 생각하기 때문이다.

참고로 보스턴 컨설팅은 전 세계적으로 주목받는 인도 시장을 최대한 합리적으로 파악하기 위해 사내에 있는 소비자 인사이트 센터CCI: Center for Customer Insight를 통하여 약 20여 년 전부터 인도 소비자들의 특성에 대해 꾸준히 의미 있는 연구와 조사를 진행했고, 그와 관련해 괄목한 만한 다수의 보고서들을 최근 발간했다. 2012년 2월에는 「호랑이의 포효: 인도 소비지출의 폭발적 성장 분석The Tiger Roars: Capturing India's Explosive Growth in Consumer Spending」, 2015년 4월에는 「상호 연계된 인도 소비자의 변화The Changing Connected Consumer in India」를 발간했으며 2016년 8월에는 「인도 농촌에서 떠오르는 상호 연계된 소비자The Rising Connected Consumer in Rural India」 등의 보고서를 내놨다. 인도 시장에 관심 있는 독자들은 이 보고서들을 추가적으로 숙독하기 바란다.

## 5개 소비계층 및 인도 경제 발전의 3가지 주요 요인

보스턴 컨설팅의 보고서 「새로운 인도인: 변화하는 인도 소비자의 다양한 측면」에는 그동안 몇 년에 걸쳐 지속적으로 인도 소비자 및 소비시장을 살펴본 그들의 탁월한 분석 노하우가 녹아 있다. 시니어 파트너이자 대표인 압히크 싱하이Abheek Singhi를 비롯하여 니미샤 자인 Nimisha Jain 그리고 카니카 상히Kanika Sanghi가 공동저자인 이 보고서의 머리말에는 최근의 눈부신 인도 성장 및 발전을 요약하는 거시경제 지표들이 소개되어 있고, 이어 본문에서는 역동적으로 변화하고 있는 인도 소비시장을 파악할 수 있는 몇몇 이슈와 핵심 포인트들을 다차원적으로 분석하고 있다. 이 보고서의 주요 내용을 살펴보자.

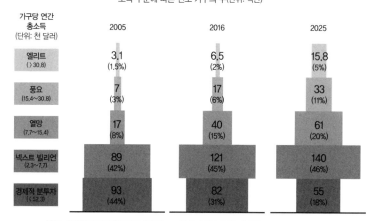

(참고: 달러당 65루피 환율 적용. 반올림으로 인해 각 항목의 백분율 합은 100이 되지 않기도 함.)

**[표 2] 가구소득에 따른 소득 계층 변화 추이**
(출처: 「새로운 인도인: 변화하는 인도 소비자의 다양한 측면」, 보스턴 컨설팅 그룹, 2017년 3월)

이 보고서는 인도를 한마디로 커다란 성장의 역사라 요약한다. 보수적인 관점에서 봤을 때, 향후 인도 GDP가 단지 연간 6~7% 정도만 성장해도 소비지출은 3배가 증가할 것이고 2025년에는 약 4조 달러의 거대한 시장을 형성할 것이라는 것이 이들의 예상이다. 그렇게 된다면 인도 경제는 굳이 PPP GDP로 계산하지 않더라도 전 세계에서 세 번째로 큰 소비 시장이 될 수 있을 것이라 결론지을 수 있다.

[표 2]에서 볼 수 있듯 보스턴 컨설팅은 인도 소비자 전체를 가구당 소득수준을 기준으로 '엘리트elite' '풍요affluent' '열망aspirers' '넥스트 빌리언next billion' 그리고 '경제적 분투자strugglers'의 다섯 계층으로 구분한다. 원달러 환율을 1,100원으로 하여 연간 가구당 소득을 계산해보면 '엘리트' 계층은 약 3,400만 원을 초과하고 '풍요' 계층은 약 1,700만~3,400만 원, '열망' 계층은 약 850만~1,700만 원, '넥스트 빌리언' 계층은 약 253만~850만 원이며 마지막으로 경제적으로 가장 어려운 '경제적 분투자' 계층은 약 253만 원 미만이다. [표 2]는 인도의 이러한 다섯 개 계층이 2005년부터 2025년까지 보인 비중의 변화를 분석했다. 여기에서 가장 주목해야 할 것이 다음의 내용이다. 보스턴 컨설팅은 2016년에서 2025년 사이에 경제적으로 가장 하위 계층인 '경제적 분투자' 계층의 비중이 31%에서 18%로 현격히 줄어들 때, 가장 빠르게 성장하고 있는 '엘리트'와 '풍요' 등 상위 두 계층의 비중은 8%에서 그 두 배인 16%로 늘어날 것이라 전망했다.

아울러 이 보고서는 빠르게 성장, 발전하는 인도 시장에서 가장 중요하게 작용할 세 가지 요인을 제시한다. 첫째는 무엇보다 중요한 '경제적 풍요도의 증가', 둘째는 독특한 패턴으로 지속 확산되는 인도 특유의 '도시화에 따를 파급효과', 그리고 마지막 하나는 급속히 확산되고 있는 핵가족화의 '사회경제적 영향의 확대'다.

경제적 풍요도와 관련하여, 앞서 언급한 '엘리트'와 '풍요'의 상위 두 계층은 2016년 전체 소비시장에서 27%의 비중을 차지했으나 이것이 2025년에는 40%로 훌쩍 늘어날 것이라는 게 보스턴 컨설팅의 예상이다. 두 번째 요인인 인도의 도시화에 대해 이야기하자면, 몇몇 대도시가 아닌 소도시에 기반을 두고 이루어진다는 점에서 인도는 인도네시아나 태국과 차별화된다. 보스턴 컨설팅은 인도의 도시 인구가 2025년쯤에는 전체 인구의 약 40%를 차지할 것이고, 이들이 전체 인도 소비의 60% 이상을 차지할 것이라 예측했다. 또한 인구 100만 명 미만인 신흥 도시도 주목해야 한다. 인도 대도시에서의 소비 지출은 연간 약 12% 정도 늘어나는 데 반해 이들 신흥 도시들은 연간 14%의 증가세를 보이고 있기 때문이다.

다른 한편 이 보고서는 큰 시장기회를 제공하는 '소규모 핵심 상권 small pockets of big opportunity'을 강조한다. 전통적인 마케터들은 역사적으로 권역zones, 지역 혹은 도시 계층을 기반으로 하는 광범위한 지역별 접근 방식으로 인도 시장을 분석해왔는데, 이 방식은 인도의 다양성 및 경제적 의미에서의 실질적 부촌을 정확히 포착하지 못한다는 심각한 단점이 있다. 일례로 인도의 '엘리트' 및 '풍요' 계층의 상당수는 주요 대도시 도심의 안쪽이 아닌 바깥쪽에 거주한다. 사실 주요 대도시에서의 가장 좋은 시장기회는 일련의 '소규모 핵심 상권'에 집중된다. 인도 최대의 경제도시로 간주되는 뭄바이를 살펴보자. 뭄바이의 경우 '엘리트'와 '풍요' 계층의 80%가 전체 97개의 '소규모 핵심 상권' 중 40개에 흩어져 있다. 그 40개 '소규모 핵심 상권' 중 14개에는 뭄바이 전체 프리미엄 의류 매장의 80%가, 25개에는 전체 프리미엄 전자제품 매장의 80%가 자리해 있다. 때문에 요점은 주요 도심의 외곽에 위치한 '소규모 핵심 상권'들을 정확히 분석하는 것이다. 이는 뉴델리나 다른 주요 대도시에도 마찬가지로 적용된다.

이어 세 번째 요인을 살펴보자. 인도의 핵가족화는 지난 20여 년의 세월 동안 확고부동하게 자리 잡아서 현재 그 비중이 전체 가족 구조의 무려 70%에 이른 것으로 판단되며, 2025년이면 74%로 4%포인트가 더 늘 것으로 전망된다. 여기서 마케팅적으로 중요한 시사점은 이러한 핵가족이 기존의 확대가족에 비해 1인당 소비가 20~30% 정도 증가할 것이라는 점이다. 또한 이런 핵가족에서의 의사결정자는 기존의 전통적 확대가족의 의사결정자에 비해 젊고 낙관적이며, 이들은 특히 내구소비재나 의류 구매에 있어 단순히 기능적 필요 때문이 아니라 라이프스타일이나 사회 트렌드에 부합하려는 목적하에 결정하는 경향을 띠는 것으로 판단된다.


## 상품군에 따른 소비패턴의 변화

인도 경제의 급성장에 따른 소득 증가는 다양한 상품 카테고리에 대한 소비자들의 지출 패턴에 많은 영향을 미치는 법이다. 보스턴 컨설팅 그룹의 보고서는 [표 3]에서 보이듯 50개 이상의 상품 카테고리를 구매주기를 기준으로 세 가지의 커다란 구매 집단으로 분류한다.

첫 번째는 식품, 음료, 퍼스널케어 상품, 엔터테인먼트 및 통신 관련 상품과 서비스 등 구매 빈도가 높은 상품 카테고리, 두 번째는 의류, 홈퍼니싱 등의 가족용 가구, 여행·관광 등 구매 빈도가 중간 정도인

상품 카테고리, 세 번째는 내구소비재와 승용차, 가전제품 등과 같이
구매빈도가 낮은 상품 카테고리다.

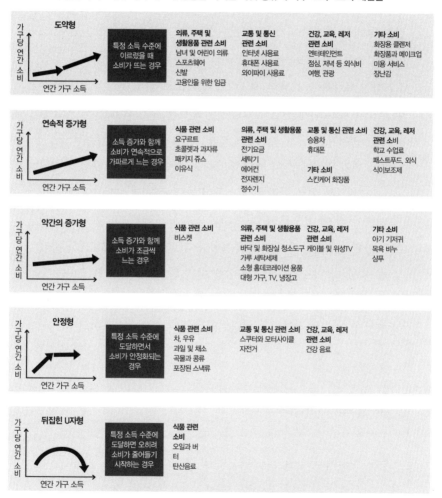

[표 3] 상품군에 따른 가구소득과 소비 패턴의 다섯 가지 변화
(출처: 「새로운 인도인: 변화하는 인도 소비자의 다양한 측면」, 보스턴 컨설팅 그룹, 2017년 3월)

이 표는 인도 가구소득의 증가와 상품 카테고리 소비 양상의 변화 간에 보이는 다섯 가지 상관관계를 나타낸다. 특정 소득 수준에 이르렀을 때부터 소비가 뜨는 경우, 소득 증가와 함께 소비가 연속적으로 느는 경우, 소득 증가와 함께 소비가 조금씩 증가하는 경우, 특정 소득 수준에 도달하면서 소비가 안정화되는 경우, 특정 소비 수준에 도달한 후에 오히려 소비가 줄어드는 경우가 그것이다. 이 표는 인도 소비자의 소득 증가 패턴에 따른 구매 상품 카테고리를 항목별로 일목요연하게 요약하는 유용한 자료라 판단되므로 인도 진출을 염원하는 한국 소매 및 소비재 관련 기업들에게 요긴한 가이드라인으로 활용될 수 있을 것이다.

한국 기업 입장에서 이 표를 활용하는 방법은 다음과 같다. 안정형 plateau 그래프를 예로 살펴보자. 소득이 늘면 스쿠터, 모터사이클, 자전거 매출이 더 이상 오르지 않는 대신 연속적 증가형linear increase 그래프의 사례처럼 자동차 소비가 증가한다. 뒤집힌 U자형 그래프의 사례도 마찬가지다. 가구소득이 증가함에 따라 탄산음료에 대한 소비는 오히려 줄어든다. 건강에 안 좋다고 소비자들이 판단하기 때문이다. 대신 건강 음료나 몸에 좋다고 판단되는 음료의 소비는 증가한다.


## 디지털 혁명의 파급효과

인도 시장에서 벌어지고 있는 이커머스 및 엠커머스m-commerce 관련 사항은 뒤에서 보다 자세히 살펴보겠지만, 보스턴 컨설팅 보고서에서 역시 전자상거래의 중요성이 부각되어 있다. 그중에서도 특히 인터넷의 확산이 이커머스 확대의 가장 주요한 요인이란 점을 주목해야 한다. 2010년 8%에 불과했던 인도의 인터넷 보급률은 2016년 25%를 기록했고, 2025년에는 55%로 훌쩍 뛰어오를 것이라 전망된다. 인도의 연간 인구증가율을 감안하여 계산했을 때 '55%의 인터넷 보급률'은 곧 인도의 인터넷 이용자가 무려 8억 5,000만 명 수준에 달할 것임을 의미한다. 더불어 인터넷 이용자의 구성에도 많은 변화가 있을 것이라 예측된다. 현재 인도의 인터넷 이용자 대부분은 도시민들이지만 2020년이면 지방 혹은 시골의 이용자들이 전체 이용자의 50%를 차지할 것으로 판단되기 때문이다. 또한 지금은 24세 이하의 사람들이 인터넷 이용자의 과반수 이상을 차지하지만, 2020년이면 인터넷 이용자 65%의 평균 연령이 25세 이상일 것으로 예측된다.

기업의 입장에서는 이러한 인터넷 이용자들의 급속한 확산이 가져올 세 가지 결과에 주목해야 한다. 첫째, 우선 온라인 지출이 증가할 것이다. 때문에 온라인 쇼핑이 필수적으로 활성화되면서 온라인 회사들의 강력한 가치제안value proposition, 온라인 결제 시장의 발달, 물류 서비스 강화, 그리고 온라인 커머스와 관련된 각종 투자가 활발히 이루어질 것임은 자명하다. 참고로 2025년에는 인도 온라인 구매자 수가 약 3억~3억 5,000만 명 수준으로까지 증가할 것이라 예상된다. 이들 온라인 쇼핑객들이 가장 중요하게 꼽는 온라인 쇼핑의 이유는 바로 '편의성'이고, 두 번째 이유가 상품 '할인율'이다. 궁극적으로 판단했을 때, 이러한 전자상거래 규모는 2025년 약 140조~165조 원에 이르러 전체 소매시장의 8~10%를 차지할 것으로 보인다.

둘째, 소비지출에 대한 디지털화의 영향이 빠르게 증가한다는 점을 주목해야 한다. 디지털의 영향력은 모든 소득계층과 지역 및 연령대에 걸쳐서 커지고 있지만 특히나 농촌 지역에서의 영향은 매우 크다. 저렴한 휴대폰의 판매, 무선 데이터 네트워크의 확산, 진화하는 농촌 소비자들의 행동 및 선호도는 농촌 지역의 디지털 보급 및 활용을 촉진하여 이들 지역의 소비자가 기업과 상호작용하는 제반 방식을 변화시키게 되어 물론 해당 기업들은 농촌 소비자들과 상호작용하는 데 있어 보다 다양한 마케팅 옵션을 제공하게 된다.

마지막으로 이 과정에서는 다양한 온오프 유통채널을 포괄하는 옴니채널omni-channel의 상호작용이 중요해지지만, 상품 카테고리에 따라 그 중요성은 달라진다는 점을 염두에 두어야 한다. 전자상거래와 온라인 쇼핑의 빠른 성장은 결국 오프라인과 온라인을 연결하는 옴니채널의 중요성을 부각시키는데, 이 두 채널의 상호작용은 상품군에 따라 상이하다. 일례로 인터넷을 활용하는 50% 이상의 휴대폰 구입자들은 오프라인과 온라인을 동시에 활용해 휴대폰을 구매하지만 소비재 구입에 있어서는 다른 패턴을 보인다. 일반적으로 소비자들은 오프라인과 온라인 중 하나만을 통해 소비재를 구입한다. 2017년 현재 도시에 거주하는 인터넷 이용자들의 75%는 오직 휴대폰으로만 인터넷을 이용하지만, 그보다 3년 전이었던 2014년에는 52%만의 이용자들만이 그런 방식을 사용했다. 참고로 유선 인터넷 사정이 좋지 않은 농촌 지역에서는 소비자의 87%가 휴대폰만으로 인터넷에 접속하고 있다. 따라서 향후 이커머스 성장의 절대성장은 이러한 엠커머스를 통해 이루어진다는 점이다. 조사 과정에서 발견된 주목할 만한 내용 한 가지를 덧붙이자면, 스마트폰을 통한 전자상거래의 약 40%는 사전에 계획되지 않은 것이었거나 충동적으로 이루어지는 것이라 한다.

# 인도 소비시장의 미래 전망과
# 기업들의 과제

인도의 소비자 트렌드와 관련해 몇 가지 주목해야 할 점이 있다. 첫 번째는 대다수의 인도 소비자들이 점점 더 시간에 쫓긴다는 사실이다. 일상생활에서 시간에 대한 압박감이 높아지는 경향은 대개 핵가족화와 더불어 점점 빨라지는 제반 업무 프로세스 때문에 일어나고, 따라서 멀티 테스킹의 중요성도 그만큼 높아진다. 운전 중에도 업무 관련 대화를 한다거나 친구와 저녁식사를 하는 중에도 업무용 이메일을 체크하는 등이 그 예다. 기존의 많은 연구보고서도 이 점을 지적해온 바 있는데, 이를 바탕으로 많은 시사점을 얻을 수 있다. 대표적인 예가 향후 인스턴트 식품이나 간편식 시장이 폭발적으로 성장할 것이라는 점이다. 2010년 약 3,500만 달러 규모였던 인도의 인스턴트 식품 시장은 몇 년간 매년 약 30%씩 성장하여 2015년에는 1억 2,000만 달러 규모에 이르렀다.

다른 한편으로는 인도 고유의 상품에 대한 선호도의 증가도 목격된다. 10~20년 전에는 수입품이 각광을 받았지만, 이는 점차 자국 상품에 대한 선호도가 높아지는 것으로 바뀌었다. 최근에는 인도인들 약 60%가 '메이드 인 인디아made in India' 제품에 대해 프리미엄 가격을 지불할 생각이 있는 것으로 조사되었다. 자연친화적인 퍼스널케어 제품, 인도 고유의 포장 식품, 수작업으로 제작된 의상 등의 인기가 상승 중이고, 그에 따라 인도의 섬유제조 기업 패브인디아Fabindia나 인도의 코스메틱 기업 포레스트 에센셜Forest Essentials 같은 회사들은 소비자들에게 환영받으며 좋은 실적을 기록 중이다. 참고로 패브인디아는 몇 년 전 하버드대 경영대학원에서 연구 사례로 다뤄진 바 있고, 포레스트 에센셜은 에스티 로더Estee Lauder로부터 지분 투자를 받기도 했다. 소비자들의 인지도와 선호도가 늘면서 향후 이들 인도 고유의 브랜드와 상품에 대한 수요는 더욱 높아질 것으로 판단된다. 이는 인도 고유 상품과 브랜드의 경쟁력이 향상될 것임을 의미한다. 예컨대 마하트마 간디 로드에 위치한 패브인디아 뭄바이 남쪽 매장을 가보면 대략 손님의 30% 이상이 외국인이다. 인도 고유의 상품이 외국인에게도 어필하고 있는 것이다. 내 아내도 인도에서 구입한 패브인디아의 각종 의류와 침대, 인테리어 소품은 물론 포레스트 에센셜의 영양크림 및 향수 등도 한국에서 잘 사용하고 있다. 이처럼 몇몇 경쟁력 있는 인도 고유 브랜드들은 역동적으로 변화하고 있는 인도 중산층의 니즈와 원츠를 잘 충족시키고 있으며, 조만간 글로벌 브랜드로의 도약이 기대된다.

| 인도 가구구성원 수와 가구수 (2001년~2011년) | | | | | | |
|---|---|---|---|---|---|---|
| | 가구 구성원 수 | 1명 | 2명 | 3~5명 | 6~8명 | 9명 이상 |
| 가구구성원 (단위: %) | 2001년 | 3.6 | 8.2 | 48.8 | 28.1 | 11.3 |
| | 2011년 | 3.7 | 9.7 | 55.1 | 24.9 | 6.6 |
| 가구수 (단위: 백만) | 2001년 | 6.8 | 15.7 | 93.7 | 53.9 | 21.8 |
| | 2011년 | 9.04 | 23.9 | 135.9 | 61.4 | 16.4 |

[표 4] 인도의 가구 구성원 및 가구의 수
(출처: 〈데모그래픽 리서치Demographic Research〉 Vol.32, 2015년)

더불어 '나 세대I generation'의 등장도 눈여겨봐야 한다. 현재는 앞서 살펴본 대로 핵가족이 인도의 대세를 이루지만 미래에는 여기에서 한 층 더 분화한 독신 가구의 수가 늘어날 가능성이 있다.

[표 4]를 보면, 2001년부터 2011년 사이에 1인 및 2인 가구 비중은 각각 0.1%와 1.5% 포인트 증가하고, 1인 및 2인 가구 수는 각각 224만 가구와 820만 가구가 증가한 것을 알 수 있다. 이 자료가 2011년 자료 임을 감안하면, 2019년 현재 1인 및 2인 가구 비중과 가구 수는 더 증 가했을 것으로 짐작된다. 당연히 혼밥, 혼술, 1인 및 2인용 가구 등 관 련 상품 카테고리에 대한 수요도 늘어났을 테니 이에 근거한 상품과 서비스도 미리 기획, 준비해야 할 것으로 판단된다.

마지막으로 여성들의 권익이 향상되는 양상에도 주목해야 한다. 이 는 새로운 선거법, 더 나은 건강관리 그리고 더 높은 미디어의 주목 등에 힘입은 것이지만, 가장 중요한 원인은 여성에 대한 교육의 기회 가 확장되었기 때문이다. 2005년부터 2014년 사이에 여학생들의 중 학교 입학률은 45.3%에서 무려 73.7%로 증가했으며, 현재는 남학생 보다 입학률이 더 높은 상태다. 또한 젊은 여성들의 고등교육기관 등 록률 역시 거의 20%에 도달하면서 청년들의 등록률인 22%에 육박 하는 등 고등교육 면에서의 남녀 간 격차는 지속적으로 줄어들고 있 다. 이러한 변화는 인도 전체의 문맹률을 낮추는 효과가 있을 뿐만 아 니라 고용인구에 대한 통계나 여성의 경제적 독립과 같은 사회적 요소 에 광범위한 영향을 끼칠 것으로 판단된다.

여성의 권익 향상과 교육기회의 증대는 자연스럽게 여성의 경제적 독립을 가져와 그들의 가처분소득을 늘린다. 가처분소득의 증가로 말 미암아 소비시장이 활성화되는 것은 지극히 당연한 일이다. 특히 여성

자신 및 아이들에 대한 다양한 소비와 투자가 상대적으로 증가하여 유아용품 및 여성용품 등 관련 상품군의 시장규모가 커지는 효과가 있다.

이렇듯 빠르게 성장, 발전하는 인도 사회와 경제는 인도에 관심 있는 많은 기업에 여러 시사점을 던져주고 있다. 기업에게 있어 무엇보다 중요한 과제는 이렇게 변화하는 인도 소비자들의 요구와 행동에 부합하여 비즈니스 모델을 조정하는 것이다. 그에 따르는 몇 가지 세부 과제들을 살펴보자.

첫째, 가격에 민감하게 반응하던 과거와 달리 현재의 인도에서는 모든 가격대에서 시장기회를 포착해야 한다. 익히 알려져 있듯 과거의 인도 시장은 그야말로 낮은 단가의 상품이 먹히던 큰 시장으로 여겨졌었지만 지금의 인도는 다르다. 대부분의 소비재 상품이 모든 가격대에 걸쳐 있는, 큰 규모의 시장이 형성되어 있기 때문이다. 따라서 기업들은 전체 가격 스펙트럼을 횡단하는 전략을 취하거나 특화된 시장 세그먼트에 집중하는 방안을 모색해야 한다.

둘째, 인도 시장이 품고 있는 커다란 성장기회를 제대로 포착해야 한다. 이제까지 분석했듯이 인도 사회 전체가 성장 양상을 보이고 있는 것은 맞다. 하지만 특정 시장 부문, 예컨대 급격히 등장하는 신흥 도시들, 도시 내에 존재하는 '소규모 핵심 상권' 그리고 소득 증가에 기인한 특정 상품 카테고리 등은 예상을 뛰어넘는 어마어마한 시장기회를 가져다줄 수 있으므로 이를 제대로 잡는 데 필요한 배경지식 및 감을 키워야 한다.

셋째, 해당 상품 카테고리에 적합한 옴니채널 구축 전략이 매우 중요하다. 인도 소비자들의 디지털화는 그들의 구매 상품 및 방법을 결정짓는 핵심 요소가 될 것이다. 여기서의 디지털화는 전자상거래를 훨씬 뛰어넘는 차원의 것을 뜻한다. 한마디로 디지털화는 단순한 온라인 소비지출을 훨씬 초월하는 개념이므로 기업들은 해당 상품 카테고리에 적합한 온·오프라인 경험을 제공하면서 소비자의 기대치를 충족시켜야 한다. 온라인 구매가 빈번한 의류 부문에서는 구매 프로세스를 단순화하고 구매 옵션을 다양하게 제공하는 동시에 소비자가 언제 어디에서든 편리하게 구매할 수 있게끔 만드는 것이 그 예다.

넷째, 전통적 사회규범의 변화를 위한 계획을 수립해야 한다. 인도는 현재 여성의 사회적 역할 확대, 개인주의의 확산, 가족 내 역할 변화, 민족적 자긍심의 고양 등 많은 사회적 변화를 경험 중이다. 이러한 모든 변화는 인도 국내 소비자들의 소비방식을 근본적으로 변화시킬 가능성이 있기 때문에, 인도 시장을 공략하려는 기업들은 이러한 현실을 철저히 직시하고 그에 따른 대응책을 마련해야 한다. 이는 결국 상품과 서비스, 소비자와의 접촉 그리고 마케팅 등 모든 면에서 과거 자사가 가졌던 비즈니스 모델을 근본적으로 재고해야 함을 뜻한다.

# TIP
## 인도 화장품 및 이·미용품 시장 공략

앞서 다룬 보스턴 컨설팅 보고서의 분석처럼 인도는 경제적 풍요도가 급격히 늘어남과 동시에 도시화가 빠르게 진행 중이며, 핵가족화가 이루어짐은 물론 '나 세대'의 등장 또한 가속화되고 있다. 그러므로 이에 따른 라이프스타일 및 트렌드에 부합하는 상품 소비가 증가할 것은 당연한데, 여기에는 퍼스널케어와 화장품 및 이·미용품에 대한 소비도 포함된다.

이와 관련하여 눈여겨봐야 할 숫자 중 하나가 '엘리트'와 '풍요' 계층의 비중이다. 2016년 두 계층을 합한 비중은 전체의 8%지만, 2025년이 되면 이는 두 배인 16%로 뛸 것이라 예측되었다. 2025년이면 인도의 총인구는 약 14억 5,000만 명을 넘어설 것으로 전망된다. 보수적으로 계산해 14억 명의 16%만 잡아도 '엘리트'와 '풍요' 계층을 이루는 인구는 가볍게 2억 2,000만 명 이상일 것이라는 답이 나온다. 그중 여성의 수가 1억을 상회할 것이라는 점을 생각하면 화장품 및 이·미용품 시장의 전망은 밝다고 할 수 있다. 서서히 수요가 늘어갈 남성용 화장품과 이·미용품 시장은 제외하고라도 말이다.

지난 2011년 2월 나는 첫 인도 방문을 통해 인도인을 자세히 관찰할 기회가 있었는데, 특히 인도 여성들을 살펴보며 화장품과 관련된 세 가지 생각을 떠올렸다. 첫 번째는 일반 인도 여성의 피부색이 생각보다 상당히 어두운 편이므로 기초 화장품 등이 제대로 먹히기 쉽지 않겠다는 것이었다. 두 번째는 인도 여성들의 눈 화장이 생각보다 상당히 진하다는 것이었는데, 그 때문에 인도의 색조 화장품 시장은 이미 많이 발달해 있었다. 세 번째는 인도 여성들의 머리칼이 상당히 거칠고, 관리 면에서 기초적인 수준을 보인다는 점이었다. 이런 이유에서 당시 나는 인도 시장에서의 화장품 및 이·미용품 판매가 예상보다 만만하지 않을 것이라 짐작했었다. 하지만 하루가 다르게 빠른 속도로 진행되는 도시화와 더불어 피부 관리와 아름다움에 대한 인도 여성들의 관심이 늘면서 화장품 및 이·미용품 시장의 가능성은 이제 열리기 시작했다고 본다.

2016년을 기준으로 보면 퍼스널케어 상품까지 포함한 인도 화장품 및 이·미용품 시장은 현재 전 세계에서 가장 빠르게 성장하는 시장 중 하나다. 인도 전체의 퍼스널케어 및 화장품 시장 규모는 우리 돈으로 약 5조~5.6조 원에 이른다(전체 시장 규모가 10조 원 가까이 된다고 주장하는 조사기관도 있으나, 일단 보수적인 기준으로 잡으면 그렇다는 뜻이다). 매년 약 15%씩 확대되고 있는 이 시장의 성장 속도는 미국이나 유럽 대부분 시장의 그것보다 빠르다. 특히 색조 화장품, 향수, 특화된 스킨케어와 헤어케어 상품 및 전문 뷰티 살롱 아이템과 메이크업 화장품의 성장이 기대되고 있다.

이와 관련된 내 경험을 몇 자 적으려 한다. 내가 2012년 인도에 법인장으로 발령받아 도착했을 당시, 숍CJ 홈쇼핑 TV의 전체 방송 시간 중 화장품 및 이·미용품이 차지하는 비중은 3% 미만에 불과했다. 2011년에 본사인 한국 CJ오쇼핑의 화장품 및 이·미용품 관련 방송 시간이 10%를 훨씬 상회했던 것과 비교하면 차이가 컸다. 하지만 2015년이 되자 이 카테고리 상품과 관련된 방송 시간의 비중은 약 8%로 상승했고, 2017년 들어 숍CJ의 후임 주재원에게 물어보니 10% 이상으로 올라갔다고 한다. 불과 4~5년 만에 약 세 배 이상이 증가한 셈이다. 그렇다, 비록 아직까지 사드 보복 직전의 중국이나 현재의 베트남처럼 한류가 뚜렷이 그 위력을 발휘하는 시장은 아니지만, 인도도 이제 막 화장품 시장이 규모의 경제를 만들어내기 위해 본격적으로 성장하기 시작한 것이다.

전 세계 화장품 및 이·미용품 시장을 선도하는 최고의 화장품 매장은 단연 프랑스의 화장품 백화점 세포라Sephora다. 과거 프랑스에 출장을 가는 회사원이라면 누구나 반드시 들러 하다못해 립스틱이라도 하나 사서 귀국 후 아내나 애인에게 선물했다는 그 세포라 말이다. 현재 세포라는 지난 2014년 9월 인도 뉴델리에 첫 매장을 오픈한 후 급속히 사세를 확장중이다.

2015년 말 세포라가 인도에 두 번째로 연 뭄바이 매장을 방문했을 때의 얘기다. 매장 중앙에 다양한 컬러로 세련되게 포장된 노란색 1회용 마스크팩이 눈에 띄었다. 해당 마스크팩은 소위 인삼 성분의 상품이었고, 가격 또한 한 팩에 약 8,000원쯤 되는 고가였다. 나는 당연히 그 팩은 최고의 화장품 백화점인 세포라에 한국 마스크팩 회사가 인삼을 활용해 개발하고 납품한 상품일 것이라고 예상했다. 대한민국은 마스크팩 강국인 데다 인삼도 유명하니 말이다. 그런데 포장지 뒷면을 살펴본 순간 놀라움과 동시에 아쉬움이 스쳐갔다. 그 마스크팩은 한국이 아닌 대만 상품이었기 때문이다. 당시는 한국의 유명 마스크팩 회사들이 이미 중국을 석권하고도 한참 지난 시점이었다. 때문에 미래를 내다보는 업체라면 당연히 인도에 대한 심층적인 시장조사를 이미 끝내고 진출해 있어야만 했다. 늦은 감이 있어 아쉬움이 앞서긴 하지만 지금부터라도 이 분야의 업체들은 본격화된 인도 시장을 서둘러 공략해야 한다.

내 판단에 따르면 인도의 화장품 및 이·미용품 시장은 한국의 화장품 회사들이 힘을 쓸 수 있는 유력한 분야다. 중국과 동남아 시장의 경우에는 한류 붐을 타고 진출한 것이 사실이지만, 한국 화장품의 품질은 한류와 상관없이 많은 세계인들이 높이 평가한다. 인도에는 이미 아모레퍼시픽이나 LG생활건강 등의 화장품 대기업이 진출해 있지만 진출 및 확장 속도가 지나치게 느렸다. 모두 인도 시장에 대한 확신과 인도를 알리는 노력이 부족했기 때문이다. 대기업이 이 정도니 중견 및 중소 화장품 기업은 말할 것도 없다. 하지만 역사적으로 한국 회사들은 현명하고, 빠른 추격자였다. 한국 화장품 및 이·미용품 회사의 민첩함과 기민함이 이제부터라도 다시 한 번 인도 시장에서 빛을 보기를 바란다.

여기에서 특히나 중요한 포인트가 있다. 국내 시장에서의 강자임에도 아모레퍼시픽과 LG생활건강은 앞서 이야기했듯 인도의 화장품 및 이·미용품 시장에서 아직 굳건히 자리 잡은 상태가 아니라서 인도인들 사이에서의 인지도가 높지 않다. 다시 말해 국내 중견 및 중소 화장품 기업들도 인도에서는 아모레퍼시픽이나 LG생활건강 같은 대기업과 동일선상에서 출발해볼 수 있다는 뜻이다. 그러므로 설사 중소기업이라 해도 향후 어떻게 자신들의 상품을 유효적절하게 포지셔닝하느냐에 따라 인도에서 우뚝 서는 화장품 브랜드가 될 수 있다. 한국 내 브랜드 인지도 면에서의 열세를 인도에서는 적은 예산과 노력으로 단숨에 극복할 가능성이 있다는 뜻이다.

쉽게 마스크팩을 예로 설명해보자. 만약 마스크팩에 특화되어 있는 한국의 A 중소기업이 인도의 여성들을 대상으로 '마스크팩 하면 뭐니 뭐니 해도 A제품'이라는 브랜드 인지도와 선호도를 끌어낼 수 있다면,

이 기업은 어렵지 않게 마스크팩 이외에도 제2, 제3의 이미용·화장품을 추가적으로 론칭하여 성공할 수 있다는 것이 내 판단이다. 마스크팩으로 이미 확보한 브랜드 인지도와 선호도가 있기 때문이다. 때문에 인도 시장으로의 진출은 한국 내에서 오랫동안 깨지지 않았던 브랜드의 한계를 훌쩍 뛰어넘을 절호의 기회라고 간주해야 옳다.

끝으로 인도에서 화장품 판매 시 주의할 점 하나를 이야기하려 한다. 당연한 얘기겠지만 인도인들은 자신들의 노란색, 갈색, 짙은 갈색의 피부색에 자부심을 갖고있다. 나 역시 다수의 인도 여성들에게서 "나는 내 노란 피부색이 자랑스럽다I am proud of my yellow skin color."라는 말을 종종 들었다. 바로 이 점에서 인도 시장에 내놓을 제품의 광고, 홍보 및 화장품 용기나 설명서에서 피하는 것이 좋은 표현이 있다. 눈치 빠른 독자는 이미 알아챘겠지만 '화이트닝whitening'이라는 단어가 그것이다. 한국에선 화이트닝, 즉 피부색을 하얗게 해주는 화장품 성분이 상당히 중요하지만 노란색, 갈색, 짙은 갈색이 인도인의 피부색임을 고려했을 때 이 표현은 피하고 대신 '브라이트닝brighting'이라는 단어를 사용하는 편이 바람직하다.

아무것도 아닌 것 같지만 자칫 이런 단어로 그들의 문화적 자긍심을 상하게 할 수 있음을 명심하자. 세심하지 못하게 사용된 단어 하나로 인종적 편견과 관련된 지탄 대상이 될 가능성은 얼마든지 있다. 인도에서 화장품 및 이·미용품으로 중장기적인 성공을 누리려면 이 점을 절대로 잊지 말아야 한다

4장

# 인도 이커머스 시장의
# 로켓 성장

# 인도의 광군제, 디왈리

우리나라에서 매년 '빼빼로 데이'라 불리는 11월 11일은 중국에서는 광군제光棍節로 유명한 날이다. 중국의 광군제는 원래 '싱글스 데이 Singles Day'라 해서 솔로들의 날을 기념하기 위해 2009년부터 시작됐으나, 현재는 세계적으로 유명한 중국 알리바바의 대규모 온라인몰 할인 행사로 자리 잡았다. 알리바바는 2016년 및 2017년 11월 11일 단 하루에만 각각 약 21조 원과 28조 원, 그리고 2018년 11월 11일에 약 34조 원의 매출을 기록했다.

인도의 이커머스 회사들도 이와 유사한 행사를 지난 2014년 가을부터 시작했다. 우리나라의 추석 같은 명절이 인도에서는 '디왈리 Diwali('빛의 축제'라고 하여 주로 인도 북부 지역에서 매년 가을에 열리는 힌두교 페스티벌)'인데, 이 디왈리를 기념하여 2014년 10월 6일 처음으로 저가 판매의 포문을 연 두 라이벌 이커머스 회사가 플립카트와 스냅딜이다. 플립카트는 당시 '엄청난 행운의 날The Big Billion Day', 스냅딜은 '디왈리 범퍼 세일Diwali Bumper Sale'이라는 문구를 내걸고 당시로서는 전무후무한 할인 행사를 감행했다. 플립카트는 당일 세일이 시작되자마자 순식간에 몰려든 소비자들의 온라인 주문을 서버가 제대로 소화하지 못해 네티즌들의 공분을 불러일으키기도 했지만 어쨌건 10시간 만에 우리 돈으로 약 1,000억 원이 넘는 주문 매출을 이뤄냈고, 스냅딜 역시 1분에 약 1억 7,000만 원어치에 달하는 주문을 이끌어내면서 인도 이커머스 시장에서 기념비적인 실적 달성을 기록했다. 이것이 바로 팡파레와 함께한 인도판 광군제의 시작이었다.

최근 내게 인도의 온라인 시장에 대한 발표나 세미나 그리고 원고 등을 요청하는 사례가 조금씩 늘고 있다. 숍CJ의 법인장으로 인도 시장을 4년 이상 직접 경험했기 때문이 아닌가 싶다. 최근 신남방정책과 함께 인도 시장에 대한 한국의 관심이 높아지면서 굴지의 이커머스 사업자들이 언론과 방송에 막 오르내리기 시작하고 있다. 사실 나는 2016년 4월에 한국으로 귀국하기 직전까지 인도 이커머스 사업자 1위인 플립카트를 비롯하여 소프트뱅크의 손정의 사장이 인도 시장에 처음으로 약 7,000억 원이라는 거액을 투자한 스냅딜, 그리고 미국 아마존의 제프 베조스Jeffrey Bezos 사장이 2013년 야심차게 시작한 아마존 인디아Amazon India와 끊임없이 경쟁한 바 있다. 더 좋은 상품과 서비스로 인도 소비자들로부터 인정받기 위해서 말이다.

이커머스 시장을 포함한 인도의 소매시장은 크게 보면 전통시장 unorganized market과 현대화organized된 시장의 두 가지 형태로 구분된다. 전통시장은 인도의 거리 이곳저곳에서 흔히 볼 수 있는 '키라나 kirana'를 포함하여, 한마디로 인도 정부에서 요구하는 제반 절차와 규칙을 준수하지 않는 소규모 영세 사업장 및 점포를 지칭한다. 현대화되지 못한 소규모 영세 자영업 등에 종사하는 근로자 및 일용 노동자 등도 포함되다 보니 이러한 사업장 및 점포의 고용주는 해당 근로자에 대한 제반 고용조건을 준수하지 않는다. 다른 한편 현대화된 시장은 백화점, 쇼핑몰, 슈퍼마켓, 전자 양판점 등의 사업장 및 점포를 뜻한다. 이런 시장은 정부가 고용과 관련하여 요구하는 절차 및 규칙을 준수하며, 인도 중앙정부는 그에 따른 관리 및 감독을 진행한다.

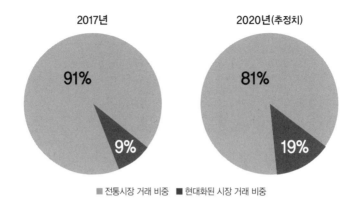

**[표 5] 인도 전통시장 및 현대화된 시장에서의 거래 비중**
(출처: India Brand Equity Foundation, 2018)

시장 규모에 대해 다소 보수적인 견해를 견지하는 인도 브랜드 가치 재단은 2017년 현재 인도 소매시장의 전체 규모가 원화 약 740조 원(환율 1,100원 기준)이지만 2020년이면 1,210조 원 규모로 성장할 것이라 예상한다. 2000년부터 2020년까지 연평균 약 7.8%의 성장률을 나타낼 것이라 본 것이다. 이보다 공격적인 수치를 예상하는 이마케터는 2017년 인도 소매시장의 규모가 약 1,190조 원이며, 2020년이면 1,750조원으로 성장할 것이라 내다봤다. [표 5]에서 보듯 2017년 기준 전통시장에서의 거래 규모는 여전히 전체 소매시장의 약 91%를 차지하고, 나머지 9% 정도가 현대화된 시장에서의 거래 규모다. 조사기관에 따라서는 현대화된 시장의 규모가 10%라는 주장도 없지 않은데, 이 규모는 2020년경 약 19%로 늘어날 것으로 전망된다.

현대화된 시장의 카테고리별 구성 및 비중을 살펴보자. 66.3%로 가장 큰 비중을 차지하는 업종이 인도 국민들의 일상생활과 밀접하게 연결되어 있는 식품, 음료 및 잡화다. 그다음으로 큰 것은 약 8.7%

를 차지하고 있는 의류 및 의복이고, 보석 및 장신구 카테고리가 세 번째로 8%를 차지한다. 이어 네 번째로 큰 카테고리는 소비재 전자제품 및 IT 통신 제품(5.2%), 다섯 번째는 가구 및 인테리어 등의 홈 임프루브먼트home improvement 업종(3.6%)이며 여섯 번째는 조제약을 포함한 약국 카테고리로 2.7%를 차지한다. 마지막으로 신발 관련 카테고리가 1.2%를 차지하고, 이 일곱 가지 외의 타 상품 카테고리가 약 5.4%를 이룬다.

현대화된 시장의 유형을 보다 구체적으로 살펴보면, 먼저 대도시 곳곳에 소재하여 쇼핑 트렌드를 선도하는 시티워크Citywalk, 엠비언스 몰Ambience Mall, 피닉스 밀 등의 대형 쇼핑몰이 눈에 띈다. 이들 쇼핑몰에는 쇼퍼스 스톱Shoppers Stop, 판타룬스Pantaloons, 라이프스타일Lifestyle, 웨스트사이드Westside 등의 백화점과 전문브랜드점이 포진하고 있다. 이러한 대형 쇼핑몰들과 더불어 아디티야 비를라 리테일Aditya Birla Retail, 하이퍼시티HyperCITY 등의 대규모 하이퍼마켓도 존재한다. 또한 내구소비재 전자제품의 각축장을 마련하고 있는 대기업 중심의 크로마Croma(타타그룹 소속), 이존Ezone, 릴라이언스 디지털Reliance Digital 등의 전자양판점(한국의 하이마트 등과 유사)도 대표적인 유통채널이다. 스펜서 데일리Spencer's Daily, 릴라이언스 프레시Reliance Fresh와 빅바자Big Bazaar 등의 슈퍼마켓과 편의점들도 있는가 하면 대규모 상품 구매와 셀프 서비스 중심의 매장인 메트로Metro 같은 것도 존재한다. 이 5개 유형의 매장들이 오프라인 시장의 대표적 예다.

전체 소매시장 중 현대화된 시장의 비중은 아직 9%에 불과하지만 이 시장을 우리가 주목해야 되는 이유는 자명하다. 백화점, 쇼핑몰, 슈퍼마켓 및 이커머스 업체들이 아직까지도 제대로 조직화 및 체계화되어 있지 않은 전통 소매시장의 근본적인 체질 개선을 담당하고 있는 까닭이다.

특히 이커머스 혹은 전자상거래 시장은 모든 면에서 앞서 언급한 전통 소매시장의 근본적 체질 개선에 앞장선 첨병으로, 물류 시스템을 포함하여 가장 빠르고 체계적으로 전통 소매시장의 역동적 변화를 이끌어내고 있다. 2010년 이후 본격화된 이커머스 시장은 상품의 다양성 및 쇼핑 편의성 제공, 빅데이터 등 관련 IT 기술 개발, 전자지갑e-wallet 등의 결제 체계 개선, 물류 시스템 체계화 등을 필두로 기존 전통시장의 모든 부문을 급속히 현대화시키고 있다.

나는 숍CJ의 전신인 '스타CJStar CJ'를 맡아 2012년 2월부터 2016년 4월까지 4년 이상 경영했다. 2014년 5월 기존의 대주주였던 '스타TVStar TV'를 대신하여 미국계 사모펀드인 프로비던스 에퀴티가 대주주로 들어오면서 회사명이 숍CJ로 바뀌었다. 숍CJ의 판매 채널로는 TV와 쇼핑몰(www.shopcj.com) 그리고 모바일 앱이 있었는데, 특히 TV 채널은 전국을 커버하는 힌디어 채널 외에도 2015년 10월부터 남쪽 안드라프라데시주와 2016년 3월 타밀나두Tamil Nadu주에 각 해당 주 언어를 사용하는 지역 채널을 신규로 론칭, 운영했다. 2016년 4월 기준으로 숍CJ는 335명의 정규 직원을 두었고 뉴델리, 뭄바이, 벵갈루루 등 세 곳에서의 물류창고 운영을 통해 전국 배송을 가능케 했으며, 아웃소싱 콜센터 직원 약 500명을 활용해 주문과 상담을 소화했다. 숍CJ 역시 전통 소매시장의 구조을 개선하는 데 일익을 담당했음은 물론이다.

숍CJ 역시 오프라인 매장 없이 주로 TV 방송, 인터넷 쇼핑몰, 모바일앱을 통한 온라인으로 영업 활동을 했는데, 이 시기에 나는 엄청난 공룡인 이커머스 회사들의 등장 덕에 말 그대로 천당과 지옥을 뼈저리게 경험했다. 2013년 말까지 고속성장한 숍CJ 홈쇼핑이었지만 2014년부터 해외 및 기관 투자자들의 어마무시한 몇 조 단위 투자자금을 바탕으로 하는 이커머스 회사들이 본격적으로 시장에 진입하여 동일 혹은 유사 상품·상품군에서 경쟁하는 바람에 원가를 무시한 끝없는 저가경쟁의 소용돌이에 휩싸여버렸던 것이다.

### 이커머스와 엠커머스의 시장 규모

인도 이커머스 시장의 규모는 조사기관별로 다소의 편차가 있다. 이커머스는 여행 및 공연 등 이벤트 티켓 구매를 제외하고 인터넷으로 이루어지는 모든 상품 및 서비스 매출을 의미하는데, 여기서는 이마케터라는 조사기관이 2016년 8월에 공개한 수치를 참고하여 이야기하고자 한다.

이마케터에 따르면, [표 6]에서 보는 바와 같이 2015년 인도 이커머스 시장의 규모는 약 14.6조 원을 약간 상회했다. 당해 인도 소매시장 전체의 규모가 약 900조 원이었으니 이는 전체 시장 대비 약 1.6%에 불과했다. 하지만 2016년에 이커머스 시장 규모는 전년 대비 무려 75.8%가 증가한 25.7조 원 수준으로 증가했고, 1,035조 원 규모가 된 소매시장 전체에서 차지하는 비중도 2.5%로 뛰어올랐다. 인도 경제를 연구하는 많은 학자 및 업계 전문가들이 이커머스 시장을 주목하는 이유는 자명하다. 전체 소매시장의 경우 2015년부터 2020년까지의 연평균 성장률 예상치가 약 14%를 조금 상회하는 수준인 데 반해, 이커

| | 2015 | 2016 | 2017 | 2018 | 2019 | 2020 |
|---|---|---|---|---|---|---|
| 전체 소매 매출액<br>(단위: 조원) | 900 | 1035 | 1190 | 1369 | 1560 | 1759 |
| 전년 비 성장률 | 14.0% | 15.0% | 15.0% | 15.0% | 14.0% | 12.7% |
| 전자상거래 매출액<br>(단위: 조원) | 14.6 | 25.7 | 41.3 | 57.8 | 71.6 | 87.4 |
| 전년 비 성장률 | 129.5% | 75.8% | 60.3% | 40.1% | 23.9% | 22.0% |
| 전체 소매 비<br>전자상거래 매출 비율 | 1.6% | 2.5% | 3.5% | 4.2% | 4.6% | 5.0% |

(참고: 여행, 영화, 연극 등 티켓을 제외한 매출액을 달러당 1,100원 환율로 계산.)

[표 6] 인도 전체 소매 및 소매 부문 전자상거래(이커머스) 매출*에 대한 추정

*결제나 조달 방법을 막론하고 어떤 인터넷 기기를 통해서든 주문이 완료된 상품과 서비스를 포함.

(출처: 이마케터, 2016년 8월)

머스 시장은 무려 세 배를 뛰어넘는 44%의 성장을 보일 것으로 예상 되기 때문이다. 이렇게 빠른 성장률로 말미암아 2020년 이커머스 시 장의 규모는 약 87.4조 원에 달할 전망이다.

물론 이보다 더 공격적인 전망도 없지 않다. 전 세계적으로 공신력 있는 투자은행인 모건스탠리Morgan Stanley는 2020년 인도 이커머스 시 장이 무려 약 137조 원 규모에 도달할 것이라고 내다봤다(이러한 장밋 빛 전망은 모건스탠리가 이커머스 1위 주자인 플립카트에 지분을 투자한 특 수 관계에 있기 때문일 가능성도 있다). 그러나 내가 보기에 2020년의 인 도 이커머스 시장 규모는 이마케터의 예상치인 87.4조 원을 약간 하회 할 것 같다. 2016년 11월 초에 단행된 급진적 화폐개혁과 2017년 7월 시행된 통합간접세법이 이커머스 회사들의 매출 확대 및 성장에 단기 적인 걸림돌이 되었고, 그 영향은 아직도 일부 남아 있기 때문이다.

인도의 이커머스 시장을 보다 정확히 분석하려면 빠르고 광범위하 게 이커머스 시장에 영향을 미치고 있는 엠커머스 시장에 대한 분석

|  | 2015 | 2016 | 2017 | 2018 | 2019 | 2020 |
|---|---|---|---|---|---|---|
| 엠커머스 매출액(단위: 조원) | 8.56 | 16.8 | 29.6 | 43.5 | 55.6 | 69.9 |
| 전년 비 성장률 | 199.0% | 96.3% | 76.2% | 47.0% | 27.8% | 25.6% |
| 이커머스 매출 내 비중 | 58.5% | 65.3% | 71.8% | 75.3% | 77.6% | 80.0% |
| 전체 소매 매출 대비 비중 | 1.0% | 1.6% | 2.5% | 3.2% | 3.6% | 4.0% |

(참고: 여행, 영화, 연극 등 티켓 제외한 매출액을 달러당 1,100원 환율로 계산)

[표 7] 2015~2020년 인도 엠커머스 매출* 추정

*결제나 조달 방법을 막론하고 어떤 인터넷 기기를 통해서든 주문이 완료된 상품과 서비스를 포함
(출처: 이마케터, 2016년 8월)

도 함께 이루어져야 한다. 엠커머스 시장이란 PC 및 가정에서 사용하는 컴퓨터 외에 각종 스마트폰 및 노트북, 태블릿 PC 등과 같은 모바일 기기를 통해 상품과 서비스 주문이 이루어지는 온라인 상거래 시장을 의미한다. 엠커머스 시장 규모를 추정한 이마케터의 [표 7]을 보면, 2016년에는 약 16.8조 원으로 전체 이커머스 시장의 65.3% 정도를 차지하는 것으로 파악되었다. 내가 몸담았던 숍CJ 홈쇼핑의 경우에도 2016년 4월 당시의 인터넷몰 매출 중 모바일 기기를 통해 발생된 매출은 60% 이상을 차지했다. 이러한 엠커머스의 비중은 꾸준히 증가해 2020년 전체 이커머스 매출의 약 80%를 점할 것으로 전망된다. 이는 앞으로 3년 내, 이커머스 고객 열 명 중 여덟 명이 모바일 기기를 이용하여 상품을 구매할 것이라는 의미다.

# 인도 전자상거래 시장이 보이는
## 로켓 성장의 이유

인도 전자상거래 시장의 폭발적인 성장 배경에는 여러 이유가 있다. 인도 국민들의 실질구매력에 기반한 가처분소득 증가, 전자상거래 시장의 급격한 성장을 감지한 외국인들의 집중 투자, 현대화된 소매 점포의 부족 등이 그것들이다. 하지만 보다 직접적인 두 가지 이유는 인터넷 사용자의 증가와 스마트폰의 성장이라 할 수 있다.

유명 인터넷 분석가 메리 미커Mary Meeker는 「메리 미커의 2017년 인터넷 트렌드Mary Meeker's 2017 Internet Trends」라는 보고서에서 2016년 인도의 인터넷 사용자 수가 전년 대비 28% 성장해 약 3억 5,500만 명이 되었고, 인터넷 보급률은 27%라고 파악했다. 인도 인터넷 모바일 협회IAMAI: Internet and Mobile Association of India에 따르면 인도의 인터넷 사용자 수는 2018년 6월 현재 약 5억 명이니 이에 기준하여 생각해보면 인터넷 보급률은 37.3%로 뛰어오른다. 참고로 도시의 인터넷 사용자는 약 2억 9,500만 명, 지방의 사용자는 약 1억 8,600만 명 정도다.

[표 8]에서 보는 것처럼, 〈이코노미스트〉는 2021년 인도 인터넷 사용자들이 8억 명에 이를 것이고, 도시와 지방의 이용자는 각각 50%를 차지할 것으로 예측한다. 특히 향후 5년간 나타날 인터넷 사용자의 급증 현상은 대부분 도시가 아닌 지방의 인터넷 사용자 증가로 인해 나타날 것으로 전망한다. 이렇게 최근 급성장한 인터넷 사용자가 이커머스 시장의 빠른 확산에 톡톡히 기여했음은 물론이다.

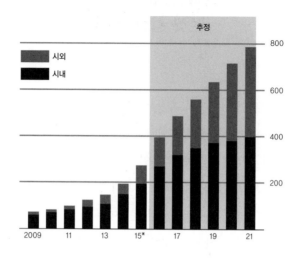

**[표 8] 인도의 시내 및 시외 인터넷 사용자의 증가 전망**(단위: 백만명)
(출처: 인도 인터넷 모바일 협회 및 모건스탠리의 조사에 기반한 〈이코노미스트〉 2016년 3월 자료)

　　인도 전자상거래 시장의 로켓 성장에는 인터넷 사용자 증가뿐 아니라 스마트폰이 담당한 역할 역시 지대하다. 2017년 10월 말 〈민트〉는 인도 스마트폰 시장 규모가 이미 미국을 추월하여 전 세계 2위가 되었다고 한다. 미국의 IT 시장조사기관인 IDCInternational Data Corporation의 자료에 따르면, 인도의 스마트폰 시장은 화폐개혁 및 부품수급의 어려움 때문에 2016년에 잠깐의 침체기가 있긴 했으나 2017년에는 총 1억 2,400만 대를 출하했다. 이는 전년 대비 14%의 성장률을 보인 것으로, 전 세계 20여 개 스마트폰 시장 가운데 가장 빠르게 성장하는 곳이 되었음을 뜻한다.

　　인도 휴대폰 시장에서 스마트폰이 차지하는 비중은 2014년 말에 약 20%였고, 2015년 6월에는 25%였다. 스트래티지 애널리틱스Strategy

Analytics에 따르면 2017년 6월 말 기준 인도의 스마트폰 보급률은 35~39% 정도로 예상되는데, 스타티스타Statista(2007년에 설립되어 온라인으로 통계 및 시장조사 등을 행하는 독일의 포털회사)의 다소 보수적인 통계도 2018년 현재 36%의 보급률이 2019년에는 39%가 될 것으로 예측한다. 인도 스마트폰의 폭발적 성장은 삼성, 아이폰 등의 고가 스마트폰이 아니라 약 10만 원 미만인 저가 스마트폰의 판매 폭증에서 유래한다.

2016년 초까지 내가 경영했던 숍CJ에서 TV로 방송한 스마트폰 판매 프로그램에서 성황리에 판매된 스마트폰 역시 5만 5,000~6만 원대의 인도 국내 제품이었다. 참고로 IDC 조사에 따르면 2018년 4사분기 현재 인도 스마트폰 시장에서 점유율 1위를 차지한 기업은 삼성전자가 아닌 샤오미로, 점유율 28.9%를 보이며 삼성전자의 22.4%를 크게 추월했다. 그 뒤를 비보가 10%를 차지하며 추격의 속도를 높이고 있다. 2015년 초까지 삼성전자의 뒤를 바짝 쫓던 인도 토종 휴대폰 제조사 마이크로맥스Micromax와 라바Lava 등은 5위 바깥으로 밀려난 상태다. 전 세계에서 가장 핫한 인도 시장에서도 그만큼 중국산 스마트폰의 도전이 거세다는 증거다. 스마트폰이 아닌 일반 휴대폰 시장에서 삼성전자가 거둔 실적은 더욱 초라하다. 2018년 릴라이언스 인더스트리Reliance Industry의 지오폰JioPhone이 38%으로 2등인 삼성전자의 12% 점유율을 큰 격차로 따돌리고 있다.

지난 2년간 빠른 속도로 시장점유율을 높여왔던 샤오미, 비보, 오포 등 중국산 스마트폰 회사들은 2017년 6월부터 야기된 인도-중국 간의 국경분쟁 때문에 몇 개월간 영업이 상당히 위축되었지만 최근 들어 다시 확실한 상승세를 굳히고 있다. 의심할 여지 없이 스마트폰의 급속한 보급은 빠르게 성장하는 인터넷 사용자 증가과 함께 전자상거래 시장의 로켓성장을 담보하는 양대 축이다.

이커머스와 엠커머스 시장의 폭발적 성장은 관련 산업에 미치는 파급효과가 크다. 사실 2010년 이전에는 택배, 즉 이커머스만을 위한 물류 시스템이란 것이 거의 없었으나, 이커머스 및 홈쇼핑 회사들의 급성장과 맞물려 전자상거래 택배 시장도 함께 성장했다. 명망 있는 재무 서비스 제공사인 칼라리Kalaari와 아벤두스Avendus의 물류 관련 보고서를 살펴보면, 2015년 이커머스 물류 시장의 규모는 1.1조 원 정도였으나 5년 후인 2020년에는 2.8조 원으로 확대될 것이라 예상된다. 더불어 이커머스는 인공지능, 빅데이터 및 머신 러닝 등 관련 기술 솔루션 시장에도 큰 영향을 미쳤으며, 전자지갑 등의 결제시스템 시장 규모도 크게 확대시켰다.

인도 전자상거래 및 이커머스와 관련된 이야기를 하다 보면 전 세계적으로 유명한 소프트뱅크 손정의 회장의 인도 투자 스토리를 빼놓을 수 없다. 인도 이커머스 시장의 2인자였던 스냅딜에 약 6억 2,700만 달러를 투자한 직후인 2015년 6월 23일, 손정의는 인도 최대의 경제지인 〈이코노믹 타임스〉와 가진 기념비적인 인터뷰에서 이렇게 말했다

"인도 경제는 마치 하키 스틱 모양처럼 본격적인 도약을 이룰 것이며, 향후 25년 내에 미국 경제를 추월할 수 있는 잠재력을 가졌다. 나는 그 하키 스틱과 같은 인도 시장 내의 모멘트와 이를 이끌어가는, 존경받을 만한 여러분들의 진정한 지도자(모디 총리)에 정말 관심이 많다."

손정의가 인도 경제의 향후 성장과 발전을 하키스틱을 예로 들어 설명한 이유는 자명하다. 인도 내에서 비록 크리켓만큼 대중적이지는

않지만, 하키는 인도가 전통적으로 강세를 보이는 스포츠 종목이다. 이런 의미에서 하키 스틱에 빗댄 손정의의 비유는 인도인들의 머릿속에 쉽고 또렷하게 각인될 만한 것이었다.

실제로 프라이스워터하우스쿠퍼스PricewaterhouseCoopers는 실질구매력을 감안한 GDP에 근거하여 '2050년에 인도는 미국을 추월하고 전 세계 2위의 부국이 될 것'이라는 놀라운 예측을 내놓은 바 있다. 전 세계 유수의 조사기관들 상당수는 2050년 인도가 실질 GDP로도 3위권에 올라갈 것으로 예측한다.

특히 손정의는 〈이코노믹 타임스〉와의 인터뷰에서 "대개의 사람들은 인도 경제의 밝은 앞날을 언급하면서도 실제로는 인도 기업에 별도로 구체적인 투자를 행하지 않지만, 그들과 달리 나는 인도 경제에 실제로 구체적인 베팅을 한다"고 강조했다. 그는 이 인터뷰를 갖기 전에 이미 앞서 언급한 스냅딜은 물론 우버와 같은 차량 호출서비스 회사인 올라Ola, 그리고 부동산거래 회사인 하우징닷컴Housing.com에 총 1조 원을 투자한 바 있다. 또한 2019년 2월 하반기 현재 7,000만 명의 앱 사용자를 확보한 인도 내 한국 스타트업 '밸런스히어로Balancehero'에도 소프트뱅크 코리아를 통해 30억 원을 투자했다.

〈이코노믹 타임스〉와의 인터뷰 당시 손정의는 인도 경제에 무려 약 300억 달러 이상의 천문학적 자금을 투자하겠다고 천명했었다. 그리고 실제로 그는 2017년 7월 페이티엠Paytm에 14억 달러, 8월에는 플립카트에 25억 달러를 투자하며 그 말이 허언이 아니었음을 증명했다. 플립카트의 라이벌인 스냅딜에 지난 2015년 6억 달러 이상을 이미 투자한 것에 그치지 않고 추가적으로 인도 1위의 엠커머스 및 이커머스 회사에도 투자한 것이다.

여기에서 인도 전자상거래 시장의 주요 회사들을 상세히 살펴보자. 2016년 모건스탠리의 시장점유율 보고에 따르면 2015년 기준 플립카트가 45%, 스냅딜이 26%, 아마존 인디아가 12%, 페이티엠이 7%로 상위 3개사의 시장점유율이 80%를 훌쩍 뛰어넘는 구조였다. 포레스트리서치Forrester Research의 보고서를 보면, 2017년 기준 플립카트의 시장점유율은 39.1%(플립카트의 그룹사인 민트라Mintra와 자봉JABONG 사이트 포함 시)로 선두를 지키고 있고, 아마존 인디아가 31.1%, 손정의의 소프트뱅크와 알리바바가 투자한 페이티엠이 5.6%를 보이고 있다. 2016년까지 유의미한 점유율 경쟁을 벌이던 스냅딜은 최근 3강 구도에서 밀려난 상태고, 아직까지는 플립카트가 점유율 1위 자리에 있지만 빠른 속도로 확장 중인 아마존 인디아가 그 자리를 위협하고 있다.

손정의가 인도 전자상거래 시장에 막대한 투자를 행하는 이유는 자명하다. 중국 알리바바에서 무려 원금의 3,000배를 넘는 투자 수익을 거둔 것처럼 인도 전자상거래 투자에서도 큰 수익을 얻을 수 있다고 확신하기 때문이다. 현재 손정의는 인도 전자상거래 시장의 최종 주도권을 두고 아마존의 제프 베조스와 혈투 중이다. 주요 이커머스 회사 중 아마존 인디아는 가장 늦게 설립(2013년)되었으나, 베조스는 이미 50억 달러라는 어마어마한 투자를 약속한 바 있다. 베조스 역시 손정의처럼 그 시장에서 엄청난 수익을 볼 것으로 기대하는 것이다. 업계 전문가들은 전자상거래 시장의 최종 결승전은 결국 손정의와 베조스 양자의 게임이 될 것으로 전망한다.

2018년 중하반기에 인도 이커머스 시장 내에서 가장 크게 주목받았던 인수합병 사례는 손정의와 협력하기 시작한 월마트Walmart이다. 오랜 기간 인도 소매시장에 뿌리내리기 위해 애쓰던 월마트가 손정의의 지분 20%를 포함하여 플립카트의 지분 77%를 차지하는, 약 17조 원에 달하는 투자를 감행했기 때문이다. 물론 손정의의 월마트 지분 양도에는 아마존을 견제하겠다는 의도가 내포되어 있다. 2016년 중국에서 완전히 철수한 월마트는 그동안 전 세계 곳곳에서 아마존과 혈투를 벌여왔다. 연평균 최소 30%에서 44%로 빠르게 성장하는 인도의 전자상거래 시장은 월마트에게 아마존과 본격적으로 싸울 수 있는 최적의 교두보를 제공한다. 이점이 월마트가 플립카트의 대주주가 된 이유다.

# TIP
## 인도의 이커머스 및
## 전자상거래 시장 진출에 관한 조언

대한민국의 중소기업들이 전자상거래를 활용한 인도 시장으로의 진출 방안을 모색하기 시작한 것은 지난 2015년부터였으나, 인도에서의 한국 상품 판매는 여전히 제대로 활성화되지 않은 상태다. 2018년 6월 현재 아마존 인디아, 플립카트, 페이티엠, 스냅딜 등 인도를 대표하는 4개 이커머스 사이트를 살펴보면 총 2,500개 미만의 한국 상품들이 입점 및 판매되고 있다.

여러 형편상 인도 진출 초기에 현지법인 설립이 어려운 한국 소비재 기업은 대부분 인도 현지의 유통 벤더를 통해 이커머스에 입점하는 간접 입점 방식을 취하고 있다. 이 방식의 장점은 적은 비용으로 인도 현지 소비자의 반응을 살펴 향후 진출 확대 여부에 효과적으로 대응할 수 있다는 점이다. 전자제품이나 화장품의 경우, 인도 현지 시장에서의 판매를 위한 인증획득(CDSCO, ISI, BIS)이 필수적인데, 여기에는 보통 최소 6개월에서 1년 정도의 기간이 소요되므로 관련 절차와 서류 등을 미리 준비하는 것이 좋다.

참고로 다음의 표는 포레스터 리서치가 인도 이커머스 사이트 내 각종 상품의 판매 비중을 분석한 결과다. 스마트폰을 포함한 소비재 전자제품의 판매 비중이 40%로 가장 높고, 패션 및 의류가 18%, 컴퓨터 하드웨어 및 소프트웨어가 8%이니, 이 세 카테고리만 합해도 66%에 달하는 비중임을 알 수 있다.

| | |
|---|---|
| 소비재 전자제품 (스마트폰 포함) | 40% |
| 패션, 의상 | 18% |
| 컴퓨터 하드웨어, 소프트웨어 | 8% |
| 가전제품 | 6% |
| 가정용품 및 가구 | 6% |
| 책, 음악, 비디오 등 | 6% |
| 화장품 및 이미용품 | 5% |
| 채소 등 | 4% |
| 장난감 | 1% |
| 그 외 잡화 | 6% |

[표 8] 인도 이커머스 사이트 내에서의 소매 매출 비중
(출처: 포레스터 리서치, 2017년)

　아마존 인디아 사이트에는 K뷰티의 대표적인 상품인 얼굴 마스크 팩과 스킨케어 상품이 각각 400여 종 있고, 이와 더불어 한국어 학습교재 300여 종, 인삼·홍삼 300여 종, 라면 50여 종 및 젓가락 50여 종 등 총 1,500여 가지의 한국 상품이 입점되어 있다. 인도 이커머스 시장에서 최고의 점유율을 보유한 플립카트에는 특이하게 약 2,000여 권의 한국 서적 외 화장품을 포함해 약 250여 종의 한국 상품만이 있을 뿐이다. 페이티엠에는 약 500여 종, 스냅딜의 경우에는 200여 종 미만의 한국 상품이 판매중이다.

　해당 상품들의 상세페이지를 들어가서 살펴보면 상당수 한국 상품의 배송 소요 기간이 최소 1주에서 심지어는 6주까지 걸린다고 표기되어 있다. 앞서 언급한 인도 대표 이커머스 사이트들의 최근 배송 기간은 대도시의 경우 늦어도 3일을 넘기지 않는다는 점을 감안했을 때 이는 지나치게 오랜 기간에 해당한다. 심지어 몇몇 한국 상품의 배송 기간을 실제로 체크해보면 그보다 오래 걸리는 경우도 많다. 이렇게

배송에 몇 주 이상이 소요되는 이유는 소비자의 주문을 확인한 뒤 한국·중국에 있는 물류창고에서 배송이 시작되기 때문이거나, 또는 해당 상품의 인도 내 수입 및 통관 절차가 종료되지 않았기 때문이다.

인도 내 대표 이커머스 회사 사이트에서 한국 상품 판매가 아직 활발히 이루어지지 못하고 있는 이유는 주문 수량, 가격, 등록·인증 및 판촉활동 비용 부담, 반품 및 재고처리 문제, 배송 기간 등에 대해 인도 주요 전자상거래 회사와 현지 수입(유통) 벤더, 한국 중견·중소기업들 및 인도 소비자들의 입장이 서로 조금씩 다르기 때문이다. 대한무역투자진흥공사, 즉 코트라KOTRA는 현재 수출 바우처 '온라인 유통망 입점마케팅 지원' 프로그램을 통해 한국 기업이 인도 전자상거래 시장에 진출할 수 있는 전략, 입점 및 마케팅 활동 등을 지원하고 있으므로 이를 잘 활용하면 입점부터 상품 세일즈 프로모션 캠페인까지 일괄적으로 지원받을 수 있다. 하지만 앞서 언급한 대로 인도 이커머스 내에서 한국 상품이 원활히 유통되기까지는 여전히 갈 길이 멀기 때문에 이를 위해서는 더욱 더 합리적이고 유효한 실질적 지원이 이루어져야만 한다. 한국 정부, 코트라, 무역협회 등이 이러한 현황 및 문제점을 심층적으로 파악하고 세심한 해결 및 지원 방안을 마련해주는 것이 절실한 까닭 역시 이것이다.

이커머스 및 전자상거래 회사 외에 인도 내 홈쇼핑 회사를 활용하는 것도 한국 중견·중소기업이 인도 진출 시 택할 수 있는 유용한 방법이다. 인도 내 홈쇼핑 회사들은 이미 방송, 인터넷 쇼핑몰, 모바일앱의 주요 유통채널을 포함해 주문, 방송, 배송망 및 취소·교환·반품 프로세스 등을 10년 이상의 기간 동안 잘 확립해왔기 때문이다. 물론 홈쇼핑 회사, 특히 TV 홈쇼핑을 활용하려면 롱테일long tail 법칙이 통용되는 이커머스 회사와 달리 최소 주문 수량이 많아야 한다. 이들 회사의 입장에서는 비싼 케이블 및 위성 TV 방송망을 빌려 쓰는 만큼 TV 방송 시간의 원가가 보전되어야 하기 때문이다.

어떤 방법을 활용하여 인도에 진출하든 간에 한 가지 분명한 사실이 있다. 전자상거래 및 홈쇼핑을 통한 상품 판매가 활성화되면 이는 향후 오프라인 유통망으로 본격 진출하려는 한국 기업들에게 확실한 마중물이 될 것이라는 사실이다. 그러니 호흡을 길게 가지고, 인도 시장으로의 진출은 중장기적 노력 없이 이루어지기 힘들다는 사실을 명심해야 한다. 특정 시점에 특정 상품의 판매 전망이 보인다 해서 단발성으로 치고 빠지겠다는 생각은 절대 금물이다. 무리는 하지 않되 시장조사를 꾸준히 진행하면서 중장기적인 진출 방안을 끊임없이 모색하는 길이 최선이다.

# TIP
## 인도 엠커머스 시장 활황의 이유

인도에서 이커머스, 그중에서도 특히 엠커머스 시장의 규모가 급격히 증대되는 데는 뚜렷한 이유가 있다. 과거의 우리나라뿐 아니라 전 세계 선진국의 인터넷 사용 패턴 및 온라인 쇼핑의 역사를 살펴보면 대개 주 사용자층의 인터넷 접속 기기가 가정 혹은 직장의 데스크톱 PC에서 스마트폰 및 태블릿 PC 등 모바일 기기로 바뀌면서 이루어졌음을 알 수 있다. 다시 말해 선진국의 경우, 일차적으로 유선통신 시장이 먼저 활성화된 뒤 무선통신으로 진화되었다는 뜻이다. 여기에서 말하는 '유선통신 시장이 활성화된다'는 것은 곧 각종 통신 케이블들이 지상이면 전봇대, 지하면 지하통신 관로管路를 통해 통신망을 구축하는 것을 말한다.

상식적인 얘기겠지만 유선통신망은 땅을 파헤쳐야 하는 이유 때문에 구축하기도 어렵고 시간도 오래 걸리며 비용도 비싸기 때문에 이용단가 역시 당연히 높다. 그러므로 최근의 개발도상국들은 많은 경우 유선통신 시설 구축을 건너뛰어 곧바로 무선통신, 즉 모바일로 가는 경우가 많다. 시간, 노력, 비용 절감의 이유 때문인데 바로 인도가 그 전형적인 예에 해당한다. 지난 2015년 12월 30일자 〈이코노믹 타임스〉는 그 시기에 벌써 인도 인터넷 이용자의 85%가 집이나 사무실에 소재한 붙박이 PC가 아닌, 스마트폰 등의 모바일 기기를 통해 인터넷에 접속하고 있다고 보도했다.

2016년 11월 모디 총리가 단행한 화폐개혁은 이러한 인도의 엠커머스 활황을 더욱 촉진시키는 계기가 되었다. 앞서 이야기했듯 모디 총리는 인도 현금결제 시장의 86%를 차지했던 500루피권과 1,000루피 권의 사용을 전면 금지했는데, 대도시에서의 체크·신용카드 사용 비율이 12% 미만이었던 당시 상황으로서는 이러한 카드들이 현금을 대체하는 결제 수단이 되기에 한계가 있었다.

이때 신용카드 가맹점 신청이 어려운 영세상인들에게 구세주 역할을 한 것이 바로 알리바바와 손정의가 지분을 투자한 페이티엠 등의 휴대폰 결제서비스 회사였다. 2018년 5월 기준 페이티엠의 가입자 수는 이미 3억 명을 훌쩍 뛰어넘은 데다 매일 200만 명 이상이 신규 가입자로 등록하고 있으니 실로 엄청난 증가세라 하지 않을 수 없다. 실제로 인도 거리를 다니다 보면 체크·신용카드 결제시스템을 제대로 갖출 수 없는 노점상들도 '페이티엠으로 지불 가능'이라는 팻말을 여기저기 걸어놓은 것을 흔히 목격할 수 있다. 화폐개혁에 따르는 엠커머스 시장의 성장은 비단 앞서 언급한 페이티엠뿐 아니라 최근 톤택ToneTag, 구글테즈Google Tez, 폰페PhonePe 등과 같은 모바일 결제업체의 이용자 수도 두 배로 급증하는 등의 결과를 낳았다. 알리페이Alipay와 위챗페이WeChatPay 등을 이용한 스마트폰 결제 사용자가 2016년에 벌써 약 8억 명을 넘어선 중국과 비교하면 갈 길이 아직 먼 것은 사실이다. 그러나 향후 인도에서는 유선통신을 건너뛰어 무선통신으로 직행하는 것처럼, 신용카드라는 결제수단을 빠르게 건너뛰어 스마트폰을 중심으로 하는 휴대폰 결제 방식이 자리 잡을 것으로 전망된다.

5장

# IT 및 우주항공 기술의
# 강국 인도

# IT 강국 인도

　한국 사람들에게 인도라는 나라의 이미지를 얘기해보라고 하면 대개 요가, 카스트, 은둔, 터번, 가난 등의 단어를 거론한다. 하지만 내 경우는 달랐다. 한국에서 인도로 생활 터전을 옮기기 훨씬 전부터 IT 강국으로서의 인도에 대한 이야기를 많이 들었기 때문이다.

　소프트웨어 개발업체 수에서 인도는 전 세계 2위를 자랑하고, 매년 6,200개에 달하는 엔지니어링 및 기술 교육 기관에서 고용시장에 쏟아지는 엔지니어들의 수는 무려 150만 명에 달한다. 이것이 바로 인도가 전 세계 소프트웨어 점유율의 20%를 차지하는 이유이다. 지난 2015년 기준 한국 고용노동부 통계에 따르면 대한민국 소프트웨어 분야의 총 인력은 약 25만 명에 불과하니, 인도에선 거의 그 여섯 배에 가까운 수의 엔지니어들이 해마다 신규로 배출된다는 뜻이다. 현재 인도의 IT 산업 현장에선 약 900만 명에 달하는 소프트웨어 관련 인력이 구슬땀을 흘리고 있다. 실로 어마어마한 규모의 IT 휴먼 인프라다.

　어디 그뿐인가? 인도는 세계를 통틀어 슈퍼컴퓨터를 자체 제작할 수 있는 몇 안 되는 나라 중 하나이기도 하다. 사실 인도는 선진 컴퓨팅 개발 센터, 즉 C-DACCenter for Development of Advanced Computing가 1990년에 파람PARAM 800을 선보였고, 이는 당시 전 세계에서 두 번째로 빠른 슈퍼컴퓨터로 인정받은 바 있다. 또한 실리콘밸리 스타트업의 직원들 상당수가 인도인인 것은 이제 새삼스런 사실도 아니다. 이렇듯 IT 강국으로서 인도가 갖는 면모는 상당수의 한국인들도 이미 들어봤을 것이다.

최근 4차 산업혁명과 관련 국가별 경쟁력이 화두에 오르고 있다. 4차 산업혁명이야말로 향후 한 국가의 미래 성장을 가늠할 과학기술 강국 여부를 결정짓는 바로미터가 되기 때문이다. 한국도 지난 2016년 부터 본격적으로 4차 산업혁명과 관련된 서적들이 발간됨은 물론 관련 세미나나 콘퍼런스도 지속적으로 개최되고 있다.

인공지능, 클라우드 컴퓨팅, 사물인터넷, 3D 프린팅 등 5개 부문을 대상으로 조사한 한국연구재단의 보고서를 보면 4차 산업혁명과 관련하여 발표한 국가별 논문 수에 있어 인도는 미국, 중국, 영국, 독일 다음으로 전 세계 5위를 기록했다. 이는 기존의 선진국이었던 프랑스, 이탈리아, 캐나다, 일본 등을 인도가 뛰어넘었다는 뜻이다. 반면 하드웨어 강국으로 알려진 한국은 동 보고서에서 12위를 기록해 기대에 부응하지 못했다. 향후 특히나 강력한 미래 먹거리로 간주되는 4차 산업혁명 분야에서 한국은 보다 분발할 필요가 있다.

본격적으로 'IT 강국 인도'를 이야기하기에 앞서 한국인들의 오해와 관련하여 명확히 짚고 넘어가야 할 것이 있다. 'IT 강국 인도'는 정확히 말해 인도인들이 IT 소프트웨어와 비즈니스 프로세스 아웃소싱 BPO: Business Process Outsourcing 등과 관련된 IT 서비스에 조예가 깊고 그 분야를 잘 다룬다는 뜻이다. 때문에 우리가 알고 있는 'IT 강국'의 의미와는 다소 차이가 있다. 흔히 외국인들이 대한민국을 IT 강국이라고 칭하는데 이는 우리나라가 초고속인터넷 서비스 및 관련 통신 인프라, 무선통신 등의 모바일 서비스 그리고 휴대폰 제조 및 정보기기 등의 'IT 하드웨어'에 강하고 관련 제품들을 잘 만들어내기 때문이다. 하지만 우리가 소프트웨어 분야에서도 강한 것은 아니다. 그러므로 소프트웨어와 IT 서비스에 강한 'IT 강국' 인도와 하드웨어에 강한 'IT 강국' 대한민국은 구분해서 이해해두는 것이 좋다.

## 벵갈루루: 인도판 실리콘밸리

내가 IT 강국 인도를 가장 생생하게 느낀 것은 숍CJ의 콜센터 아웃소싱을 위해 인도 남부의 중심에 위치한 벵갈루루를 방문했을 때였다. 이른바 인도판 실리콘밸리라고 불리는 이곳은 미국의 실리콘밸리, MIT 및 하버드대 중심의 보스턴, 영국의 케임브리지 사이언스 파크에 이은 세계 4위의 첨단 IT 클러스터 단지다.

벵갈루루의 중심에서 약 18킬로 떨어진 화이트필드Whitefield 거리에는 열 개의 큰 빌딩군으로 형성된 ITPLInternational Tech Park이라는 곳이 있다. 이곳은 인도에서 가장 오래된 테크파크로 IBM, GE, 제록스Xerox, 오라클Oracle, 보더폰Vodafon, 화웨이Huawei 등의 글로벌 기업을 포함하여 인도 최대의 IT 업체인 타타 컨설턴시 서비스TCS: Tata Consultancy Services 등도 소재한다. 삼성 스마트폰 독자 운영체계인 '타이젠Tizen'을 개발한 삼성전자 인도 연구센터도 이곳 벵갈루루에 무려 약 4,000명의 연구 인력을 두고 있으며, LG전자 역시 이미 20년 전 여기에 기술연구소를 설립한 바 있다. 당시 나는 ITPL 거리 곳곳에 위치한 굴지의 글로벌 및 인도 IT 대기업들을 목격하면서 IT 강국 인도의 진면목을 확인할 수 있었다.

인도에서는 벵갈루루 외 델리 NCRNational Capital Region과 뭄바이가

3대 주요 테크놀로지 도시이며, 이들을 포함해 총 12개 테크Tech 도시
가 존재한다.

1) 델리 NCR: 신흥 개발 도시인 구르가온Gurgaon과 노이다를 포함
한 뉴델리 수도권 지역을 지칭하는 이곳에는 지멘스Siemens, 시스
코Cisco, IBM 등 많은 IT·IT서비스 다국적 기업이 자리하고 있음.
2) 뭄바이: 인도 제1의 금융 중심지이며, 인도 IT기업의 대표주자인
타타 컨설턴시 서비스 본사 및 오라클 재무서비스 소프트웨어
회사 등이 소재함.
3) 하이데라바드: 텔랑가나Telangana주의 주도로, 벵갈루루 다음으
로 규모가 큰 소프트웨어 서비스 핵심도시이고, 유명한 HITEC
City가 소재한다.
4) 첸나이: 현대자동차 및 포드, 닛산Nissan, 르노Renault 등 여러 나
라 자동차 제조사의 공장들이 소재함과 동시에 소프트웨어 산
업 생태계가 잘 조성되어 있음.
5) 푸네Pune: 뭄바이에서 차로 약 3시간 거리에 있고 대규모 IT 파
크가 소재함.
6) 아메다바드Ahmedabad와 간디나가르Gandhinagar: 확실한 전기 공
급망, 도로 인프라 및 효율적인 상하수도가 구비된 산업, 제조,
IT 허브가 있음.

벵갈루루를 포함한 위의 테크 도시들 외에 케랄라주의 스루바난
타푸람Thiruvananthapuram, 라자스탄주의 자이푸르Jaipur, 웨스트벵갈주

의 콜카타Kolkata, 펀잡주의 찬디가르Chandigarh, 카나타카 주의 미소르 Misore 등이 인도를 대표하는 테크 도시로 자리매김하고 있다. 다음으로 우선 인도 브랜드 가치 재단이 2018년 4월을 기준으로 하여 요약한 IT 강국 인도의 네 가지 면모를 살펴보자.

- 인도의 인터넷 산업 규모는 2020년에 원화 약 275조 원에 달할 것으로 전망되는데, 이는 인도 총 GDP의 7.5%에 해당된다. 이에 따른 인터넷 사용자 수는 같은 해 7억 3,000만 명에 이를 것으로 예상된다.
- 2017~2018년 인도의 IT 수출액은 전년 대비 7~8% 성장한 약 139조 원이 될 것이고, 이 기간 중에는 총 13~15만 개의 신규 일자리가 창출될 것으로 전망된다.
- 인도의 IT와 BPMBusiness Process Management 산업은 2025년 약 385조 원 규모로까지의 성장이 예상되며, 그중 BPM 부문은 약 55~60조 원 규모에 이를 것으로 판단된다.
- 인도의 테크놀로지 기업들은 자국의 디지털 경제가 2022년까지 약 40조 달러 규모로 성장할 것이라고 내다본다. 참고로 이와 함께 디지털 결제 거래의 규모 역시 2013~2014년의 32%에서 약 두 배가량인 62% 수준으로 증가할 것이 예상된다.

주지하다시피 모디 총리는 2014년 9월 25일부터 시작한 핵심 정책 '메이크 인 인디아'에 이어 2015년 7월 1일부터는 중요한 보조 정책 중 하나인 '디지털 인디아Digital India' 프로젝트를 시작했다. 디지털 인디아는 초고속 인터넷을 포함한 디지털 인프라를 제대로 구축함으로써 여러 연관 업무를 디지털로 신속히 처리하는 등 소위 디지털 문맹률을 획기적으로 낮추는 것을 주 내용으로 한다. 향후 IT 강국 인도의 위상은 이러한 모디 총리의 '디지털 인디아' 프로젝트가 속속 구현되면서 더더욱 강화될 것으로 예상된다.

인도의 IT 부문 핵심 역량과 강점은 전 세계 주요국들의 의미 있는 해외 투자를 불러들인 것이 사실이다. 인도 정부의 산업 정책 및 프로모션국Department of Industrial Policy and Promotion에 따르면, 인도의 컴퓨터 소프트웨어와 하드웨어 부문이 지난 2000년 4월부터 2017년 12월까지 유치한 누적 해외 직접투자액은 약 33조 원에 이른다.

# 인도가 소프트웨어 강국인 이유

일찍이 『렉서스와 올리브나무The Lexus And the Olive Tree』 등 세계화에 관해 주목할 만한 많은 저서를 낸 토머스 L. 프리드먼Thomas L. Friedman은 자신의 네 번째 역작 『세계는 평평하다The World Is Flat』에서 인도의 벵갈루루를 첫 방문하면서 이렇게 말했다.

"내가 인도에 온 것은 다만 이유를 알고 싶기 때문이다. 인도인들이 왜 우리 미국인들의 일자리를 가져가는지 말이다. 특히 인도가 왜 여러 선진 공업 국가들의 IT 산업에서 중요한 아웃소싱 대상이 되었는지 궁금했다."

사실 프리드먼이 제기한 궁금증을 풀어보는 건 그리 어렵지 않다. 내가 보기에 인도가 소프트웨어 강국을 이뤄낸 것은 다음과 같은 네 가지 이유 덕분이다. 첫째, 인도 IT 서비스업 핵심 산업인 소프트웨어 개발은 작업 특성상 미국 및 EU 국가들과의 정밀하고 밀도 높은 커뮤니케이션이 필수적인데, 그 수단은 당연히 국제 언어인 영어가 될 수밖에 없다. 그러므로 영어 강국인 인도는 소프트웨어 개발 계약을 논의하는 시점부터 이미 자연스레 계약 성사 가능성의 절반을 차지하고 들어가는 면이 있다.

둘째, 개발자 인건비가 상당히 저렴한 인도는 소프트웨어 개발 비용 면에서 확실한 가격 경쟁력을 갖게 되었다. 인도의 소프트웨어 엔지니어링 회사 다포딜Daffodil이 2016년 4월 8일 내보낸 기사 「인도는 여전히 소프트웨어 개발 아웃소싱을 위한 최적의 국가인가?Outsourcing of Software Development Is India still the best?」에 따르면, 미국의 경우 시간당 소프트웨어 개발비가 50~80달러인 반면 인도에선 시간당 약 15달러 안팎으로 미국의 약 25% 수준에 불과하다. 더구나 인도의 소프트웨어 개발자들은 납기일 준수 의식이나 개발 완성도 면에서도 우수하다. 가격을 비롯한 이런 경쟁력은 인도 개발자의 계약 성사 가능성을 높이는 또 하나의 이유가 된다.

셋째, 인도는 과학기술 관련 인적 자원이 매우 풍부하다. 앞서 언급한 것처럼 인도는 매년 약 150만 명의 엔지니어들이 사회로 배출된다. 이는 인도가 전통적으로 강한 교육열과 더불어 어려서부터 연마하는 19단 연산, 그리고 그 유명한 '베다 수학' 등 수학 및 과학에 대한 강조가 확실하기 때문이 아닌가 생각된다. 널리 알려져 있듯이 인도는 '0'이라는 개념을 최초로 개발한 나라이기도 하지만, 이 베다 수학을 철저히 익힌 학생들의 연산 실력이나 속도는 눈에 띄게 정확하고 빠르다고 한다. 사실 많은 인도 부모는 자녀가 의사나 엔지니어 같은 직업을 갖기를 원한다. 하지만 인도에서 의사가 되기 위한 교육 기회는 현실적으로 많지 않기 때문에 의사 대신 엔지니어로 키우게 되고, 그를 위해 아이들이 어려서부터 수학과 연산 실력을 연마하는 것은 당연한 결과라 하겠다.

마지막으로 지리적 여건, 특히 미국과의 관계에 있어 인도와 미국 실리콘밸리의 12시간 시차 역시 소프트웨어 산업의 발달을 이끈 요소였다고 판단된다. 그 덕분에 인도와 미국 양측의 엔지니어가 거의 바통을 주고받듯 일을 할 수 있기 때문이다. 다시 말해 미국 실리콘밸리의 소프트웨어 엔지니어가 낮 시간 동안 프로그램을 개발하다가 미완성된 내용을 이메일로 인도에 보내면, 인도의 소프트웨어 엔지니어는 미국의 밤 시간 동안 이를 마무리하고 실리콘밸리의 담당 엔지니어가 출근하기 전에 이메일로 보내놓는 식인 것이다. 이렇듯 12시간의 시차를 축으로 하여 효율적으로 이루어진 양쪽 개발자들의 낮밤 분업이 소프트웨어 산업 강국 인도라는 결과를 낳았다 하겠다.

## IT 강국 인도의 전망

전 세계 굴지의 IT 기업들에게 있어 인도는 오프쇼어링Off-Shoring(인건비 및 투자비 등 기업들이 경비절감을 목적으로 제조 공장과 일자리 등을 해외로 내보내는 현상)의 천국이다. 소프트웨어 아웃소싱과 관련해서 보면, 인도의 소프트웨어 서비스 기업들 다수가 예전엔 단순히 개발 위주의 소프트웨어 인력 공급을 진행했으나 지금은 약 20년 가까이 축적된 노하우와 경험을 바탕으로 E2EEnd-to-End 솔루션 프로젝트를 제공하는 등 보다 고차원적이고 적극적인 역할을 수행하고 있다.

또한 최근에는 인도 내에서 소셜 네트워크 서비스, 모바일, 데이터 분석 및 클라우드 컴퓨팅을 아우르는 소위 SMACSocial, Mobility, Analytics, Cloud가 기업 비즈니스 혁신의 중요한 도구로 각광받고 있다. 페이스북, 인스타그램 및 트위터 등의 SNS에 올라오는 이용자들의 방대한 메시지들을 신속하고 정확하게 분석함으로써 해당 기업들이 의사결정을 하는 데 있어 핵심적인 역할을 하기 때문이다. 그중에서도 클라우드 컴퓨팅 시장은 연평균 약 30%씩 성장하면서 IT 기업들에게 2020년에 원화 약 71~77조 원 규모의 가장 중요한 시장기회를 가져다줄 것으로 판단된다.

SNS 또한 2020년 원화 약 27조 원 규모의 시장을 형성할 가능성이 높아 보인다. 마지막으로 앞서 4장에서 언급했듯 2020년엔 대략 91조 원 내외의 이커머스 시장이 형성될 것이라 예측되기 때문에, 이를 구현하는 데 필요한 IT 기업들의 성장 가능성은 사실 엄청나게 무궁무진한 것이 현실이다.

# 인도의 우주항공 기술

IT 강국 인도를 논하다 보면 그다음 스토리는 자연스럽게 인도의 우주항공 기술로 옮겨 간다. 우주항공 기술의 발달 역시 인도가 자랑하는 높은 수준의 수학뿐 아니라 소프트웨어 프로그래밍과 절대적으로 얽혀 있기 때문이다. 결론부터 얘기하자면 우주항공 기술 역시 IT와 마찬가지로 인도가 전 세계적으로 자랑하는 독보적인 분야다.

외신을 통해 몇 년 전부터 우리는 세계 굴지의 다국적 기업 CEO들이 우주탐험, 우주 호텔, 달 탐사, 화성 정착지 개발을 위해 다양한 관련 기술 개발 및 실험에 매진하는 기사 및 보도를 접하고 있다. 어떤 기사에 따르면 심지어 지구 주위를 회전하는 소행성에서 몇 십조 달러에 이르는 희귀 금속을 추출해 지구로 수입하는 기상천외한 계획도 거론된다. 인구의 기하급수적 증가에 따라 희토류 같은 지구상 특정 자원의 고갈이 문제로 떠오르고 있기 때문이다.

당연한 질문 한 가지를 던져보자. 한 국가의 군사적·전략적 어젠다 외에 어마어마한 시장기회가 없다면 과연 미국, EU, 러시아, 중국, 일본 정부를 포함한 수많은 다국적 기업들이 우주항공에 관심과 집착을 보일 이유가 있을까? 더불어 이미 현재 76억 명을 훌쩍 넘겨 끊임없이 늘고 있는 전 세계 인구를 감안한다면, 선진국 정부와 초거대 다국적 기업의 CEO들이 실현 가능한 우주탐험 및 개발을 통해 부존자원 부족, 온난화, 식량 및 가용한 토지 부족 등 지구의 각종 당면 과제를 현실적으로 해결하려 하는 것은 지극히 당연한 움직임이다.

민간 기업으로는 최초로 달 탐사 승인을 받은 문 익스프레스Moon Express, Inc의 창업자 나빈 자인Naveen Jain은 인도 뉴델리에서 매우 가난하게 살다가 단돈 5달러를 가지고 미국으로 건너간 후 수많은 회사를 지속적으로 창업, 매각해 현재의 억만장자가 된 신화적인 인물로 많은 인도인에게 우상과 같은 존재다. 2016년 9월 30일 있었던 〈매일경제신문〉과의 인터뷰에서 그는 이렇게 말했다.

"달 착륙을 시도하는 것은 갈 수 있기 때문이 아니라 비즈니스가 되기 때문이다. …(중략)… 나의 목표는 단순히 달 착륙이 아니라 플래티넘, 헬륨-2와 같은 희귀 자원을 확보하고 달의 바위에서 다이아몬드 등을 발굴해 새로운 에너지원을 찾는 것이다."

내가 인도에 있었을 때인 2014년 9월 24일의 기억은 지금도 뇌리에 생생히 남아 있다. 그날 오후 TV를 시청하던 우리 숍CJ의 인도 직원들이 갑자기 "와!" 하는 소리를 내며 왁자지껄해져서 나는 무슨 큰일이라도 벌어진 줄 알았다. 처음엔 당연히 인도인에게 종교와도 같은 크리켓 국가 대항 대회가 있었나 싶었다. 홈쇼핑 비즈니스 업체인 특성상 우리 사무실 곳곳에는 대형 TV가 설치되어 있었는데, 인도와 경쟁 관계에 있는 파키스탄이나 방글라데시 등과의 크리켓 경기가 있는 날이면 이런 환성이 터지곤 했기 때문이었다.

나중에 안 사실이지만 그날은 바로 인도의 화성 탐사선인 망갈리안Mangalyaan이 성공적으로 화성 궤도에 순조로이 진입한 날이었고, 숍CJ 인도 직원들의 큰 탄성은 그 소식을 접한 덕에 나온 것이었다. 망갈리안이 쏘아 올려진 것은 2013년 11월의 일이었으니 대략 11개월의 긴 여정을 거쳐 당초 목표했던 화성 궤도에 예정대로 안착한 셈이다. 그날 인도의 대표 일간지 〈타임스 오브 인디아〉의 1면은 물론 몇 개 지면에 걸처 대서특필된 관련 기사들을 읽으며 인도인들이 얼마나 그 사실을 자랑스러워하는지 알 수 있었다.

망갈리안의 성공적인 안착 소식은 다음 세 가지 면에서 인도인들에게 큰 의미를 갖는 것이었다. 첫째, 망갈리안을 통해 인도는 미국과 러시아, 유럽연합 외에 중국과 일본을 제치고 아시아 국가 최초로 화성 탐사에 첫발을 내딛게 되었다. 과거 중국과 일본은 각각 1998년과 2011년에 화성 탐사 로켓을 쏘아 올리려다 실패한 바 있었다. 특히 망갈리안은 국경을 서로 마주한 중국과 인도 사이에서 다양한 국경분쟁이 끊임없이 발생하는 가운데 이룩한 성공 사례이므로 그 상징성이 높다 하겠다. 사실 인도와 중국은 2017년에만도 6월부터 수개월간 부탄과 인도의 시킴Sikkim 그리고 중국 및 티베트 등 4국의 국경선이 마주 대하는 도카라Dok La(중국명 둥랑)에 각각 수천 명의 병력이 심각하게 대치하면서 긴장이 고조되었었다.

두 번째, 망갈리안의 성공은 단 한 번의 시도 만에 이루어졌다. 지난 2013년 1월 우리나라의 통신위성인 나로호만 해도 세 번의 시도 끝에 지구 궤도에 쏘아 올리는 데 겨우 성공했다는 점을 생각해보면, 그보다 훨씬 어렵고 궤도 계산 과정이 복잡한 화성 탐사선을 단번에 깔끔히 진입시킨 것은 대단한 성과임을 알 수 있다. 이는 수학과 소프트웨어에 강한 인도 우주항공 기술 엔지니어들의 실력이 십분 발휘된 결과였다.

세 번째는 이러한 성공에 투입된 금액이 상상 외로 낮았다는 점이다. 망갈리안의 화성궤도 안착에 소요된 총 비용은 약 7,500만 달러(약 825억 원) 미만이다. 망갈리안과 유사한 미국의 화성 탐사 궤도 안착 계획인 메이븐Maven의 경우엔 총 6억 7,100만 달러가 들었는데, 인도는 메이븐과 거의 유사하거나 똑같은 계획을 약 10%에 불과한 비용으로 실현시킨 것이다. 비즈니스맨인 나의 입장에서 봤을 때 가장 엄청나고 획기적이라고 판단되는 것이 바로 이 점이다. 이를 두고 모디 총리는 "웬만한 할리우드 영화 한 편의 제작비보다 훨씬 낮은 비용으로 화성 탐사선의 궤도 진입을 이루어냈다"고 언급하며 자축했었다. 정말 비용 대비 효과 면에서 대단한 성과라 하지 않을 수 없다.

최근 대한민국의 여러 언론 매체에선 중국의 선전 지역을 주목하라고 난리다. 제조업 혁명의 주역인 선전이 미국의 실리콘밸리를 능가할 제조업의 메카로 부상할 것이란 이유에서다. 그 내용을 자랑스럽게 설명하는 몇몇 특징적인 내용 중 하나는 선전이 미국의 실리콘밸리보다 두 배 빠른 속도와 '절반의 비용'으로 제품을 제작한다는 것이다. 이것만 보더라도 인도 망갈리안의 화성 탐사 프로젝트 관련 비용이 미국 대비 10분의 1에 불과했다는 것은 얼마나 대단한 성과인가를 확실히 알 수 있다.

지난 2015년 가을, 나는 평소 좋아하는 배우 맷 데이먼Matt Damon이 주연한 〈마션The Martian〉을 관람했다. 화성 탐사 과정에서 벌어지는 여러 다이내믹한 스토리를 재미있게 감상한 기억이 난다. 구체적인 프로젝트도 이미 진행되고 있으니 이 영화에서처럼 인간이 직접 화성 탐사를 할 수 있는 날도 멀지 않은 것 같다. 이러한 유인 화성 탐사의 첫 성공은 아마도 현재 구체적인 준비에 이미 돌입한 미국에 의해 이루어질 듯하지만 가성비를 감안한 대안을 현실적·실용적으로 제공하는 첫 번째 국가는 아마도 인도가 되지 않을까 싶다. 현재 인도는 2022~2023년 사이에 망갈리안에 이어 망갈리안2의 성공적 런칭을 계획 중이다.

인도 우주항공 기술과 관련된 내용을 조금 더 살펴보자. 2017년 1월 구글이 350억 원의 상금을 내건 '달 탐사 국제 경연대회Lunar X Prize'의 최종 후보 다섯팀이 발표되었다. 이스라엘의 '스페이스ILSpaceIL', 미국의 '문 익스프레스Moon Express', 일본의 '하쿠토Hakuto', 국제팀인 '시너지 문Synergy Moon'와 더불어 인도의 '인더스Indus' 팀이 선정된 것이다. 이 흥미진진 한 경연대회는 2019년 현재에도 진행중이다. 2019년 4월 스페이스IL 팀의 '베레시트Beresheet'는 비록 착륙에는 실패했지만 달 궤도 진입에는 성공했으며 인더스 팀 역시 2019년 내로 발사할 것을 목표로 하고 있다.

인도의 우주항공 기술과 관련하여 또 한 가지 주목할 만한 기록이 있다. 미국항공우주국NASA은 2017년 6월 말에 3D 프린터로 제작되어 무게가 64그램에 불과한, 세계에서 가장 가벼운 위성을 발사하며 이 부문의 신기록을 세웠다. 그러나 그보다 더 큰 화제가 된 것은 이 위성이 전문 우주과학자나 엔지니어가 아닌, 인도 남부의 타밀 나두 주에 살고 있는 18세 학생 압둘 카람Abdul Kalam과 그의 팀이 제작한 것이란 점이었다. 정말 대견하고 대단한 일이다.


## 가성비 높은 인도의 우주항공 기술


인도의 우주 개발은 애당초 군사무기 개발과의 밀접한 관련하에서 시작되었다고 볼 수 있다. 역사적으로 인도의 우주 개발은 1962년 인도 우주 국가 위원회INCOSPR·Indian National Committee for Space Research

설립 이후 1969년 인도 우주 리서치 기구ISRO:Indian Space Research Organization(미국의 NASA와 같은 우주항공 개발기관)가 들어서면서 본격화되었다. 우주항공 기술 및 과학 분야의 강국 인도는 1963년 로켓을 우주로 처음 쏘아 올렸고, 첫 위성 아리아바타Aryabhata를 1975년에 발사했으며, 2008년 10월에는 무인 달 탐사선인 찬드라얀 1호Chandrayaan-1 발사에 성공했다. 지금도 인도는 로켓 개발과 관련된 여러 경험과 노하우를 축적하면서 지속적으로 자국의 기술을 고도화하고 있다.

여기서 인도의 로켓 관련 기술 수준이 어느 정도로까지 발전했는지 잠시 살펴보자. 2016년 6월 인도 안드라프라데시주 스리하리코타Sriharikota 우주센터는 로켓 PSLV-C34에 20기의 위성을 실어 쏘아 올린 뒤 26분 동안 그 모두를 예정된 궤도에 한 치의 오차도 없이 안착시켰다. 이 성과는 NASA가 하나의 로켓에 29기의 위성을 탑재해 성공적으로 발사했던 2013년의 기록, 그리고 지난 2014년 러시아가 하나의 로켓에 위성 33기를 실어 성공적으로 발사한 성과와 유사하다 하겠다. 하지만 더욱 놀라운 것은 그다음이다. 인도의 ISRO는 지난 2017년 2월 15일, PSLV-C37을 발사해 무려 위성 104기를 한꺼번에 정해진 궤도에 계획대로 올려놓으면서 앞서 언급한 러시아의 2014년 위성 33기의 기록을 간단히 추월했다. 지난 2018년 4월 ISRO는 PSLV-C41까지 성공적으로 쏘아 올렸는데, PSLV-C41은 자체 위성항법 시스템에 활용될 새로운 위성이었다. 이로써 인도는 독자 항법 위성 7기를 운영하며 자동차와 선박에 보다 정확한 위치 데이터를 제공함으로써 미국 주도의 위성항법 시스템인 GPS에 대한 의존도도 낮아지게 되었다. 인도는 2019년 4월 현재 최종적으로 PSLV-C45까지 발사에 성공한 상태다.

이렇듯 100개가 넘는 위성을 한꺼번에 궤도에 쏘아 올린 것이 인도가 우주항공 분야에서 이룬 양적 차원에서 업적이라면, 이와는 다른 질적인 차원에서 주목받는 또 다른 우주항공 기술의 정수가 있다. 인도는 2016년 9월 26일에 인도는 기존 위성 발사와는 수준이 다른 기념비적인 성과를 이뤄냈다. 안드라프라데시주 우주센터에서 로켓 PSLV-C35에 인공위성 8기를 탑재하고 쏘아 올려 발사 17분 뒤 지상 730킬로미터에 기상관측위성 6기를 1단계로 안착시킨 뒤, 이후 위성 2기를 그보다 높은 다른 궤도에 올려놓는 데 성공한 것이다. BBC방송의 취재에 따르면 PSLV는 그 시점까지 총 79회의 상업용 위성 발사를 실시했을 뿐 아니라 그중 36회는 연속으로 성공하는 대단한 성과를 이룬 바 있었다.

특히 주목해야 할 점은 인도의 위성 발사 대행 비용도 앞서 화성 탐사선 망갈리안의 사례에서와 마찬가지로 미국, 러시아 등의 약 10% 수준에 불과하다는 것이다. 흔히 말하는 가성비 면에서는 끝판왕이라 하지 않을 수 없다.

이렇듯 최고 수준의 비용 효율성을 추구하는 것은 인도의 오랜 전통 중 하나인 소위 '주가드 이노베이션Jugaad Innovation' 철학과 밀접하게 관련된다. 한국에서도 이미 2015년에 『주가드 이노베이션』이라는 책으로 소개된 바 있고 인도의 오랜 역사 속에서 자연스럽게 발전한 주가드 이노베이션은 크게 두 가지 뜻을 가진다. 하나는 각종 열악한 환경적 어려움에 대처하는 독특한 사고 및 행동 방식, 즉 악조건 속에서 기회를 찾아내고 간단한 도구를 활용해 주어진 문제를 지혜롭게 해결하는 프로세스를 의미한다. 다른 하나는 한정된 혹은 부족한 자원을 가지고 보다 많은 일을 행하는 것을 뜻한다.

인도에서 지내며 내가 만났던 정치 및 언론 분야 오피니언 리더들의 상당수가 종종 인용하기도 하는 주가드 이노베이션의 원리, 그것이 훌륭히 적용된 결과가 바로 앞서 언급한 화성 탐사선 망갈리안이나 위성 발사 프로젝트라는 것이 내 생각이다. 어려운 환경 속에서 부족한 자원을 지혜롭게 활용하며 주어진 과제를 기대 이상의 수준으로 달성하는 인도식 문제 해결 솔루션이야말로 자본 및 부존자원이 빈약한 여러 저개발국 혹은 개발도상국들에게 중요한 시사점을 제공한다. 주가드 이노베이션에 관해서는 구체적인 사례를 살펴보며 별면에서 좀 더 심층적으로 살펴보기로 한다.

# 한국과 인도 모두가 윈윈할 수 있는 기회

　대한민국과 인도의 중장기적인 관계 증진을 원하는 우리 정부 관계자들이 나름 신경 쓰는 이슈가 있으니, 인도의 대對한국 무역수지 적자가 바로 그것이다. 2017년을 기준으로 하면 이 적자의 규모는 100억 달러, 원화로 약 11조 원에 육박하는 큰 액수다. 이를 직접적으로 개선하는 방법은 인도에 대한 한국의 수출 대비 수입을 늘리는 것이지만 그 외에도 다양한 방법이 있다. 그중 하나가 인도 기업이 한국에 진출하여 건실한 매출과 이익을 올릴 수 있게끔 만드는 것이다.

　앞에서 IT 강국 인도, 특히 소프트웨어 개발의 강자인 인도의 면모를 살펴봤지만 실제로 한국에 진출한 인도 IT 기업들의 생존 상황은 한마디로 열악한 수준이다. 타타 컨설턴시 서비스를 비롯하여 위프로, 인포시스 등 인도를 대표하는 굴지의 IT 기업들이 이미 한국에 진출해 있긴 하지만 모두 합쳐도 열 곳이 채 되지 않는다. 이웃나라 일본에 진출해 있는 인도 기업의 수와 비교하면 10분의 1도 되지 않는 낮은 수준이다. 문제는 이렇듯 진출해 있는 기업체의 수가 적다는 것뿐만 아니라 한국에서 그들이 올리고 있는 매출 실적 또한 너무나 낮다는 것이다.

　이런 상황이 벌어진 근본적 이유로는 두 가지가 있다. 첫째는 대기업을 축으로 하는 한국의 IT 서비스 시장이 지닌 구조적 문제다. 한국의 대기업들은 관례적으로 자회사들을 통해 IT 관련 개발 및 아웃소싱을 진행한다. 같은 그룹 내에 이미 그런 자회사들이 설립되어 있고 그들을 활용하는 방식인 것이다. 이렇듯 수직계열화된 구조 속으로 외부의 인도 IT 업체들이 비집고 들어오기란 쉽지 않은 일이다. 둘째, 설사 계약이 되었다 해도 인도 IT 기업 입장에선 한국 업체와 원활한 협업을 해나가기가 어렵다. 많은 경우 IT 서비스에 대한 한국 기업들의 요구사항이 부정확한 데다 영어로 의사소통을 하는 데 있어 빈번히 문제가 생기기 때문이다. 또한 인도의 IT 기업들은 '빨리빨리'를 원하는 한국 기업 특유의 프로젝트 진행 속도에 기민하게 대응하기가 쉽지 않고, 한국 기업들은 대개 정보 보안을 이유로 자료를 충분히 제공하지 않기 때문에 프로젝트를 지체시키는 경우 또한 많다.

그럼에도 내가 보기에는 이런 문제들의 해결 방법이 분명히 존재한다. 한국 정부가 인도 IT 업체들과 손잡고 대한민국 각 산업에서 필요한 핵심 소프트웨어 개발 프로젝트를 진행하면 어떨까? 그 결과로 몇몇 성공 사례가 도출된다면 한국의 민간 기업들도 본격적으로 인도 IT 서비스 기업들과 손잡고 소프트웨어 개발에서의 협업 시너지를 끌어낼 수 있을 것이다. 최근 몇 년 전부터 한국 정부가 많은 관심을 기울이고 있는 스타트업 회사들을 중심으로 이런 프로젝트를 시작하는 것도 좋은 방법일 듯하다. 작은 성공부터 조금씩 만들어진다면 그것을 바탕으로 그다음엔 중간 규모의 성공을 만들어낼 수 있고, 그런 성공들이 지속되다 보면 큰 성공으로 이어질 수 있기 때문이다. 또 한편으로 인도 정부에게 있어 이 방법은 한국 정부가 진정으로 인도와의 중장기적인 관계 강화를 원하고 있다는 유의미한 신호로도 간주될 것이다.

인도의 '가성비' 높고 우수한 우주항공 기술을 활용하는 방법 역시 한-인도 간의 무역적자 폭을 줄이려는 시도에 잘 부합되는 좋은 방안으로 보인다. 2013년 1월 한국은 나로호를 3수 끝에 지구 통신위성 궤도에 안착시키는 데 성공하긴 했지만, 사실 발사체에 있어 가장 중요한 1단 로켓은 당시 한국이 아닌 러시아의 기술로 만들어졌다는 점에서 아쉬움이 컸다. 또한 나로호의 첫 발사부터 세 번째 발사까지는 11년의 세월, 그리고 총 8,000억 원이라는 비용이 투입되었다. 지구가 아닌 화성 궤도에 위성을 안착시키는 데 불과 7,500만 달러를 들인 인도에 비해 우리는 그 열 배가 넘는 비용으로 지구 궤도에 위성을 쏘아 올린 것이다. 비즈니스맨으로 살아와서 그런지 내 시각에서는 나로호 프로젝트가 비용 대비 결과 면에서 그리 효율적이지는 못했다고 판단된다.

만약 그때 한국이 1단 로켓을 러시아가 아닌 인도와 손잡고 개발했다면 어떤 결과가 나왔을까? 단언할 수는 없지만 보다 적은 시간, 획기적으로 적은 비용이 들었을 것이라 추측된다. 더불어 IT 및 우주항공 기술에 강한 인도의 위신과 자존감을 한껏 세워주면서 양국의 협업 관계가 자연스레 형상되고, 그 과정에서 대한민국에 대한 인도의 무역적자 100억 달러도 조금이나마 축소되지 않았을까 싶다.

지금도 늦지 않았으니 우주항공 개발에 턱없이 뒤처진 대한민국의 심기일전을 기대한다. 우리의 입장에선 다시 한 번 인도의 IT 및 우주항공 기술의 우수성, 그리고 이를 합리적으로 구현하는 그들의 효율성을 면밀하게 들여다볼 때가 왔다. 그런 의미에서 그 바탕이 되는 '주가드 이노베이션' 철학을 꼼꼼히 살펴볼 필요가 있다. 주가드 이노베이션은 인도인들의 지혜를 제대로 설명해주는 실마리가 되기 때문이다.

# TIP
## 주가드 이노베이션:
## 역경을 극복하는 인도의 지혜

'주가드 이노베이션'은 인도와 인도인들의 사고방식을 이해하는 데 있어 굉장히 중요한 개념이다. 지난 2012년에 인도 랜덤하우스에서 출간된 책『주가드 이노베이션』에는 이에 대한 깊이 있고 상세한 설명이 나와 있다. 힌디어에서 주가드란 한마디로 혁신적인 솔루션이나 해결 방안이고, 영리함cleverness과 독창성에서 비롯되는 즉흥적인 해결법을 뜻하기도 한다. 결국 주가드는 전통적으로 많은 것이 모자라고 부족한 인도의 척박한 환경에서 주어진 역경에 현명하게 대처하는 인도만의 독특한 사고방식과 행동을 지칭하는 것인데, 이러한 '주가드 이노베이션'은 다음과 같이 크게 여섯 가지 기본 원리로 구성된다.

1) 역경 속에서 기회를 찾아라Seek Opportunity in Adversity

2) 적은 자원으로 보다 많은 일을 행해라Do More with Less

3) 융통성 있게 생각하고, 행동해라Think and Act Flexibly

4) (문제를) 단순화시켜라Keep it Simple

5) 소외계층을 포함시켜라Include the Margin

6) 본능과 마음이 가는 대로 따라라Follow your Heart

『주가드 이노베이션』의 부제는 '21세기 혁신을 위한 검소하고 유연한 접근법'이다. 이와 관련하여 가장 기억에 남는 사례가 제1장에 소개된 전기 없이 진흙(점토)으로만 제작된 미티쿨Mitticool(미티Mitti는 흙을 뜻하는 힌디어)이라 명명된 냉장고였다. 전기 없이 작동되는 냉장고!
이것이 어떻게 가능할까?

　물론 미티쿨이 얼음을 직접 얼리는 것은 아니다. 일반적으로 미티
쿨을 통해 낮춰지는 온도는 대략 섭씨 8도 정도에 불과하기 때문이다.
하지만 한여름에 쉽게 45도, 심지어 50도까지 올라가는 인도의 무더
운 날씨를 감안하면 미티쿨 내에서 섭씨 8도로 차가워진 음료수는 거
의 얼음에 버금가는 효과가 있음을 쉽게 짐작할 수 있을 것이다.

　미티쿨이 냉장고 효과를 갖는 원리는 간단하다. 미티쿨의 윗부분에
위치한 용기에 물을 넣으면 그것이 흙으로 된 미티쿨 냉장고의 벽면을
타고 아래로 내려오는 과정에서 자연적으로 증발하면서 미티쿨 내부
를 시원하게 만드는 원리다.

　미티쿨을 발명한 주인공은 만수크 프라자파티Mansukh Prajapati다. 고
교를 중퇴한 그는 2001년 발생된 지진 때문에 마을 주민들이 과거 냉
장고 대용으로 사용하던 점토 항아리가 깨져 고통 받는 모습을 목격

**진흙으로 만들어졌고 전기를 사용하지 않는 미티쿨 냉장고**
(출처: www.mitticool.com)

한 뒤 점토 항아리 내 음식 보관 원리에 착안, 연구를 거듭한 끝에 미티쿨을 발명해냈다. 미티쿨의 가격은 약 2,000루피, 원화로 불과 3만 4,000원 정도로 저렴하다. 또한 미티쿨은 전기를 소비하지 않으니 전기 사용료도 낼 필요가 없음은 물론 전기 부품을 사용한 것이 아니니 고장 날 우려도 거의 없다.

인도는 2016년까지 뉴델리 같은 대도시에서도 전기 발전량이 부족해 한여름에 종종 정전이 되는 경우가 많았다. 최근에는 많이 좋아졌다고 들었으나 이런 정전 상황은 수도 뉴델리에서 불과 2~3년 전까지도 흔히 목격되었으니 전기가 절대적으로 부족한 지방과 시골의 상황은 말할 나위도 없을 것이다. 미티쿨은 이렇듯 전기가 부족한 인도 가계에 큰 보탬이 되는 멋진 발명품이었다!

주가드 이노베이션의 또 한 가지의 사례를 보자. 지금은 우리나라를 포함해 세계 여러 곳에서 풍력발전기가 가동 중인데, 주가드 이노베이션의 원리를 활용하여 풍력 발전기를 발명하고 지난 2012년 기준으로 전 세계 5위에 오른 인도의 풍력발전기 회사가 있다. 이 회사가 바로 수즐론Suzlon이다.

수즐론이 처음부터 풍력발전기를 만들었던 것은 아니다. 수즐론의 창립자 툴시 탄티Tulsi Tanti는 1980년대 말 구자라트주의 수랏Surat에 섬유 회사를 차렸는데, 당시 회사 성장에 있어 가장 큰 걸림돌로 작용한 것이 바로 전력 공급 문제였다. 회사 전체 운영비 중 약 40~50%가 전기료였기 때문이다. 이 문제를 해결하기 위해 수많은 노력 끝에 탄생한 것이 풍력 터빈 장치였고, 이를 활용해 툴시 탄티의 섬유 회사는 운영비를 획기적으로 절감할 수 있었다. 현재 수즐론은 회사는 전 세계 30개국에 걸쳐 총 1만 3,000명의 근로자를 고용한 대기업으로 거듭났다.

　이밖에도 비록 상업적으로 큰 성공은 거두지 못했지만 당시 환율 적용 시 약 260만 원에 불과했던 타타 그룹의 나노 승용차, 울퉁불퉁한 구덩이와 요철이 많은 시골의 비포장도로에서 앞바퀴에 가해지는 충격의 힘을 뒷바퀴의 동력으로 변환시켜 자전거가 더 빨리 달릴 수 있게 만든 카낙 다스Kanak Das의 신개념 자전거 등 주가드 이노베이션의 예로 들 수 있는 것은 무궁무진하다. 특히나 다스의 신개념 자전거는 주가드 이노베이션의 제1원리처럼 시골 비포장도로의 열악한 '역경 속에서 기회를 찾은' 구체적인 예이기도 하다.

　2012년 발간된 『주가드 이노베이션』은 자원과 자본이 현격히 부족한 저개발국의 정책입안자, 기업인들 사이에서 공감대를 형성하며 큰 관심을 끌었다. 이 관심이 보다 깊어지면서 『주가드 이노베이션』의 저자들은 저개발국뿐 아니라 선진국의 고민까지도 해결하기 위해 2014년에 두 번째 저서 『검소한 혁신: 어떻게 최소의 자원으로 최대의 가치를 창출하는가Frugal Innovation: How To Do More with Less』를 펴냈다. 혹시 추가적인 내용에 관심이 있다면 2015년 한국어로도 번역된 『주가드 이노베이션』과 이 계보를 잇는 원서 『검소한 혁신』을 직접 참조해 많은 아이디어를 얻기 바란다.

6장

# 군사대국
# 인도

# 전 세계 4위의
## 막강한 군사력을 가진 나라

앞서 우리는 모디 총리 정책의 핵심인 '메이크 인 인디아'를 비롯해 거대한 인구, 빠른 경제성장률, 쑥쑥 크는 이커머스 시장, IT와 고도의 우주항공 기술 등 새로운 강대국으로 부상 중인 인도의 다양한 가능성을 살펴보았다. 여기에 보태어 강대국 인도를 부각시키는 또 다른 면이 바로 '군사대국'으로서의 인도다. 이를 구체적으로 살펴보기에 앞서 2014년 11월 25일자 〈중앙일보 뉴욕〉에 실린 이홍구 전 총리의 기고문 한 구절을 잠시 살펴보자.

"제국주의 시대에는 식민지화란 수모를, 해방 후에는 동서냉전의 틈바구니에서 전쟁과 분단의 고초를 겪어온 한국인에게는 이런 민족적 수난을 자아낸 이른바 4강, 즉 미국, 러시아, 중국, 일본을 강대국으로 지칭하는 것이 습관화된 지 이미 오래다. 그러다 보니 새로운 강대국으로 부상하는 인도에 대해 우리 국민의 관심이 멀어져 있는 것이 현실이다."

사람들 중 과연 몇 명이나 인도가 미국, 러시아, 중국 다음인 전 세계 4위의 막강한 군사력을 가진 나라라고 정확하게 알고 있을까? 그렇다, 인도는 군사대국이다. 1974년 이후 오랫동안 핵무기를 보유해오고 있으며, 이를 지상과 바다에서 8,000킬로까지 쏘아 올릴 수 있는 대륙간 탄도미사일과 자체 건조한 항공모함 및 핵잠수함을 실제 운영하며, 무려 140만이 넘는 정규군과 115만 명 이상의 예비군을 자랑하는 국가가 바로 인도다.

직접 건조한 INS 비크란트INS Vikrant를 포함해 항공모함 두 척과 핵
잠수함 두 척을 운용 중인 인도는 2018년 5월 군사정보 분석 업체인
미국의 글로벌 파이어 파워GFP: Global Fire Power가 전 세계 126개국을
상대로 한 비교평가에서 당당히 4위에 랭크되었다. GFP는 매년 각국
의 인구, 육·해·공군력, 자원, 경제력, 국방 예산 등 50개 이상의 지표
로 파워지수를 산출한다. 1위는 당연히 미국이지만, 인도 위에 자리
한 군사대국은 오직 2위 러시아와 3위 중국뿐이다. 이 보고서에서 주
목할 만한 한 가지는 중국의 국방비 지출이 빠른 속도로 늘고 있다
는 사실이다. 미국이 지난 10년간 국방비 지출을 약 14% 줄여온 것에
반해 중국은 무려 110%나 증가시켰다. GFP의 분석 대상국 중 국방
비 증가율이 세 자릿수인 나라는 중국이 유일하다. 참고로 같은 평가
에서 2015년 7위에 자리했던 대한민국은 2016년 11위로 내려갔다가
2018년 다시 7위를 차지하며 3년 전의 순위를 회복했다.

# 군사대국 인도에 관한
# 몇 가지 팩트

앞서 언급했듯 인도는 지난 2013년, 배수량 4만 톤급인 최초의 자국산 항공모함 INS 비크란트의 진수식을 가지며 축포를 쏘아 올렸다. 이는 인도가 미국, 러시아, 영국, 프랑스에 이어 세계에서 다섯 번째로 항공모함 자체건조 능력을 갖춘 국가임을 천명한 것이다. 비크란트함은 2020년에 실전 배치될 계획인데, 인도는 2025년에 INS 비크란트함보다 50% 이상 무거운 6만 5,000톤급의 핵항공모함인 '비샬Vishal'을 취역시킬 예정이다.

항공모함의 전략적 운영과 관련하여 미국은 지난 2017년 10월, 인도에 중요한 선물을 안겨주었다. 당시 미국 국무장관이었던 렉스 틸러슨Rex Tillerson이 인도를 방문하면서 항공모함용 최첨단 전자식 발진 체계EMALS: Electromagnetic Aircraft Launch System의 제공 의사를 밝힌 것이다. 전자식 발진 체계는 핵항공모함의 원자로에서 생성된 강한 전자기의 힘을 활용하여 다양한 함재기들이 안전하게 출격 가능하도록 지원하는 체계인데, 특히 비행갑판이 길지 않은 항공모함에는 반드시 장착되어야 하는 첨단 장치다. 이를 장착하면 함재기 출격 횟수가 약 25%가량 늘어나 해당 항공모함의 전투력이 비약적으로 강화된다. 자체 항공모함을 진수한 중국은 아직 이 장비를 장착하지 못해 운영에 여러 어려움이 따르는 것으로 알려져 있다. 뒤에서 좀 더 설명하겠지만, 인도에 대한 미국의 이러한 선물은 중국을 견제하려는 미국과 인도의 이해관계가 서로 맞아떨어진 결과라 볼 수 있다.

인도는 자체 항공모함뿐 아니라 6,000톤급 탄도유도탄이 장착된 핵잠수함SSBN: Nuclear-powered ballistic missile-carrying submarine인 아리한트Arihant도 실전 운영한다. 이 역시 인도가 미국, 러시아, 영국, 프랑스, 중국에 이어 여섯 번째로 자체 개발한 핵잠수함을 건조, 보유한 국가라는 뜻이다. 같은 급의 두 번째 탄도유도탄 장착 핵잠수함인 아리드하만Aridhaman은 2019년에 취역할 계획이다. 참고로 아리드하만함은 최대 사거리 3,500킬로미터에 250킬로톤의 핵탄두를 탑재한 중거리 잠수함 발사 탄도미사일SLBM: Submarine launched ballistic missile인 아그니-3Agni-III를 8기까지 적재할 수 있다. 한편 2017년 12월, 인도는 조만간 핵잠수함 10척과 디젤 추진 잠수함 18척 등 총 28척 규모의 잠수함 전력을 새로 건조해 실전 배치할 예정이라고 공식 발표했다.

다음으로 인도의 핵전력에 관해 살펴보자. 핵 전문가들에게는 이미 잘 알려져 있듯이 인도는 1974년 1차 핵실험에 성공했고 1998년 2차 핵실험에 이어 핵보유국을 선언했다. 참고로 인도는 현재 약 130~140개의 핵무기를 보유한 것으로 추정된다. 핵보유국 선언에 뒤이어 인도는 지난 2003년 1월 전략핵사령부NCA: Nuclear Command Authority를 설치한다고 발표한 바 있다. 사실상 현재의 인도는 자체 개발한 핵무기에 이어 핵 공격 수단인 트리어드Triad도 완성한 상태다. '3원 전략핵 전력구축 작업'으로 번역되는 트리어드는 전략폭격기, 대륙간 탄도미사일ICBM: Intercontinental Ballistic Missile 및 잠수함 발사 탄도미사일을 이용해 전략에 따라 핵폭탄을 실제로 운용한다.

2018년 12월 인도는 낙하 시 속도가 음속의 24배이며, 다탄두 각개 목표 재돌입 미사일MIRV: Multiple independently targetable re-entry vehicle인 까닭에 요격이 쉽지 않은 아그니-5Agni-V의 일곱 번째 시험 발사에 성공했다. 길이 17.5미터, 지름 2미터, 무게 50톤인 아그니-5는 1.5톤의 핵탄두를 탑재할 수 있는 대륙간 탄도미사일이다. 아그니-5의 사거리가 5,000~8,000킬로미터니 유사시 인도는 중국을 포함한 인접국의 주요 도시 대부분을 요격할 수 있다. 이로써 인도는 미국, 러시아, 영국, 프랑스, 중국에 이어 전 세계에서 여섯 번째로 대륙간 탄도미사일을 보유한 국가가 되었다. 그러나 이에 그치지 않고 현재 인도는 잠수함에서도 발사가 가능하며 사거리가 8,000~1만 2,000킬로미터에 길이 20~40미터, 탄두 무게가 무려 3톤인 아그니-6Agni-VI도 개발 중이다. 사실 인도는 핵탄두 장착이 가능한 탄도 미사일 시리즈를 오랫동안 개발해왔다. 그 첫 시리즈가 프리트비Prithvi, 두 번째 시리즈가 아그니이며, 세 번째 시리즈는 사거리가 1만 2,000~1만 6,000킬로미터까지 가능한 수르야Surya다.

이렇듯 인도가 자국의 핵 공격 수단인 트리어드의 수준을 지속적으로 업그레이드하는 이유는 기존 파키스탄으로부터의 핵 위협뿐 아니라 중국과의 핵전력 면에서도 균형을 잡기 위함이다. 앞서도 언급했지만, 엄청난 규모와 빠른 속도로 핵전력을 개발 중인 중국은 2018년 1월에도 무려 열 개의 목표물을 독립적으로 공격할 수 있는 DF-5C 대륙간 탄도미사일을 개발했다. 중국의 입장에서 봤을 때 이는 세 개의 독립된 목표물을 공격할 수 있었던 기존의 대륙간 탄도미사일 DF-5B의 수준을 훌쩍 뛰어넘는 기술적 개가였지만, 인도의 입장에서 보자면 새롭게 커다란 전략적 위협이 대두되었다는 의미였다.

인도는 또한 군사력의 획기적 강화를 위해 각국으로부터 대거 첨단 무기를 사들이고 있는데, 그중 대표적인 몇 가지를 살펴보자. 첫째, 인도는 중국 접경 지역인 동북부의 아루나찰 프라데시Arunachal Pradesh

주에 브라모스BrahMos 100기를 실전 배치한 바 있다. 브라모스는 순항속도가 마하 2.8~3.0(시속 3,400~3,700킬로미터)에 이르는, 현존하는 가장 빠르고 강력한 크루즈 미사일이다. 향후 인도 군 당국은 브라모스 미사일의 성능을 개량하여 7~10년 내에 마하 5 이상의 극초음속 미사일(브라모스-2)을 개발할 계획이다. 또한 인도는 각종 미사일과 스텔스기 등을 요격할 수 있는 러시아의 최신예 지대공 미사일 시스템 S-400 트라이엄프Triumph를 6조 원 가량에 구입키로 하고 러시아와 협의 중이다(러시아제 사드THAAD로 불리는 트라이엄프는 최대 여섯 개의 미사일 발사 시스템으로 1개 포대가 구성되고, 최대 사거리는 400킬로미터, 속도는 마하 5~14이다. S-400 레이더는 600킬로미터 이내의 300개 표적을 추적할 수 있다). S-400 트라이엄프는 2018년 4월 약 3.3조 원 규모로 S-400 3개 포대를 실전 배치한 중국보다 큰 5개 포대 규모다. S-400은 장거리 다중목표를 타격하는 발사 시스템이며, 인도는 이를 통해 중국과의 전략적 힘의 균형을 이루는 동시에 파키스탄의 전투기, 탄도미사일에 대한 방어 능력을 높이기 위한 목적을 가진다. 참고로 인도가 S-400을 구입한 것은 러시아가 겉으로는 중국과 협력하는 척하면서도 속으로는 중국을 견제하려 한다는 속마음을 모디 총리가 간파했기 때문이기도 하다. 블라디미르 푸틴Vladimir Putin 대통령은 'G2'라는 명칭 자체를 좋아하지 않는 것으로 알려져 있다. 러시아는 배제한 채 미국과 중국만을 지칭하는 표현이기 때문이다.

더불어 2018년 4월 인도는 150억 달러에 달하는 110대의 전투기 구입을 위한 입찰 절차를 시작했다. 그중 85%의 전투기는 인도에서 제작되어야 한다고 입찰 유의서에 명시되었다. 모디 총리의 '메이크 인 인디아' 정책에 부합하기 위해서다. 당초 인도는 프랑스제 라팔Rafale

전투기를 구입하려 했으나 가격 및 품질 문제에 대한 협상이 지연되다가 2015년에 계약이 파기되기에 이르렀다. 만약 인도가 파키스탄 및 중국과 동시에 전쟁을 치를 경우 최소 42개의 전투비행 중대가 필요하지만 현재는 31개 중대만 갖추고 있어 전투기 증강 문제가 시급한 상태다.

인도는 또 26억 달러를 투자해 대잠수함 공격이 가능한 미국 첨단 해상작전 헬기인 MH-60R 시호크 24대를 도입할 계획이다. 이 기종은 해상에서의 전투, 탐색, 구조, 수송 등을 수행하는 다목적 헬기로서 기존 영국산 구형 킹 헬리콥터를 대체하게 된다. 뿐만 아니라 도널드 트럼프 행정부의 동의를 받아 조만간 미국으로부터 2조 2,000억~3조 4,000억 원에 이르는 MQ-9 가디안MQ-9 Guardian·프레데터-BPredator-B 원거리전투용 무인항공기Unmanned Combat Aerial Vehicle를 도입할 예정이다. 앞서 2017년 미국은 인도의 모디 총리가 미국을 방문하기 직전 인도에 22대의 무인항공기 판매를 허가한 바 있다. 국방 면에서 인도와 미국의 이러한 전략적 협력 관계는 지난 2016년 미국이 인도를 '주요 국방 파트너'로 공식 인정한 이후부터 구축되어왔다.

# 인도와 미국의 전략적 밀월 관계

원래 인도는 전통적으로 미국이 아닌 소련과 군사·외교적으로 밀접한 관계를 유지했었다. 1998년 총 다섯 차례의 핵실험을 강행한 이후 인도는 전 세계로부터 핵능력을 인정받았지만 미국으로부터 공식적인 핵보유국으로 인정받지는 못했다. 냉전 이후 기존 소련과 가까웠던 인도에 대한 서방의 견제가 한몫을 한 까닭이다. 하지만 미국과 인도는 드디어 지난 2001년 '전략적 동맹 관계' 수립에 합의했고, 2008년에는 원자력 협력 협정에도 함께 서명한 바 있다. 이는 인도가 무려 30여 년에 걸친 노력 끝에 미국과 서방으로부터 사실상의 핵보유국 지위를 공식적으로 인정받게 되었음을 의미했다.

지난 2016년 6월까지 인도의 모디 총리와 미국의 전임 대통령 버락 오바마Barack Obama는 무려 일곱 번의 만남을 가졌다. 모디 총리가 당선된 것이 2014년 5월의 일이었으니 불과 2년 만에 양국 간의 밀월 관계가 형성된 것이다. 2년간 일곱 번이니 최소 3개월에 한 번씩은 만났다는 것이고, 이로써 양국의 이해관계가 얼마나 밀접해졌을지를 미루어 짐작할 수 있다. 혹자는 2014년 7월 중국 시진핑習近平이 인도의 모디 총리를 방문한 것에 이어 2015년 5월에 모디 총리가 시진핑을 방문한 것을 두고 오랫동안 적대적이었던 양국 관계가 크게 개선될 것이라 예상하기도 했다. 하지만 이는 단지 양국 간에 두 정상이 최소한의 디딤돌만 놓은 정도에 불과했다. 모디 총리가 지난 2년 동안 오바마를 일곱 번 만났으니, 모디-시진핑 관계는 모디-오마바 관계의 7분의 2를 벗어나지 못하는 것이라고도 볼 수 있겠다.

오바마와 모디의 만남에는 경제 관계 개선 등 여러 어젠다가 있었는데, 그중 중요한 한 가지가 군사 면에서의 상호 협력이었다. 그 배경에는 앞서도 강조했듯이 지난 1950년대 인도-중국 간 전쟁에서 시작된 해묵은 갈등 및 경쟁 관계가 짙게 깔려 있다. 서로 인접한 이 두 나라의 국경지대에서는 아직까지도 심심치 않게 실제 사상자가 발생하곤 한다.

앞장에서도 잠깐 언급했지만, 인도와 중국은 2017년 6월부터 8월 말까지 시킴 인근의 도카라 인도 및 중국, 부탄의 국경이 만나는 지점 지역에서 상호 수만 명 이상의 병력이 상당히 심각한 대치 상태를 지속했었다. 이런 상황은 양국 정상의 참석이 예정된 브릭스BRICS 회의 직전 가까스로 상호 합의된 선에서 종결되었지만, 현재까지도 국경 분쟁의 불씨는 여전히 남아 있는 상태다. 또한 최근 인도와 중국은 2018년 초 몰디브에서 발생된 군사정변에 따른 비상사태 조치를 둘러싸고 다시 갈등 중이다. 인도는 1960년대부터 지리적으로 가까운 몰디브에 대규모 원조를 제공하며 전통적 우호 관계를 유지해왔었다. 그러나 2010년부터 중국이 자국 관광객의 증가와 함께 몰디브 관광 경제의 핵심으로 부상하며 몰디브를 일대일로一帶一路(중국 주도의 신新 실크로드 전략 구상으로 내륙과 해상의 실크로드 경제벨트를 지칭함)의 주요 거점으로 삼고 막대한 투자를 진행함에 따라 상황이 역전된 상태다.

인도와 더불어 미국도 중국과 심각한 갈등 관계에 돌입하고 있다. 미국에 대한 중국의 지나친 흑자 등 경제적 차원의 통상 문제와 더불어 중국이 남중국해에 인공 섬을 건설하는 것과 관련된 분쟁이 최근 불거진 탓이다. 이밖에 미국의 첨단 기술에 대한 중국 유출 이슈도 있다. 사실 미국과 인도는 중국뿐 아니라 파키스탄에 대한 견제 문제에 있어서도 비슷한 입장이다. 주지하다시피 중국은 인도의 앙숙인 파키스탄에게 최신 무기를 팔아왔으며, 파키스탄 남서부의 항구인 과다르Gwadar에 향후 43년간 장기 임차권을 얻어 자국 군함을 정박할 예정이다. 2017년 7월 3일자 〈유라시아 리뷰Eurasia Review〉에 의하면 실제로 최근 파키스탄 해군 관계자는 '중국-파키스탄 경제 협력에 준하여 양국 간의 무역을 보호하기 위해 향후 과다르 항구에 중국의 군함이 정박할 예정'이라고 밝혔다. 참고로 중국은 파키스탄의 과다르 항구뿐 아니라 동아프리카의 국가 지부티Djibouti의 도랄레Doraleh 항에도 2017년 첫 해외 해군 기지를 건설한 바 있다. 미국·프랑스·일본의 군 기지가 소재한 지부티는 지중해와 아시아를 잇는 수에즈 운하 입구의 전략적 요충지다. 중국은 이곳에 해군 해병대, 특수부대 그리고 지원 인원 등 수천 명을 주둔시킬 것으로 예상된다.

마지막으로 중국은 말레이시아의 코타 키나발루Kota Kinabalu도 자국 군함의 중간 기착지로 확보한 바 있다. 결국 중국의 속내는 지부티-과다르-코타키나발루로 이어지는 바닷길을 확보함으로써 남중국해에서 인도양 그리고 아프리카까지 연결되는 광범위한 제해권을 장악하려는 의도가 아닐까 싶다. 인도가 이러한 중국의 속내를 잘 파악하고 있음은 당연하다.

이와 같은 맥락에서 2017년 1월 트럼프 취임과 관련, 인도에 대한 향후 미국의 행보에 주목해야 하는 부분이 있다. 우리 언론에도 이미 많이 보도되었듯, 트럼프는 2016년 대선 운동 기간에서부터 여러 국가와의 통상 및 난민(이민자), 테러 등 다양한 이슈에 대해 부정적 언급을 한 바 있지만 인도에 대해서만큼은 전반적으로 긍정적인 태도를 유지했다. 트럼프 취임 이후 미국과 중국의 갈등은 무역·통상 및 남중국해에서의 '항행의 자유' 등 군사적 대치 이슈와 더불어 더더욱 첨예화되고 있고, 앞으로도 확대될 것으로 판단된다. 따라서 미국과 인도는 중국을 견제하기 위해 상호 전략적인 동반자 관계를 유지해야 할 필요가 있다. 바로 이 맥락에서 중국은 인도와 미국 양국의 공동의 적이라고 간주될 수 있는 것이다.

인도와 미국이 상호 전략적인 동반자 관계를 유지하는 맥락은 상호 적대 관계에 놓여 있는 인도와 파키스탄의 관계에서도 유사하게 나타난다. 2018년 7월 새롭게 정권을 차지한 크리켓 스타 출신 임란 칸 Imran Khan 총리 역시 중국에 우호적인 행보를 보이고 있기 때문이다. 적군의 적은 결과적으로 나의 아군이 된다. 향후에도 공동의 적을 가진 인도와 미국이 중장기간 서로 아군 같은 관계를 가져갈 것임은 자명하리라고 판단된다. 이러한 맥락에서 모디 총리는 2017년 6월 말, 문재인 대통령보다 며칠 앞서 트럼프 대통령을 방문하여 오바마 대통령 때부터 이어져온 미국과의 경제 및 안보 관계를 돈독히 유지하기 위한 포석을 전개했다. 실제 모디 총리의 미국 방문 직후 미국·인도·일본 3국 모두는 중국 해군의 인도양 확장을 견제하기 위해 자국의 항모를 동원한 대규모 연합 해상 훈련을 벵골만에서 최초로 감행했고, 2018년 6월에도 3국 연합 해상 훈련이 거행되었다. 이러한 3국 연합 해상 훈련을 중국이 극도로 민감하게 의식하고 있음은 물론이다.

2018년 5월 말 해리 해리스Harry Harris 사령관(현 주한 미국대사)은 미국 국방부가 담당하는 6개 사령부 중 가장 큰 기존의 '태평양 사령부'를 '인도-태평양 사령부'로 창설 71년 만에 전격 개명했다. 인도-태평양 사령부는 지리적으로 미국 하와이부터 동부 인도양까지

지표면의 51%를 포괄하는 광범위한 지역을 담당하며 한국, 일본, 인도를 포함한 36개국을 관할한다. 도널드 트럼프 정부가 세운 인도-태평양 전략은 미국-일본-인도-호주의 4국 협력을 통해 중국의 부상에 대한 동서 양쪽의 견제를 기본 틀로 하는데, 이는 향후 강화될 인도의 위상을 염두에 둔 포석이다. '인도-태평양 사령부'로의 개명은 기존 태평양 사령부의 관할 범위와 전략무기 배치 등을 그대로 유지한 상태에서의 상징적 조치였지만, 향후 태평양 지역의 군사-경제적 균형을 모색함에 있어 인도의 역할을 특히 강조했다는 점에서 주목된다. 물론 그 저변에 깔린 복심은 미국을 제치고 유라시아 패권을 차지하려 하는 중국의 '일대일로'를 전략적으로 견제하는 것이고 말이다.

지금까지 살펴본 대로 인도는 이미 경제 및 군사력을 포함한 다양한 영역에서 조만간 중국과 제대로 맞설 수 있는 군사·경제 대국이 된 것으로 판단된다. '중국몽中國夢'(과거 세계의 중심 역할을 했던 전통 중국의 영광을 21세기에 되살리겠다는 의미로, 경제와 군사 패권의 강화 등을 추진하는 중국의 전략을 지칭함)을 필두로 한 중국의 시진핑처럼 인도의 모디 총리 역시 집권 2기(2019~2024년)를 이어가고 있다. 2019년 상반기 현재 대한민국은 2016년 7월 이후 본격화되었던 중국의 사드 보복이 아직도 완전히 종결되지 않은 상태다. 문재인 대통령과 김정은 위원장의 남북회담, 트럼프와 김정은 위원장의 북미회담 그리고 연이어 지속되는 한반도 주변 국가 정상들의 상호 회담 등으로 한반도를 둘러싼 강대국의 역학 관계는 쉼 없이 바뀌고 있다. 신남방정책을 표방하는 문 대통령의 현명한 의사결정이 중장기적 한-인도 관계 증진에 커다란 획을 긋길 내심 기대한다.

# TIP
## 인도와 한국의 국방 협력

2015년 상반기, 아주 특이한 요청을 지인으로부터 받았다. 인도 대표 재벌 중 하나인 아디티야 비를라Aditya Birla 그룹의 원로 고문인 그는 인도상공회의소FICCI: Federation of Indian Chambers of Commerce & Industry 산하에 있는 '인도-한국 관계 개선을 위한 모임'의 좌장이기도 했다. 그의 요청은 한국의 대테러 군사전문가 한 분을 섭외해서 인도 군관계자들을 위한 강연을 부탁해줄 수 있겠냐는 것이었다. 비록 여러 제약으로 말미암아 성사되진 못했지만, 인도의 오피니언 리더들은 한국의 대테러전 역량 및 군사 작전 수행력을 높이 평가한다는 것을 알 수 있었다. 지난 몇 십 년간 북한과의 특수 관계에 잘 대처해온 대한민국의 경험과 노하우에 관심이 있다는 뜻이다. 파키스탄이나 중국 등의 인접국과 끊임없는 국경분쟁을 겪고 있는 인도의 입장에서 이러한 관심은 지극히 당연한 것이다.

이와 관련하여 인도의 재무 겸 국방부 장관인 아룬 자이틀리Arun Jaitley의 언급을 살펴보자. 언론 보도에 따르면, 2017년 6월 한국에 방문한 자이틀리 장관은 한국산 115밀리미터 K-9 자주포를 인도 현지에서 생산하는 최종 계약에 서명했다. 인도 정부는 이미 2017년 4월 6억 4,600만 달러에 달하는 K-9 100문 도입 플랜을 승인한 바 있는데, 당시 가졌던 인터뷰에서 자이틀리 장관은 "인도는 파키스탄과, 한국은 북한과 국경을 사이에 두고 대치하고 있다. 같은 위기의식을 가지고 있는 만큼 양국은 안보 분야에서 협력할 여지가 많다."라고 언급했다. 또한 "안보는 한국과 인도 관계에서 가장 중요한 어젠다가 되어야 한다. 한-인도 총리의 정상회담이 열리면 문재인 대통령에게 합동 군사 훈련, 군수물품 생산 협력, 무기 거래 등을 제안하고 싶다."라는 의견도 밝혔다.

이처럼 인도 정부 및 국방 관계자들은 한국의 군사 경험과 노하우에 관심이 있을 뿐 아니라 한국과는 합동 군사 훈련, 군수물품의 제조 및 생산에서의 협력 등이 필요하고 무기 거래 또한 가능하다고 생각한다. 국방 분야에 대한 인도와의 협력과 진출이 가장 큰 규모로 밀도 있게 진행될 수 있다는 예상이 나오는 이유다. 만약 국방 면에서 전략적으로 중요한 몇몇 협력 부문들이 성사된다면 그 규모와 지속성에서 상당히 의미 있는 거래라 해도 무방할 것이다.

앞서 언급했듯 K-9 자주포 100문 도입 결정은 이미 마무리되었다. 10문은 한국에서 수출하고 90문은 기술 이전을 목적으로 인도 현지에서 생산할 것이라 한다. 제조업 부흥을 위한 모디 총리의 '메이크 인 인디아' 콘셉트에 부합하는 내용의 이 계약에는 50%의 부품을 현지에서 조달한다는 내용도 포함되어 있다.

이와 관련하여 K10에 대한 이야기도 필요할 것 같다. K10 탄약보급 장갑차는 K-9 자주포에 포탄과 장약을 자동으로 보급하기 위하여 대한민국이 세계 최초로 개발한 장갑차다. 유튜브에 올라와 있는 관련 자료들 중에는 미군이 한국과 합동 군사 훈련을 시행하면서 한국군이 보유한 장비에 감탄하며 부러움을 표했다는 내용의 영상이 있는데, 그 대표 장비 중 하나가 바로 K10이다. 부러움을 받는 이유는 자명하다. 아직도 미국 포병은 K-9과 같은 자국의 자주포에 수동으로, 즉 자기 손으로 포탄을 직접 실어 나른다. 전 세계 최고의 국방력을 자랑하는 최첨단 미군임을 감안하면 도저히 믿기지 않는 상황이

지만 이는 엄연한 사실이다. 따라서 우리는 인도에 이미 K-9 자주포의 수출이 최종적으로 성사된 만큼 이젠 K-9을 전술적 측면에서 보다 효율적이고 신속하게 운영하게끔 해주는 K10의 수출을 위해 적극적으로 노력해야 한다. 실제로 지난 2017년 12월 우리나라는 노르웨이와 총 2,452억 원에 K-9 자주포 24문을 K10 6대와 함께 수출하는 계약을 동시에 성사시킨 바 있다.

인도 국방부는 지난 2018년 1월 파키스탄과 중국 접경 지역의 국경수비대에 지급할 목적으로 소총과 카빈 등 총기류 16만여 정을 지급키로 결정했다. 이 계약은 미국과 맺었는데, 총기류의 총구매가는 약 5,900억 원에 달했다. 현재 인도는 파키스탄 및 중국 접경 지역에 있는 국경수비대의 총기류를 포함, 오래전 소련으로부터 구입하여 노후화된 각종 군사 장비 및 무기류를 개선시키는 과정에 있다.

총기류와 관련하여 우리가 수출을 위해 적극 노력해야 하는 것이 바로 접철식 K2 자동소총이다. 접철식 K2 자동소총은 대한민국 군의 주력 제식 소총이기도 하다. 미군의 주력 제식 소총인 M4 카빈과 비교했을 때 K2 자동소총은 두 가지의 특장점을 가진다. 하나는 M4 카빈 가격의 약 3분의 2에 불과하다는 것이고, 다른 하나는 개머리판이 접힌다는 점이다. 개머리판이 접히지 않으면 총을 휴대한 상황에서 각종 작업들을 하기가 수월치 않다. 긴 총신이 걸리적거리기 때문이다. 특히나 유사시를 대비하여 반드시 소총을 몸에 멘 상태에서 각종 비전투 관련 작업들을 진행해야 하는 상황이 많은 분쟁 지역에서는 이런 장점을 가진 화기에 대한 필요성이 클 텐데, 바로 이 점에서 K2 자동소총은 향후에도 기본 화기를 지속적으로 업그레이드해야 하는 인도군에게 좋고 저렴한 제식 소총의 대안이 될 수 있다.

이 장을 쓰기 전에 자료를 수집하면서 살펴보니 대한민국에는 우리가 잘 모르는 방산 수출의 강소기업들이 많았다. 그중에는 기술력이 뛰어나 미국의 보잉Boeing사가 투자해 2대 주주로 있는 회사가 있는가 하면 무배율 광학조준경의 기술력으로 미군의 기관총용 대구경 도트 사이트 시장을 석권한 기업, 미국 국방군수국 인증을 획득한 기업들을 비롯하여 세계 최초의 기술을 보유한 기업들도 많다. 잘 알려지지 않은 이들 강소기업들의 자체 기술력과 그 가능성을 한국 정부가 면밀히 파악하여 지원해야 할 필요가 절실하다. 대한민국은 수출의존도가 크기 때문이다.

앞서 언급한 이 모든 것들이 구현되기 위한 전제 조건은 한-인도의 끈끈한 관계다. 하지만 이는 저절로 만들어지는 것이 아니다. 의미 있는 국가 대 국가의 관계가 만들어지려면 무엇보다 먼저 정상 간의 관계가 정립되어야 한다. 모디 총리가 버락 오바마 대통령과 일곱 번, 일본의 아베 총리와 3년에 걸쳐 무려 열 번을 만나며 친밀한 관계가 된 것처럼 말이다.

현재의 인구증가율을 감안했을 때 늦어도 2024년이면 인도와 중국의 총인구가 역전될 것이고, 아마도 이즈음 전 세계의 시선은 인도의 향후 발전 가능성을 본격적으로 조망할 것이다. 전 세계 1위의 인구라는 점은 사회경제적 발전 가능성 면에서 범상치 않은 의미를 가진다. 이를 미리 감지한 선진국들은 이미 인도에 다양한 진출과 투자를 오래전부터 꾸준히 지속해오고 있다. 한국의 정부와 기업들이 하루 속히 인도의 진정한 미래 가치에 대해 크게 눈을 떠 제대로 파악하길 진심으로 바라마지 않는다.

# 7장

# 영어가 자유로운 나라
# 인도

# 인도의 강점, 영어

　인도에는 현재 총 22개의 지역별 공용어가 있는데, 연방 공용어는 전체 인구의 약 39%가 사용하는 힌디어, 부공용어는 영어다. 영어는 22개 공용어에 포함되지 않지만 입법부(의회), 사법부, 행정부 및 일상 생활의 다양한 분야에서 광범위하게 사용되기 때문에 일반적으로 부공용어라 인정된다. 참고로 인터넷을 떠도는 정보 중 어떤 것들에는 인도의 공용어가 14개 혹은 17개 등이라고 잘못 적혀 있는데, 주인도 한국대사관이 2018년 6월 현재 공식적으로 파악한 인도의 공용어 숫자는 앞서 말했듯 총 22개다.

　인도 파견을 앞두었던 2011년 말은 내가 인도의 정치, 사회 및 경제 등의 현황 파악을 막 시작했던 때였다. 당시 내가 가졌던 의문 중 하나는 힌디어 다음으로 사용자가 많은 뱅갈리Bengali어, 마라티Mahratti 어(마하라슈트라주 언어), 타밀나두어(타밀나두주 언어), 텔루구Telugu어(안드라푸라데시주 언어) 등의 지역어도 있는데 왜 영어가 인도의 부공용어가 됐을까 하는 것이었다

　이런 궁금증은 인도에 몇 년 사는 동안 자연스럽게 풀렸다. 인도가 과거 오랜 동안 영국의 식민지였다는 역사적 사실도 있었지만 그것 외에 또 하나의 중요한 이유가 있었으니, 각 지역어 사용자들 간의 의사소통이 전혀 이루어지지 않는다는 문제가 그것이었다. 가령 힌디어를 쓰는 뉴델리 사람이 남쪽 저 아래 타밀나두주에 가면 그 지역 사람들과는 아무런 대화도 할 수 없다. 힌디어와 타밀나두어, 힌디어와 텔루구어 등의 지역어는 서로 완전히 다른 외국어나 매한가지고, 그렇

기에 인도 내에서 언어가 완전히 다른 주들끼리 소통하기 위해 자연스레 영어를 사용하면서 그것이 부공용어로 자리 잡은 것이다.

한국의 경우, 서울에서 태어나 평생을 자란 사람이 제주도 토박이와 처음 소통해도 얼추 절반 이상은 알아들을 수 있다. 우리나라 사투리 중 가장 생소하고 알아듣기가 어려운 것이 제주도 방언임에도 말이다. 하지만 인도에서는 이것이 불가능한 경우가 많다. 상호간 아예 다른 지역과 언어 배경을 감안할 때 그렇다. 인도를 잘 아는 언어 전문가들에 따르면 인도에서는 약 100킬로미터마다 사용 언어가 조금씩 달라진다고 한다.

인도에 가자마자 영어 때문에 놀랐던 두 가지 기억이 있다. 하나는 처음 인도에 갔던 2012년 2월경, 제대로 된 인도 음식을 접할 겸해서 들렀던 뭄바이 시내의 정통 인도 음식점 중 하나인 갤럽Gallop에서 겪었던 일이다. 갤럽 레스토랑은 뭄바이 남쪽에 위치한 유서 깊은 경마장 레이스 코스Race Course 바로 옆에 있다. 경마 시즌이 되면 이 경마장의 다이내믹한 경마를 구경하면서 맛난 음식을 먹을 수 있는 이 레스토랑은 많은 뭄바이 중산층 가족들이 즐겨 찾는 곳이기도 하다.

처음 그곳에서 우리 가족들이 저녁식사를 할 때의 얘기다. 우리 주위에선 서로 다른 인도인 세 가족들이 식사 중이었는데, 식사하는 동안 우리 가족 모두는 내심 깜짝 놀랐었다. 분명히 평범한 아버지, 어머니, 아이들 및 노부모로 구성된 가족이 서로 유창한 영어로 대화를 나누고 있었기 때문이다. 정말 문화적 충격이 아닐 수 없었다. 가족끼리의 식사 자리에서 한국어가 아닌 영어를 쓰는 한국인들이 있을까? 외국인 손님이 끼어 있는 등의 특수한 상황이 아니라면 일상적인 식사 중 영어를 쓰는 일이 거의 없을 것이다. 사실 나는 그때만 해도 그 세 그룹의 인도 가족들을 보며 우연의 일치일 것이라 생각했지만 그 후 뭄바이 시내 중국집이나 뉴델리의 음식점, 심지어 쇼핑몰 내 위치한 푸드코트에서 식사하는 지극히 평범한 인도인 가족들도 힌디어나 지역 공용어 대신 유창한 영어를 구사하는 것을 보며 인도는 역시 영어 강국이라는 생각을 굳힐 수 있었다.

두 번째로 나를 놀라게 했던 것은 우리 가족의 인도 생활을 처음부터 끝까지 함께했던 인도인 가사도우미의 영어 실력이었다. 마리나 Marina라는 이름의 그녀는 가톨릭 교인으로 어려서부터 뭄바이 반드라에 소재한 세인트 조셉 컨벤트St. Joseph Convent 가톨릭 초등학교를 다니면서 자연스럽게 영어를 익혔다고 했다. 가사도우미 고용을 위해 면접을 봤을 때 우리 부부는 그녀의 유창한 영어에 무척 놀랐다. 물론 한 번이라도 인도인을 접한 경험이 있는 한국인들은 이구동성으로 '인도인 특유의 발음과 억양이 강해 인도 사람들이 하는 영어는 도무지 못 알아듣겠다'고 이야기한다. 하지만 영어를 모국어로 하는 여러 나라 사람들은 인도인들의 영어를 아무 문제없이 잘 알아듣는다. 발음과 억양이 강하긴 하지만 유창하게 구사하기 때문이다. 이런 맥락에서 영어 유창성이 절대적, 상대적으로 떨어지는 한국, 중국, 일본인들에 비해 인도는 분명 영어 강국이라고 자신 있게 말할 수 있으며, 이것이 바로 글로벌 진출을 도모하는 인도인들의 확실하고 분명한 경쟁력이라고 생각한다. 일반적으로 정규 교육을 마치고 뉴델리, 뭄바이, 콜카타, 첸나이를 포함한 인도 8대 도시의 대기업과 중견기업, 심지어 중소기업에 근무하는 인도인이라면 십중팔구는 영어를 비교적 자유롭게 구사한다고 판단해도 무방할 것이다.

# 영어와 인도계 글로벌 대기업 CEO

얼마 전 미국 NASA를 다룬 한 잡지 기사를 읽다가 깜짝 놀란 일이 있었다. 지금으로부터 무려 10년도 더 된 2008년 3월 11일자 〈타임스 오브 인디아〉에 따르면 당시 NASA 과학자의 36%, 쉽게 말해 열 명 중 네 명 가까이가 인도인이었다고 한다. 더불어 이 기사는 미국 내 전체 과학자 중 12%, 전체 의사의 약 38%, 마이크로소프트 전체 직원의 34%, IBM의 28%, 인텔의 17% 그리고 제록스의 13%가 인도인이라고 밝혔다. 미국 내 과학계, 굴지의 대기업 및 의료계에 인도인들이 얼마나 광범위하게 자리 잡고 있는지를 웅변해주는 수치다. 인도인들이 미국 내에 성공적으로 자리 잡기까지는 뛰어난 수학 및 과학 실력과 더불어 너무나도 유창한 영어가 한몫을 톡톡히 했다는 데는 이의가 없을 것이다.

나는 과거 한솔그룹에 근무하던 1999년 무렵부터 출장 등으로 미국을 부지런히 드나들었는데, 특히 샌프란시스코 인근의 실리콘밸리를 몇 차례 방문하면서 인도 엔지니어들의 존재에 깊은 인상을 받았었다. 여러 IT 및 통신 관련 회사들과 비즈니스 미팅을 진행했었는데, 내기억에 상대 업체의 미팅 참석자 중 인도인이 자리하지 않았던 경우는 거의 없었기 때문이다. 참고로 2014년 11월 17일자 〈비즈니스 포스트 Business Post〉 기사에는 이렇게 쓰여 있다.

"인도인들은 어떻게 실리콘밸리를 장악했나? 실리콘밸리 벤처의 30%는 인도인이 주축이다. …(중략)… 한국인이 실리콘밸리에서 두각을 드러내지 못하는 이유 가운데 하나로 언어장벽이 꼽힌다. 한국인들은 자신들이 미국인이 아니고 영어를 잘 못한다는 사실에 위축되는 반면 인도인들은 자신감이 넘친다."

인도 주재원으로 근무하는 동안 나는 세계로 진출한 인도인들의 활약상을 개인적인 관심을 갖고 눈여겨봤었다. 특히 굴지의 글로벌 기업의 CEO를 맡는 인도인들에 대한 흥미가 생겼는데, 세계적으로 유명한 미국 마이크로소프트의 CEO 사티아 나델라Satya Nadella 및 구글의 CEO 순다르 피차이Sundar Pichai에 대한 이야기는 뒤로 미루고 여기에선 다른 인도 CEO들을 살펴보기로 하자.

펩시코PepsiCo의 인드라 누이Indra Nooyi는 21세기 펩시의 신화를 쓴 인물이다. 2001년부터 2006년까지 5년 동안 CEO를 성공적으로 맡은 뒤 2007년 펩시코 이사회 회장에 취임한 누이는 2018년 9월까지 무려 11년간 회사를 잘 끌어왔으며, 같은 해 10월 CEO 자리를 차세대 주자에게 넘겼다. 샌디스크SanDisk의 설립자이자 CEO였다가 지금은 마이크론 테크놀로지Micron Technology의 CEO가 된 산제이 메로트라Sanjay Mehrotra, 또 2018년 3월 글로벌파운드리GlobalFoundries의 CEO에서 물러난 산제이 자Sanjay K. Jha 역시 인도인이었다. 그 외에도 지난 2010년부터 마스터카드Mastercard의 CEO로 있는 아자이팔 싱 방가Ajaypal Singh Banga, 2012년부터 2015년까지 도이치뱅크Deutsche Bank의 CEO로 재직했고 지금은 캔터 피츠제럴드Cantor Fitzgerald의 회장으로 있는 안수 자인Anshu Jain, 한때 손정의의 뒤를 이어 CEO 후계자로 낙점됐던 소프트뱅크의 니케시 아로라Nikesh Arora, 어도비 시스템즈Adobe Systems의 CEO인 샨타누 나라옌Shantanu Narayen도 있다. 또한 비록 말년에 소송 문제로 복잡한 나날을 보냈기는 했지만, 맥킨지 앤드 컴퍼니의 글로벌 CEO를 오랫동안 역임했던 라자트 굽타Rajat Gupta 회장 역시 인도계였다.

온라인 쇼핑업에 몸담았던 내가 인도에 있으면서 인도인의 글로벌 진출과 관련하여 크게 놀랐던 두 가지는 마이크로소프트의 CEO로 인도 출신 사티아 나델라가, 그리고 구글의 CEO로 순다르 피차이가 뽑힌 사실이었다. 두 인물 모두는 인도 국내 신문에 세계무대에서 인도를 빛낸 인물로 대서특필되며 엄청난 주목을 받았다.

글로벌 IT기업을 대표하는 이 두 인도계 CEO에게는 뚜렷한 공통점이 있다. 모두 인도에서 태어나 대학 교육까지 인도에서 마친 뒤 미국으로 건너가 자리를 잡았다는 점이다. 한국이나 중국, 일본에서 태어나 모국에서 대학까지 졸업한 후에 미국 굴지의 IT기업이나 글로벌 대기업의 CEO로 자리 잡은 사람이 있을까? 내가 아는 한 이런 경우는 거의 존재하지 않는다. 한국, 중국, 일본 사람은 교육열도 높고 수학, 토플, SAT 등 각종 '시험 성적'도 훌륭하다고 알려져 있지만 전 세계를 무대로 뛰는 글로벌 대기업의 CEO가 된 사례는 극히 드물다.

몇 가지 이유가 있겠지만, 내가 보는 결정적인 이유 중 하나는 영어 구사력이다. 전광석화처럼 변화무쌍한 비즈니스의 세계에서 유창한 영어로 자신의 의사를 분명하고 조리 있게 표현하지 못하면 치열한 경쟁 속에서 도태될 수밖에 없다. 인도인의 유창한 영어 구사력이야말로 전 세계 IT 및 비즈니스 트랜드를 선도하는 굴지의 대기업 마이크로소프트 및 구글 CEO를 배출하는 중요한 밑거름이 된 것이라 하겠다.

다음은 2017년 타타 컨설턴시 서비스 코리아의 대표 카말 조시Kamal Joshi와의 인터뷰 내용 중 일부다. 인도 타타 그룹 소속으로 전 세계 3위의 IT 전문 컨설팅 업체인 타타 컨설턴시 서비스는 글로벌 직원의 수가 무려 37만 명이 넘고 시가 총액은 83조 원을 훌쩍 상회하는 글로벌 IT 기업이다. 해당 인터뷰에서 기자가 인도에서 한국과 달리 IT 서비스업이 발달한 이유가 무엇인가를 묻자 조시 대표는 이렇게 답변했다.

"한국은 IT 강국이면서도 IT 서비스업은 별로 발달하지 않았다. …(중략)… 영어가 그 이유일 것 같다. 솔직히 한국에서 업무를 진행하면서 영어 잘하는 사람을 많이 보진 못했다. 서비스 산업을 해외로 진출시키려면 영어가 매우 필수적이다. 인도에서 IT 서비스업이 발달한 것도 같은 이유다. 인도는 영어가 공용어이기 때문에 IT 기술자들도 영어로 대화하는 걸 편안하게 느낀다. 인도에서는 한 해 20만 명의 IT 인력이 배출되지만 인도 회사에서 일하는 비중은 20% 정도밖에 되지 않는다. 나머지는 해외에 진출하는 셈이다."

초등학교 때부터 대학교까지 무려 십수 년 이상 영어를 배우지만 기본적인 영어 의사소통도 어려워하는 학생들이 아직도 허다한 것이 대한민국의 답답한 현실이다. 영어 공부에 들이는 시간과 노력을 생각해서라도 대한민국의 영어 교육 시스템은 바뀌어야 한다고 생각한다.

한국은행 통계에 의하면, 우리나라는 2015년부터 2018년까지 4년 동안 3% 미만의 낮은 연평균 경제성장률을 기록했다. 트럼프가 당선된 이후, 미국과 중국 사이에서 최근 더 커진 무역전쟁과 관세장벽 및 각종 불확실성으로 말미암아 2019년에는 더더욱 힘든 시간이 전개될 것으로 보인다. 높은 청년 실업률은 대한민국이 제대로 성장과 발전을 못하기 때문에 일자리가 부족한 것에서 초래된 결과다. 그렇다면 지금이라도 실용적인 영어 실력을 열심히 연마해 본격적으로 해외로 진출해야 되지 않을까?

# '갑'의 영어와 '을'의 영어

영어와 관련해 마지막으로 덧붙일 사항이 있다. 흔히 영어 실력의 종류에 '갑'의 영어와 '을'의 영어가 있다고 한다. 둘의 차이는 간단하다. '갑'의 영어란 '갑'의 위치, 즉 상품을 구매하는 바이어buyer의 입장에서 행하는 영어라는 뜻이다. 갑의 입장인 만큼 영어 실력이 모자라도 큰 문제는 발생하지 않는다. 하지만 상품을 팔아야 하는 '을'의 영어는 갑의 그것과 다르고, 또 달라야만 한다. '갑'인 상대가 말하는 바를 보다 정확히 알아듣고 그의 요구 및 희망사항을 정확하게 만족시켜야 하는 '을'은 매우 높은 수준의 영어 실력을 갖춰야만 한다. 그에 준해 자신이 할 다음 단계의 말과 행동을 정해야 하기 때문이다.

이런 관점에서 보면 매우 유창하고 탁월한 인도인들의 영어는 '갑'의 영어를 넘어 '을'의 영어가 되는 데 전혀 부족함이 없다. 특히 유창성에 있어서는 미국이나 영국 본토인들에 비해 결코 뒤지지 않는다는 것이 나의 판단이다. 여러 인도 식자층에 널리 알려진 베테랑 저널리스트이자 저자인 마크 툴리Mark Tully는 2011년의 저서 『논스톱 인디아Non Stop India』에서 인도인들의 영어에 대한 평가와 정의를 내린 바 있는데, 그 내용을 소개하며 이 장을 마치고자 한다. 마크 툴리는 인도인들에게 영어가 가지는 의미를 간단명료하게 다음과 같이 말했다.

"영어는 인도가 전 세계적인 슈퍼 파워로 자리매김하게 되는 강점 중의 하나다. 영어는 인도 엘리트들의 모국어이며, 중앙정부의 효과적인 공용어다."

# TIP
## 간단한 힌디어를 구사하자!

인도는 분명 영어 강국이지만, 우리나라 기업인들이 간단한 힌디어나 해당 지역어를 구사할 수 있다면 인도인과 어떤 비즈니스를 진행해도 눈에 보이는 긍정적인 효과가 있다는 것이 내 생각이다. 인도 비즈니스에 있어 영어는 매우 기본적으로 필요한 요소니 당연히 갖춰야 하는데, 그것에 그치지 않고 약간의 역발상을 덧붙여보면 어떨까? 단언하지만 이는 여러분의 비즈니스에 분명 큰 도움이 될 것이다.

나는 직업상 인도 소매 협회Retail Association of India를 비롯해서 국제 패션 포럼International Fashion Forum 등 다양한 세미나와 콘퍼런스에 참가하여 인도 청중들 앞에서 종종 나 자신과 회사를 피력할 기회를 가졌었다. 인도 청중들 앞에 나가 몇 마디 간단한 힌디어를 구사했을 때 그들로부터의 상당한 호응과 관심을 끌었던 기억이 난다. 어느 나라 사람들이든 외국인이 자신들의 모국어를 구사하면 무척 좋아하기 마련인데, 이는 인도인들도 똑같다.

인도인들 앞에서 힌디어나 해당 지역어를 구사하면 그 사람은 느닷없이 인도인들에게 '스타'가 된다. '힌디어를 할 줄 안다니 정말 놀랐다'는 이야기와 더불어 어디에서 어떻게 배우게 됐는지, 얼마나 배웠으며 어느 정도 수준까지 가능한지 등을 자세히 묻는다. 이런 분위기에서 상호간 비즈니스에 속도가 붙는 것은 당연하다. '저 사람은 힌디어를 배울 정도로 인도와 인도 문화에 관심이 많다'는 인상을 줄 수 있기 때문이다.

간단한 수준의 힌디어는 인도에 가지 않고서도 배울 수 있다. 주한 인도대사관에 전화 혹은 방문을 해서 힌디어 공부에 대한 관심과 의지를 피력하고 관련 도움을 요청하는 것이다. 그러면 주한 인도대사관은 대사관과 직간접으로 관련되는 인도인들을 섭외하여 정기적인 회화 모임 등을 주선해줄 수 있다. 이렇게 회화 모임을 결성하고 인도에 관심 있는 기업인들 혹은 학생들이 함께 참여하여 힌디어를 익히는 것은 인도와 본격 비즈니스를 하기 위한 간단하지만 상당히 고차원의 준비를 행하는 것이다.

인도에 가서도 마찬가지다. 시간이 날 때마다 힌디어와 해당 지역어에 친근해지려 노력하다 보면 힌디어와 지역어에 대한 낯섦도 자연스레 줄어든다. 힌디어와 해당 지역어를 조금씩 구사하면 할수록 비즈니스의 성공 가능성은 더 커진다. 같이 일하는 인도 직원이나 파트너 회사가 인도의 언어를 배우고 있는 여러분을 좋아할 것이기 때문이다. 사실 어디를 가든 그 나라와 지역의 문화를 존중하고, 이해하고, 그것과 친근해져야 한다는 것은 해외 비즈니스 성공의 기본적인 전제 조건이다.

힌디어나 지역어 구사가 가능해지면 또 하나의 재미있는 경험도 할 수 있다. 인도 전통시장에 가서 채소 및 과일 장수 등과 소위 '흥정'이 가능해지는 것이다. 시장의 상인들 역시 인도의 언어를 구사하는 외국인을 보면 좋아하고, 부드러운 분위기에서 대화를 나누며, 그 흥정 속에서 가격도 깎아주고 기분 좋게 덤도 얹어준다. 그런 과정에서 우리가 인도와 인도인 그리고 인도의 문화와 전통에 좀 더 가깝게 다가갈 수 있음은 커다란 이점이다. 힌디어와 해당 지역어를 조금이라도 습득하기를 강력히 권하는 이유다.

# 8장

# 문화 강국
# 인도

# 인도인에게 영화의 의미는?

　인도 영화 시장은 미국 영화 시장인 할리우드에 버금간다 하여 발리우드라는 별명을 가지고 있다. 영화 분야에서 인도가 보유한 놀라운 기록이 한 가지 있다. 인도 영화 시장이 적어도 영화제작 편수에 있어 전 세계 1등이라는 사실이 그것이다. 한 해 평균 무려 1,500~2,000편의 영화가 힌디어를 비롯해 20여 개의 공용어로 제작된다. 인도의 영화 시장은 연간 약 2조~2.3조 원의 규모이며, 연간 약 11.5%씩 성장해 2020년이면 예상 매출액이 3조 원을 훌쩍 상회할 것으로 전망된다.

　혹시 〈신상神象〉(원제는 'Haathi Mere Saathi')이라는 인도 영화에 대해 들어본 적이 있는가? 50세 중반 연령대의 독자라면 초등학교 시절 이 영화를 본 분들이 꽤 있을 것이라 생각된다. 〈신상〉은 지난 1971년 국내에 정식으로 수입된 최초의 인도 영화로 당시 인도 톱스타 라져스 칸나Rajesh Khanna, 타누자Tanuja, 데이비드 에이브러햄David Abraham이 출연한 작품이다. 나는 초등학교 때 학교 단체관람을 통해 이 영화를 봤는데, 정말 깊은 감동을 받아 옆에 앉은 단짝 친구와 함께 몇 차례나 눈물을 쏟았다.

　권선징악의 기본적인 틀 내에서 영화 주인공과 코끼리 네 마리와의 교감을 그린 이 영화는 당시 엄청나게 큰 반향을 불러일으킨, 인도 영화의 역작 중 역작이었다. 특히 당시 한국의 인기 여성 듀엣 바니걸스는 이 영화의 메인 타이틀곡이었던 'Chal Chal Chal Mere Saathi'를 '라무는 나의 친구'라는 번안곡으로 발표해서 히트시켰다. 나 역시 등

하굣 길에 몇몇 친구들과 이 노래를 함께 흥얼거렸던 아련한 추억이 있다.

CJ오쇼핑 협력사 대표들과 처음으로 인도를 방문했을 때 나는 몇몇 재미있는 점을 발견했다. 그중 한 가지는 고속도로 및 주요 도로 혹은 입지 좋은 건물 곳곳에 위치한 옥외광고판, 버스·택시 그리고 일간신문 전면에 풀 컬러로 실린 영화 광고였다. 한낱 영화 광고일 뿐인데 특별한 의미가 있는 이유는, 그 광고들의 상당수가 이미 오래전에 영화관에서 상영되었던 영화들을 TV에서 다시 볼 수 있다는 내용의 것들이었기 때문이다.

나는 인도에 몇 년간 체류하면서 이렇듯 옥외광고판 및 버스·택시 옆면 그리고 신문에 이미 1~2년 전 상영됐던 영화들이 TV로 다시 방영된다는 내용으로 게재된 예고 광고를 수없이 많이 봤다. 이는 기 상영된 영화를 다시 내보내도 어느 정도의 시청률이 나온다는 것, 방영으로 얻는 이익이 해당 광고 비용을 상쇄하고도 남을 정도가 된다는 뜻이다. 그러다 보니 TV에서 재방영하는 영화에도 나름 괜찮은 광고주가 붙곤 한다.

이러한 현상은 그만큼 인도인들의 일상적인 삶엔 영화 이외의 변변한 오락거리가 많지 않으며, 해당 영화가 극장에서 상영될 당시엔 그 영화를 보지 못하고 놓친 사람들이 상당수 있다는 의미다. 티켓 값에 대한 경제적 부담 때문에서든, 부족한 영화관 수 때문에서든 말이다. 참고로 인도의 인구는 약 13억 4,000만 명인데, 인도에 있는 영화관들의 수는 그에 비해 턱없이 부족한 1만 3,000여 개에 불과하다.

한편으로 이런 현상은 인도인들이 영화 감상을 정말 좋아하고 즐긴다는 얘기도 된다. 이미 본 영화를 보고 또 본다는 뜻이다. 보통 인도

영화 〈익스펜더블 3Expendables 3〉의 소니 TV 채널 재방영 소식을 알리는 버스 옥외 광고.

〈호빗 3Hobbit 3〉의 소니 TV 채널 재방영 소식을 알리는 신문 광고. 엔터테인먼트 섹션의 전면 광고로 게재되었다.

는 가구당 구성원이 5인 이상인데, 이들이 한데 모여 영화를 보며 이야기를 나누는 것은 매우 일상적이고 흔한 모습이다.

여하튼 아직까지 영화는 일반 인도인들이 갖는 문화적 욕구의 상당 부분을 충족시켜주고 있는 것이 사실이다. 빈번히 인도를 방문하거나 인도에 사는 사람들 다수가 알고 있듯, 인도에는 시간을 때울 변변한 소일거리나 여흥거리, 혹은 취미로 할 만한 것들이 충분치 않기 때문이다.

## 막강한 인도 발리우드 영화 산업

　본래 '발리우드'란 인도의 경제수도 뭄바이의 옛 지명인 봄베이와 미국 할리우드의 합성어다. 지금은 뭄바이로 불리는 봄베이는 예로부터 경제수도 외에 인도 영화 제작의 메카로 유명했다. 뭄바이 북쪽에 있는 고레가온Goregaon 동부에는 인도에서 가장 거대한 규모의 영화 세트장인 '필름 시티Film City'가 자리 잡고 있다. 1977년 개장한 이곳은 가로세로 모두 2.1킬로미터에 해당하는 어마어마한 규모이며 야외 촬영지와 세트장 수십 개가 소재해 있다. 규모 면에서 볼 때 아마도 전 세계에서 가장 큰 영화 세트장이 아닐까 싶은데, 바로 여기서 연간 200편 이상의 발리우드 영화가 힌디어로 제작된다.

　연간 제작편수만 보면 이곳에서 제작된 힌디어 영화보다는 타밀어 혹은 텔루구어로 제작된 영화 수가 더 많다. 하지만 인도를 대표하는 언어가 힌디어라는 점과 오스카상을 수상한 〈슬럼독 밀리어네어 Slumdog Millionaire〉를 포함, 해외로 수출되어 인도를 대표하는 영화로 자리잡은 〈세 얼간이3 idiots〉 〈내 이름은 칸My name is Khan〉 〈런치 박스 Lunch Box〉 등 수많은 작품이 이곳 뭄바이에서 제작되었다는 점에서 발리우드는 인도 영화의 대표 주자라 할 수 있다.

　1인당 국민소득에서는 아직 우리와 큰 차이를 보이는 인도지만, 영화 제작편수를 기준으로 양국을 비교해보면 벌어진 입을 다물 수 없다. 딜로이트 컨설팅Deloitte Consulting이 인도 영화와 관련하여 지난 2016년에 발간한 보고서 「인도의 영화 산업The Indian Film Industry」은 일반적으로 인도가 연간 1,500~2,000편 정도의 영화를 제작하는 것으로 분석했다. 한국의 경우 2010년 이전까지는 연간 제작편수가

200여 편에 못 미쳤으나 2016년부터 급격히 증가하여 370여 편에 이르렀다고 하니, 인도는 한국의 5~7배에 달하는 셈이다. 참고로 할리우드로 전 세계 영화 시장을 사실상 평정하고 있는 미국의 2016년 제작 편수만 해도 700~800편에 불과하니, 인도의 제작 역량엔 정말 놀라움을 금치 못하게 된다.

더불어 인도에서 판매되는 영화 티켓의 수는 연간 27억 장이고, 이 역시 13억 장에 불과한 미국과 비교했을 때 두 배 이상에 해당한다. 물론 인도의 영화 티켓은 도시의 경우 원화 약 5,000원, 시골에서는 약 840원에 판매되므로 실질적인 매출액을 비교하면 미국의 상대가 되지 않는다. 한 장당 약 1만 원을 기준으로 계산하면 연간 미국은 약 12.6조 원의 매출액을 올리지만 인도는 그것의 7분의 1 수준인 1.8~2.1조 원에 그치기 때문이다.

| 인도와 미국 영화 산업 비교 | | | |
|---|---|---|---|
| 인도 | | 미국 | |
| 1,900편 ‖‖‖‖‖‖‖‖‖‖‖‖‖‖ | 한해 제작 편수 | ‖‖‖‖‖‖‖‖‖‖‖‖ | 800편 |
| 27억 장 ‖‖‖‖‖‖‖‖‖‖‖‖‖‖‖ | 한해 티켓 판매 | ‖‖‖‖‖‖‖‖‖‖‖‖‖‖ | 13억 장 |
| 16억 달러<br>(약 1.8조 원) | 한해 티켓 수익 | ‖‖‖‖‖‖ | 110억 달러<br>(약 12.6조 원) |
| 50루피(약 840원·시골)~<br>300루피(약 5,000원·도시) | 티켓 가격 | 평균 8.6달러(약 9,800원) | |
| 1만 3,000여 곳<br>(이중 1,200곳은 멀티플렉스) | 극장수 | 4만여 곳 (대부분 멀티플렉스) | |

[표 9] 인도와 미국의 영화 산업 비교
(출처: 〈조선일보〉, 2016년 10월 29일)

앞서 잠깐 언급했듯 인도의 영화관 수는 비공식적으로 약 1만 3,000여 개지만 미국은 무려 4만 여 개다. 절대적 숫자로 봐도 미국이 인도보다 훨씬 많지만, 국민 1인당 영화관 수를 비교하면 그 차이는 더 벌어진다. 인도의 인구는 13억 4,000만 명이지만 미국은 3억 2,700만 명이기 때문이다. 이런 점들을 생각해보면 왜 이미 영화관에서 상영이 끝난 오래전 영화의 TV 재방영 예고 광고에 돈이 투자되는지를 알 수 있다. 그만큼 인도인들은 영화 외의 향유거리가 없고, 그래서 영화를 많이 즐길 수밖에 없기 때문이다.

**인도인에게 영화배우는 어떤 존재일까?**

일반 인도인들의 일상적인 삶에 깊숙이 자리 잡고 있는 두 가지가 있으니 바로 크리켓 경기와 영화 감상이다. 인도인들은 이 두 가지에 정말 열광한다.

인도인들에게 있어 크리켓은 일상과 함께하는 키워드다. 아침부터 저녁에 이르기까지 크리켓 경기와 유명 크리켓 선수를 빼고는 그들의 삶을 얘기할 수 없을 정도다. 그만큼 광적으로 좋아한다는 뜻이다.

영화 및 유명 스타 배우의 인기도 크리켓의 유명 선수와 마찬가지이다. 실제로 이들 영화배우에 대한 뜨거운 인기를 가까이에서 실감한 경험이 있다. 2016년 10월 초 안드라프라데시에서 텔루구어 홈쇼핑 방송을 론칭했을 때, 인지도를 높이기 위해 그해 공전의 히트를 친 영화 〈바후발리: 더 비기닝Baahubali: The Beginning〉의 여주인공 타만나 바티아Tamannaah Bhatia를 초대해 하이데라바드 시에서 론칭쇼를 진행했던 적이 있다. 기다리고 기다리던 타만나 바티아가 무대에 등장하자 리포터와 사진기자 등 무려 80~90명이 한꺼번에 무대 중앙으로 몰려 홀을 꽉 메우고 야단법석을 떨었다. 덕분에 행사를 주관한 나와 숍CJ 마케팅 스태프들은 오히려 무대의 뒷전으로 밀려나 잠시 난처한 상황에 처하기도 했다.

이렇듯 대다수 인도인들은 스타 배우들이 아침에 뭘 먹고, 오후에 어디를 방문했고, 누구를 만났는지에 관심을 가지며, 그들의 한마디 말에 열광한다. 페이스북, 인스타그램, 트위터를 통해 그들의 팔로워가 되어 감정을 이입시키는가 하면 촬영장과 기거하는 집 앞에 몰려가 한번이라도 그들의 얼굴을 보는 영광을 위해 하루가 멀다 하고 죽치고 기다린다. 이 또한 인도인들의 참모습 중 한 가지다.

# 향후 인도의 영화 및
## 콘텐츠 산업 전망

　인도를 경험한 사람들은 인도 영화를 흔히 '마살라Masala 영화'라고 칭한다. '마살라'는 '향신료'를 뜻하는데, 인도 영화도 인도 특유의 여러 향신료를 섞어 소위 '인도 특유의 맛'을 제공하기 때문이다. 뭐니 뭐니 해도 다른 나라와 대비되는 인도 영화의 독특한 특징은 노래와 군무인데, 바로 이 요소들이 인도 영화에서 마살라 역할을 담당한다. 우리 입장에서는 뜬금없이 등장하는 것처럼 보이겠지만, 인도인들에게 있어 이러한 군무와 노래는 영화의 등장인물들과 그 영화를 보는 청중이 함께 호흡하게 해주는 인도 특유의 향신료, 즉 마살라다.

　하지만 최근 이런 인도 전통 영화 산업의 트렌드가 조금씩 변화하고 있다는 점이 여러 면에서 드러난다. 첫째, 특히 국제적으로 수출되어 외국인들에게 선보이는 영화일수록 이러한 인도 특유의 군무와 노래가 축소되거나 아예 없어지는 경향이 보인다. 그도 그럴 것이 외국인들에게는 그런 요소가 특별한 의미를 갖지 못하기 때문이다. 더불어 최근 인도 영화는 활발하게 영화 제작의 디지털화가 신속하게 진행되고 있으며, 상당히 밀도 있고 다양한 시각효과를 선보이기 시작했다.

　둘째, 발리우드 영화도 기존의 전통적 포맷을 벗어난 여러 시도를 과감하게 행하는 중이다. 지난 2013년 내가 감명 깊게 본 영화 〈런치박스〉는 제8회 아시아 필름 어워드의 수상작인데, 평범한 가정주부와 회계사 간의 우연한 스토리를 담담하게 엮어가면서 군무와 노래 없이도 세계인을 대상으로 하는 훌륭한 인도 영화를 만들었다는 점에서 이채로웠다.

셋째, 인도 영화도 세계화의 흐름을 타고 있다. 2012년 한국에서 개봉된 인도 청소년과 벵갈 호랑이의 바다 표류 이야기였던 영화 〈라이프 오브 파이Life of Pi〉를 기억하는가? 맨부커상을 수상한 캐나다의 유명 소설가 얀 마텔Yann Martel의 소설을 대만 출신의 이안李安이 감독하고 미국 폭스Fox사가 투자한 이 영화는 인도 토종 청소년을 주인공으로 하여 주로 인도와 대만에서 촬영되었고, 당시 약 1,400억 원의 제작비로 전 세계에서 7,000억 원 이상의 매출 흥행을 이뤄냈다. 또한 작품성도 인정받아 2013년 골든글로브에서 감독상을 비롯한 3개 부문을 석권했다. 내가 강조하고 싶은 점은 이 영화가 비록 발리우드 영화는 아니지만 이렇듯 인도 고유의 스토리를 기본으로 하여 세계적인 작가, 감독, 자본과 영상기술을 다양하게 엮어 세계적인 흥행작을 거침없이 만들어낸다는 점이다.

〈런치 박스〉나 〈PK〉가 최근 거둔 성공도 인도 영화의 글로벌화가 가지는 가능성을 고무시킨다. 예컨대 〈PK〉는 인도 영화사가 미국 디즈니 계열사인 유티비 모션 픽처스Utv Motion Pictures와 함께 제작한 영화인데, 2014년에 개봉되어 발리우드 영화 최초로 1억 달러 이상의 전 세계적 흥행을 거둔 대표작이다. 당시 〈PK〉는 영화의 성공을 위해 왓츠앱(한국의 카카오톡과 같은 인도의 대중적인 메신저 앱) 등 디지털 마케팅 수단을 상당히 효과적으로 활용했다.

넷째, 단순한 영화 티켓 판매 이외의 수익 창출도 다양하게 시도되고 있다. 인도의 영화 산업에서 티켓을 통한 매출은 전체 매출의 약 74%를 차지하고, 그 외의 매출은 영화관 내 광고 및 VOD 등으로 창출된다. 일례로 2015년 영화관 내 광고 매출은 전년 대비 약 28%가 늘어난 63억 루피였는데, 당시 나 역시 숍CJ 홈쇼핑 프로모션을 진행할 때 거의 빠짐없이 영화관 내 광고를 적극적으로 활용했었다. 본 영화 상영에 앞서 진행되는 광고에 대한 관람객들의 주목도가 상당히 높고, 가성비 면에서도 탁월했기 때문이다. 또한 디지털 케이블채널과 위성TV(DTH)의 확산으로 VOD를 통한 매출 역시 눈에 띄게 성장 중이다. 이러한 VOD의 급격한 확산에 3G·4G 모바일과 초고속 인터넷의 보급이 한몫을 하는 것은 물론이다.

다섯째, 아직도 인도에선 단일 스크린 영화관이 절대다수를 차지한다. 우리나라처럼 멀티플렉스 상영관이 많지 않다는 뜻이고, 특히 도시를 벗어나면 그렇다. 하지만 최근 몇 년 사이 뉴델리, 뭄바이, 벵갈루루, 첸나이, 콜카타 등 대도시에서는 빠른 속도로 빅시네마Big Cinemas 와 PVR, 페임 시네마Fame Cinemas 그리고 펀시네마Fun Cinemas 등 빅 4 멀티플렉스가 자리잡았다. 티어tier 2 도시(인구 5만~10만 명의 도시) 혹은 티어 3 도시(인구 2만~5만 명의 도시)들의 단일 스크린 영화관들도 서서히 멀티플렉스로 탈바꿈 중인데, 최근에는 이러한 멀티플랙스의 집객 효과에 주목한 큰 쇼핑몰들이 멀티플랙스와 상호연계를 통해 강력한 시너지를 발휘하는 경향이 나타나고 있다.

인도 영화뿐만 아니라 콘텐츠 산업에도 새로운 바람을 불러올 트렌드가 생겼다. 바로 미국 넷플릭스Netflix의 인도 시장 진출이다. 2018년 7월에는 넷플릭스의 신작 TV 시리즈 〈신성한 게임Sacred Games〉이 인도 TV의 전파를 탔는데, 이는 넷플릭스가 인도에서 첫 번째로 시도하는 TV 드라마 시리즈이기도 했다. 향후 이러한 TV 시리즈는 인도뿐 아니라 전 세계인들을 대상으로 상영될 가능성이 농후하다. 넷플릭스의 대규모 투자가 집행된 한국의 〈옥자〉가 글로벌로 진출한 것처럼 말이다. 이는 지난 2016년 인도에 처음 진출하면서 소비자들의 가처분 소득을 과소평가했던 넷플릭스가 최근 생각을 바꿔 향후 인도야말로 가장 빠르게 성장을 이루어낼 시장으로 재평가했음을 뜻한다. 때문에 인도의 독자적인 콘텐츠를 제작하려는 움직임은 더욱 확산될 것이고, 인도 콘텐츠의 글로벌화 역시 빨라질 것이다. 인도 콘텐츠를 반길 수천만 명의 재외 인도인들만 잘 공략해도 전 세계적으로 수천만 명의 팬들을 확보하는 것은 그리 어렵지 않을 것이다.

마지막으로 주목할 것이 인도 영화 및 엔터테인먼트 산업의 미래 확장성이다. 영어가 자유로운 이들은 매년 인도상공회의소 산하의 미디어·엔터테인먼트 분과 주최로 소위 'FICCI-FRAMES'를 개최한다. 인도 미디어·엔터테인먼트, 영화에 관심이 많은 독자라면 구글에서 'FICCI-FRAMES'를 입력해 관련 내용을 살펴보길 바란다. 이 FICCI-FRAMES는 인도 전체의 미디어·엔터테인먼트, 영화, 음악, 방송, 소프트웨어, 신기술 회사를 소개할 뿐 아니라 전 세계의 내로라하는 회사 및 관련 거물들을 초청해 콘퍼런스나 세미나를 열고 토론하는 자리를 마련하기도 한다. 이러한 행사들을 통해 거대한 인도 미디어·엔터테인먼트, 영화, 음악, 방송, 케이블 산업의 과거와 현재를 판단할 수 있고, 향후 나아갈 방향을 결정하는 담론 역시 형성된다. 나 역시 매년 여기에 참여하여 관련 트렌드를 모니터링했었다. 공론의 장에서 끊임없는 대화와 토론을 통해 향후 나아갈 바람직한 방향을 논의한다는 점에서 인도의 영화 및 엔터테인먼트 산업의 앞날은 밝다.

# TIP
## 인도와 한국의 콘텐츠 교류

인도에서 매년 열리는 가장 큰 영화 관련 행사가 뭄바이 아래 서쪽 해안에 위치한 도시 고아Goa에서 개최되는 '고아 영화제'다. 2016년에는 제47회 고아 영화제가 열렸는데, 한국이 이 영화제의 주빈국으로 선정되어 다수의 한국 영화가 상영되었고 임권택 감독은 공로상을 수상하기도 했다. 영화제 기간에 양국 간 가능한 교류와 협력에 대한 논의가 이루어졌지만, 인도로의 한국 영화 수출은 솔직히 아직 요원한 과제다. 기껏해야 한국 영화 리메이크나 판권 판매 정도가 가능했던 시장이기 때문이다. 원빈이 주연한 〈아저씨〉가 최근 〈록키 핸섬Rocky Handsome〉이라는 제목으로 리메이크되어 나름 인기를 끌었지만, 이를 관람한 인도인 중 이 영화가 한국 영화의 리메이크작임을 제대로 알고 본 사람은 거의 없다. 이러한 배경에는 인도에 아직 본격적인 한류 바람이 불지 않았다는 이유가 크다.

인도에 대한 한국의 영화 및 콘텐츠 수출은 속도 면에서 더디지만 조금씩 가시화되는 성과도 없지 않다. 2016년 온라인 채널인 DD바라티DD Bharathi에서는 〈허준〉이 방영되어 약 3,300만 명의 인도인들이 시청한 바 있었다. 또한 한국에서 선풍적인 인기를 모았던 드라마 〈태양의 후예〉도 2017년 초 지 엔터테인먼트Zee Entertainment가 보유한 진다기Zindagi 채널에서 매주 평일 저녁 8시에 힌디어 더빙 시리즈로 방영되었다. 진다기는 인도 전국으로 송출되는 채널이라 약 5,500만 명의 인도인이 〈태양의 후예〉를 시청했는데, 방영 초기에는 그리 큰 기대가 없었으나 예상보다 반응이 괜찮아 향후에도 추가적으로 한국 드라마가 방영될 것으로 보인다.

한편 2019년에는 지난 2014년 한국에서 1,400만 명 이상의 관객을 모았던 〈국제시장〉이 〈바라트Bharat〉란 작품으로 리메이크될 예정이다. 각종 액션 영화를 통해 매우 큰 인기를 얻은 인도의 유명 배우 살만 칸이 주인공 역을 맡을 예정인데, 〈국제시장〉이 그랬던 것처럼 애국심을 바탕으로 스토리가 전개될 것으로 보인다. '국가' '나라'라는 뜻의 힌디어 제목을 가진 이 영화는 영국으로부터 독립한 인도에서 파키스탄이 분리되는 과정을 모티브로 제작될 듯하다. 참고로 인도의 영화관에서는 영화 상영 전 인도의 국가가 연주된다. 과거 우리나라에서 그랬던 것처럼 말이다. 그런 의미에서 아직도 인도에서는 애국심에 기반을 둔 각종 행사와 콘텐츠가 대중에게 익숙하며 잘 먹힌다.

한편 인도에 진출한 미국의 비아컴Viacom 채널인 VH1이 2017년 9월부터 K-pop을 내보내기 시작하자 방탄소년단의 공식 팬클럽인 아미Army(인도의 아미는 지난 2014년에 결성되었다)가 이를 크게 반겼다. 2012년부터 시작된 K-pop 경연대회는 처음엔 참가자가 37명으로 그 규모가 매우 작았으나 7년째가 되는 2018년엔 인도 전역에서 1,200명이 넘는 사람들이 참가하는 등 제법 큰 호응을 얻었다. 참가자 수 기준으로 30배가 넘는 양적 성장을 이루어낸 셈이고 그 규모 또한 매년 크게 성장하고 있다. 이 모든 것들이 인도 내에서의 한류 바람으로 이어져 향후 한국 영화와 콘텐츠의 수출도 활발히 이루어지길 기대한다.

끝으로 영화를 포함한 한국과 인도의 콘텐츠 교류 활성화를 위해 한 마디 제언을 하고자 한다. 현재 인도 영화 및 콘텐츠 관계자들은 한국 영화를 나름 관심 있게 모니터링하고 있다. 실제로 내 인도인 지인 중 하나도 〈수상한 그녀〉 〈간기남〉 등과 같은 한국 영화의 인도 내 리메이크 가능성을 타진하고 싶다며 도움을 요청해왔었다. 하지만 이미 아시아 내에서의 리메이크 판권이 다른 회사에 넘어가 있거나 제작사 및 감독과의 연락이 잘 이루어지지 않는 등의 이유로 성사되지 못해 안타까웠던 기억이 난다. 그러니 어떤 한국 엔터테인먼트 회사든 가능한 한 빠른 시일 내에 인도에 조그만 사무소부터 설립하여 향후 본격적인 인도 시장으로의 진출을 위한 교두보를 마련하기 바란다. 주재원 대신 인도에 관심 있는 직원들을 장기 파견하는 등 요령 있게 장기적으로 진행한다면 적은 투자비로도 매우 큰 결실을 거둘 수 있을 것이다.

손정의 회장의 표현대로, 작금의 인도는 마치 갑자기 위로 급하게 꺾여 올라가는 하키채 곡면과 같은 단계에 있다. 폭발적인 사회경제적 성장을 이루어내기 직전의 단계에 있다는 뜻이다. 어느 지점에 이르면 그 후부터 엄청난 탄력이 붙어 인도 경제는 20년 이상 중장기적으로 빠르게 성장할 것이기에, 영화 등 콘텐츠 부문에서도 인도 시장 선점의 중요성을 깨닫고 하루 속히 투자와 베팅을 진행해야할 필요가 있다.

2018년 7월 초 문재인 대통령의 인도 방문 시 양국 정상은 한-인도 간의 정상회담을 정례화하겠다는 계획을 잡았다. 그와 더불어 문화·예술 부문에서는 한국 외무부와 인도 문화부가 2018~2022년 5개년 문화교류 계획서에 합의하는 성과도 있었다. 이는 기존에 있었던 2014~2017년 양국 간 문화교류 계획서를 갱신한 것이다. 앞으로도 영화뿐 아니라 문화, 예술, 음악, 기타 콘텐츠 사업 등에서 한-인도 양국 간의 교류가 한 단계 더 격상 및 활성화되기를 기대한다.

# TIP
## 인도에서의 한류

"인도에도 한류가 있나요?"

내가 인도에서 몇 년 근무했다고 하면, 한국 사람들이 반드시 물어보는 질문이다. 한국 기업인들이 외국에 투자하거나, 진출할 때 한류를 살펴보는 이유는 그 존재 유무가 비즈니스의 존망에 중요한 영향을 미치기 때문이다. 그들은 진출 희망 국가에 이미 한류가 존재한다면, 일단 사업 성공 가능성의 반은 먹고 들어가는 것이라고 믿는다. 위 질문에 대해 나는 다음과 같은 간단명료한 대답을 드린다.

"아쉽게도 인도에 우리가 이미 잘 알고 있는 중국, 베트남, 태국과 같은 확고부동한 한류 붐은 아직 없지만, 향후 한류가 강해질 수 있는 여지가 있다."고 말이다. 여기서 더 나아가 "그러나 한국 상품과 서비스에 대한 프리미엄 이미지는 분명히 존재합니다."라고 덧붙인다. 내가 나름대로 판단하는 인도 한류에 대한 모범 답안이다.

사실상 뉴델리, 뭄바이, 뱅갈루루, 첸나이, 콜카타 등 대도시에서 한류를 찾아보기는 어렵다. 하지만 인도의 한류는 인도 동북부에 위치한 마니푸르Manipur, 나가랜드Nagaland, 미조람Mizoram 및 아삼Assam 주에서 뚜렷하게 발견된다. 몽골계 인도인인 인도 동북부인들의 얼굴은 처음 보면 깜짝 놀랄 만큼 한국인과 닮았다. 이러한 외모의 유사성에서 연유되어 인도 동북부인들이 그들과 용모가 유사한 한류 스타에 관심을 갖게 된 측면이 있다고 판단된다. 또한 예전부터 인도 연방정부로부터 독립을 주장해 온 인도의 동북부는 놀랍게도 방송 채널에 인도 공용어인 힌디어 채널이 없다. 그러므로 컨텐츠가 절대 부족한 그들의 방송 채널을 보충하고자 2000년대 중반부터 다양한 외국 방송 채널을 소개해 왔는데, 그 중에 'KBS World'와 '아리랑TV'가 있었고, 이를 통해 다양한 한류 컨텐츠가 소개되었다. 국경을 통해 다년간 몰래 반입된 해적판 CD도 한류 전파에 한몫을 했다. 마지막으로 특히 마니푸르주의 마니푸르대학교에는 2013년부터 학부 전공으로 한국어과가 설치되어 한류 확산의 촉매제가 되었다.

2012년 설립된 주인도 한국문화원이 노력한 결과, 10개 지역 예선을 거쳐 2018년 7회째를 마친 K-POP 경연대회는 매년 견조하게 양적, 질적 성장을 성취했다. 인도 전역에서 520여 개 팀의 1,215명이 참가했고, 최종 22개 팀이 노래와 춤 분야의 자웅을 겨뤘다. 그 과정을 거쳐 선발된 인도 대표 팀들은 한국을 방문해 '2018 창원 K-POP 월드 페스티벌 인도'에 참가했다.

향후 인도 내 한류는 더디지만 꾸준히 성장할 것으로 전망된다. 앞서 발리우드의 영화산업 얘기를 풀어가면서 〈태양의 후예〉의 사례를 언급했었다.

2018 K-POP 컨테스트 포스터
(출처: 인도 한국문화원)

〈태양의 후예〉를 시청한 수백만 명 인도인의 반응을 한마디로 요약하면 '좋다, 괜찮다' 이다. 참고로 지Zee채널 홈페이지에 접속한 인도 시청자들은 〈태양의 후예〉를 '좋다' 68%, '재미있다' 6%, '기대감으로 흥분되었다' 6%로 반응하여 이 세 가지 반응을 모두 합하면 80% 이상의 긍정적인 반응이 나온다. 그러다보니 상당수 시청자들은 진다기 채널에 〈태양의 후예〉 시즌2를 연이어 틀어 달라고 요청 중이다. 진다기 채널을 보유한 지 엔터테인먼트도 〈태양의 후예〉에 대한 반응이 상당히 좋은 것을 확인하고, 〈제빵왕 김탁구〉 등 한류 드라마의 후속타를 점검하고 있다.

비록 인도 주류 사회에서는 본격적인 한류의 붐을 찾기 어렵지만, 인도에는 한국 상품에 대한 '프리미엄 이미지'가 존재한다. 많은 인도인들은 한국 상품이 품질 좋고, 신뢰할만한 고급 상품이라고 인식한다. 한국 상품에 대한 '프리미엄 이미지'는 지난 1990년대 중반부터 일찌감치 진출한 삼성과 LG 그리고 현대자동차 등이 각고의 노력 끝에 일궈낸 높은 시장점유율의 결과이다.

우리의 롯데하이마트나 전자랜드 같은 인도의 대형 전자 양판점 4개가 크로마Croma, 릴라이언스 디지털, 이존eZone 및 비제이 세일스 Vijay Sales이다. 이들 매장 내 상품 배치를 살펴보면, 삼성전자와 LG전자의 위상을 한눈에 알 수 있다. 전체 매대의 가장 반듯하고 좋은 자리에 삼성전자와 LG전자의 TV제품들이 진열된다. 그만큼 인도 내 삼성전자와 LG전자의 위상은 분명하고, 독보적이다. 특히 이 두 회사의 위상 중 주목할 만한 부분이 프리미엄 이미지다.

한국 제품의 프리미엄이미지는 마루티 스즈끼Maruti Suzuki에 이어 인도 자동차 시장의 시장점유율 2위인 현대자동차도 갖고있다. 물론 현대자동차가 벤츠, BMW, 아우디 등 최상위 자동차 브랜드와 맞서기엔 아직 다소 부족하나, 도요타와 혼다 등의 일본 자동차 브랜드와는 어깨를 나란히 하는 위상을 가진다. 2018년 8월 삼성 광고 유투브 히트에 뒤이어 현대자동차가 가족애를 바탕으로 만든 한편의 광고가 히트를 쳤다. 현대의 인도 캠페인 영상은 유투브 조회수 총 2억 1,500만 뷰를 초과해 인도 국민들에게 잔잔한 감동을 안겼다.

숍CJ는 한국 본사에 대한 로열티 제고와 개인 인센티브 차원에서 매년 상하반기로 나누어 프로듀서나 쇼호스트 및 인도 현지 직원을 CJ오쇼핑 본사나 CJ그룹 연수원으로 연수를 보냈다. 그런데 그들이 대개 일주일 일정의 연수 뒤 인도로 복귀하여 항상 얘기하는 것이 있다.

"대한민국이 이렇게 깨끗하고, 멋있게 발전한 나라라는 걸 미처 몰랐어요."

한국의 발전상에 긴가민가하던 인도 직원들의 한국에 대한 이미지는 한국 본사 연수 후 180도 달라져 인도로 복귀했다. 숍CJ 송출 부문의 아베이 오자Abey Oja 팀장은 2014년 본사 연수를 다녀와서 "대한민국과 인도의 사회경제적 차이는 최소한 20년 이상 나는 것 같더군요."라고 이야기하기도 했다. 이처럼 인도 국민은 한국의 경제, 사회, 문화 그리고 한국 상품에 대한 '프리미엄 이미지'를 갖고 있다.

9장

# 인도 비즈니스에서의 리스크

# 인도 비즈니스가 쉽지 않은 이유

"인도에서는 되는 일도 없고, 안 되는 일도 없다."

인도에 4년 넘게 체류하는 동안 한국 분들로부터 가끔 들었던, 인도 내 비즈니스에 대한 많은 평가 중 하나다. 얼핏 듣기엔 알쏭달쏭하지만 이 말에는 인도에서 비즈니스를 하는 사람의 입장에서 볼 때 간과할 수 없는 진실이 담겨 있다.

인도에서 비즈니스를 성공적으로 이뤄내기란 만만치 않은 일이다. 많은 점에서 인도는 한국이 다음 20~30년간 함께 성장해야 하는 교역 상대국임이 분명하다. 하지만 이미 인도의 어려운 비즈니스 환경에 대해 조금이라도 알고 있거나 복잡한 경제, 무역, 통관, 열악한 인프라, 교통체증 등을 경험한 다수의 한국인들은 인도에서 비즈니스를 잘한다는 것이 결코 쉽지 않음을 나름 인지하고 있다.

2018년 10월 세계은행은 예년과 마찬가지로 「비즈니스 행하기 2019Doing Business 2019」란 보고서를 편찬했다. 동일한 제목과 기준으로 세계은행이 16년 전부터 매년 작성해오고 있는 이 보고서 시리즈는 전 세계 각국을 대상으로 개인과 기업이 얼마나 쉽게 비즈니스를 시작하고 경영할 수 있는지, 즉 '비즈니스 규제business regulation'를 놓고 국가별 순위를 매긴다. 세계은행이 조사의 대상으로 삼은 국가는 총 190개인데 2018년 인도는 77위를 기록해 23계단을 훌쩍 뛰어 올랐다. 이는 2016년 130위, 2017년 100위와 견주어 볼 때 큰 폭의 의미있는 개선을 이뤄낸 것이다. 이는 비즈니스에 대한 인도 내의 규제가 빠른 속도로 개선되고 있음을 뜻하지만, 역설적으로 인도보다 비즈니스가 용이한 국가가 전 세계에 아직도 76개나 더 있음을 의미한다. 이렇듯 인도는 향후 성장에 관한 긍정적인 요소가 무궁무진함에도 아직 갈 길이 많이 남아 있는 국가라는 현실을 우리는 냉정하게 살펴야 한다. 지금부터 인도에서의 비즈니스가 쉽지 않은 이유를 하나하나 구체적으로 짚어보자.

## 열악한 전기 및 인프라 사정

나는 업무차 뉴델리뿐 아니라 벵갈루루, 첸나이, 하이데라바드, 콜카타 등의 대도시에 자주 출장을 다녔다. 내 기억에 2014년 8월 어느 날 밤, 뉴델리에 소재한 태국 식당에서 우리 콜센터 관계자들과 한창 식사를 하던 중 갑자기 정전이 되며 온 식당이 2분 이상 암흑처럼 깜깜해진 일이 있었다. 우리는 사뭇 난감했지만 동석한 인도인들은 이 정도쯤이야 당연하다는 반응이었다. 최근 상당히 개선되었다고는 하나 연방정부 청사가 있는 수도 뉴델리에서조차 심하면 하루에도 짧게는 몇 초, 길게는 1시간 이상씩 몇 번이나 정전이 되곤 한다. 전기 공급이 원활하지 못해 일어나는 현상이다. 인도의 일간 경제신문인 〈이코노믹 타임스〉의 2016년 2월 19일자 기사에 따르면 인도는 2016년까지도 약 4억 명의 국민이 제대로 전기를 공급받지 못하고 있는 실정이었다.

부족한 인프라도 인도의 문제다. 인도에 방문한 많은 외국인들이 지적하듯 인도는 하루빨리 제대로 된 고속도로와 산업도로 그리고 고속철도를 확충해야 한다. 차량의 수는 하루가 멀다 하고 늘어나지만 신설되는 도로가 턱없이 적어 매우 불편하기 때문이다. 기존 도로는 좁고 구불구불하며 울퉁불퉁한 데다 주변 하수관도 제대로 정비되지 않았거나 막힌 곳이 많아서 몬순 시기엔 약간의 비만 와도 도로에 물이 차올라 차들이 엉키는 경우가 다반사다. 매년 향상되고 있지만 좀 더 신속히 개선되어야 하는 부분이다.

일례로 나는 지난 2015년 8월의 어느 날 푸네에 갈 일이 있었다. 뭄바이 시에서 약 160킬로 떨어진 곳에 위치한 푸네는 한국인들도 많이 거주하는 큰 산업도시인데 그날 그곳에 가는 데 편도에만 약 4시간 30분이 걸렸다. 원래 길도 막히고 도로 사정이 나빠 평균 3시간 걸리는 길이지만, 1시간 반이나 더 오래 가야 했던 이유는 당시가 몬순 시기였고 내린 비로 도로가 부분 침수되어 교통이 통제되었기 때문이다. 하지만 그때 내린 비는 폭우도 아닌 적은 양의 비였기에 도로 문제가 심각하다고 느꼈던 기억이 난다.

# 복잡한 세금 제도

2012년 2월부터 인도에서 본격적으로 홈쇼핑 사업을 시작했을 때 세금 문제로 깜짝 놀란 적이 있다. 뭄바이 외곽의 타네Thane라는 소도시에 중서부 지역 고객을 위한 물류센터가 있었는데, 뭄바이 고객이 상품을 주문하여 타네 물류센터에서 그 고객에게 상품을 배송하려면 이름도 생소한 소위 '옥트로이Octroi'라는 통행세를 내야한다는 것이었다. 상품가의 약 0.5~7% 정도를 차지하는 옥트로이는 알코올 성분이 들어간 술과 포도주 등에는 높은 비율로 부과되는 등 상품별로 세율이 달랐는데, 우리가 홈쇼핑 사업을 막 개시했던 2009년 즈음에는 상품가의 평균 5% 이상이었다. 다행히 뭄바이가 소재한 마하슈트라주를 포함해 몇몇 주에만 있는 일종의 특별 세법이었던 옥트로이는 이후 점점 축소되었고 통합간접세법이 시행된 2017년부터는 아예 폐지되었다.

주마다 각종 세금 및 부가세율이 각각 다르게 책정되어 부과된다는 것은 인도 비즈니스의 큰 단점이었다. 그러다 보니 당사의 세무 부서는 영업 정책을 마련하고 집행하는 데 있어 그것이 가져올 세금 효과를 계산하기 위해 많은 시간을 허비하곤 했다. 가령 고객에게 신규로 부과될 유료 배송비를 책정하려면 그것이 매출과 영업이익에 미치는 효과를 계산해야 하는데, 주별로 제각각 다른 세율이 적용되다 보니 계산이 복잡해 시간이 지체되었던 것이다. 한 국가체제 내에 주별로 세율이 상이하다는 것을 사실 처음에는 도무지 이해할 수 없었다.

| | |
|---|---|
| 연방정부의<br>세금 종류 | 연방 판매세Central Sales Tax<br>연방 소비세Central Excise Duty<br>추가 소비세Additional Excise Duty<br>상계 관세Additional Customs Duty<br>특별 추가 관세Special Additional Duty of Customs<br>서비스세Service Tax<br>처방/치료 약 및 화장실 관리 소비세<br>Excise Duty levied under medicinal & toiletries preparations<br>섬유제품이나 특정상품에 대한 추가 소비세<br>Additional Duties of Excise(goods of Special importance, Textiles Products) |
| 주 정부의<br>세금 종류 | 부가가치세Value Added Tax, 입국세Entry Tax<br>오락세Entertainment Tax, 사치세Luxury Tax<br>복권 및 도박세Tax on Lottery, Betting, Gambling<br>통행세Octroi, 구매세Purchase Tax<br>광고세Taxes on Advertisements<br>판매세Sales Tax |

[표 10] 통합간접세로 통합된 연방정부 및 주 정부의 다양한 세금들
(출처: 주인도대한민국대사관, 코트라, 2017년 10월)

하지만 2017년 7월 1일부터는 단일소비세라고도 불리는 통합간접세가 새롭게 도입되어 이러한 단점이 해소되었다. 통합간접세는 한마디로 인도의 29개 주와 7개 연방직할지의 상품 혹은 서비스에 낮게는 약 15%에서 높게는 약 40%까지 각각 달리 적용하던 세율을 단일 세율로 통합하는 것을 의미한다. 쉽게 말해 우리의 부가가치세와 상당히 유사한 개념이라고 이해하면 된다.

본래 연방정부의 계획은 부가세 속성에 걸맞게 단일세율을 추진하는 것이었으나 다양한 이해관계 집단의 저항 때문에 수포로 돌아갔다. 대신 연방정부는 총 1,211개 아이템을 세율이 없는 상품 카테고리를 포함해 다섯 단계로 나누어 적게는 5%, 많게는 28% 정도의 세율을 적용했다. 금과 다이아몬드 원석에는 그 다섯 단계의 조세 체계와 별도로 각각 3%와 0.25%의 세율이 매겨지는 것으로 확정되었다. 상품

**상품 분류 기준**

| 예외 적용 | 5% | 12% | 18% | 28% | 28%+가산세 |
|---|---|---|---|---|---|
| 전기<br>신문<br>우유<br>곡물<br>수입 관세<br>면제 패스<br>Duty credit scrips | 17,000원 미만<br>의류<br>어망과 낚시<br>갈고리<br>비행기 엔진<br>바이오가스<br>비산재<br>Fly Ash | 17,000원 초과<br>의류<br>바이오디젤<br>프린트잉크<br>재봉틀 부품<br>대나무 가구 | 지게차와<br>관련 장비<br>라디오와 TV<br>송출을 위한<br>전기장치<br>초콜릿<br>대리석 슬래브 | 에어컨<br>디지털카메라<br>변속기<br>방송용 장비 | 자동차<br>판 마살라<br>Pan Masala<br>(씹는 담배 보조제)<br>시가 |

**서비스 분류 기준**

| 예외 적용 | 5% | 12%~18% | 28% |
|---|---|---|---|
| 교육<br>헬스케어<br>주거용 숙박시설<br>1,000 루피 이하<br>요금의 호텔과 여관 | 물품수송<br>기차표(숙박칸 제외)<br>이코노미클래스 비행기표 | 근로계약<br>비즈니스클래스 비행기표<br>통신서비스<br>재무서비스<br>1,000루피~7,500루피<br>사이 요금의 호텔과<br>여관 | 도박<br>7,500루피 초과 요금의<br>호텔과 숙박업소 |

**[표 11] 상품 및 서비스 분류 기준에 따른 통합간접세 세율**
(출처: 언스트 앤드 영 인디아)

별 상세한 세율은 내용이 방대하므로 인도 연방정부의 사이트나 회계 법인 등의 별도 자료를 반드시 참조해야 한다.

통합간접세법은 2016년 8월 인도 상원에서 만장일치로 통과되었고, 2017년 3월 하원에서도 통과한 뒤 7월 1일부터 시행되었다. 통합간접 세 도입은 1947년 인도 독립이나 1991년 이후 인도가 사회주의에서 자본주의로 이행한 것만큼이나 큰 획기적 사건이라 평하는 시장 분석 가도 있다. 상품과 서비스에 대한 소비세는 모든 지방 자치단체의 재 정과 밀접한 관계에 있다 보니, 연방정부도 각 지자체들의 이해관계에 부딪히며 제대로 해결하지 못한 채 수십 년을 보내왔기 때문이다.

토지수용법, 노동법과 더불어 통합간접세 도입은 사실 2014년 5월 모디 총리 당선 이후 그가 추진하는 개혁의 세 가지 핵심 과제로 상정되었었다. 그러나 토지수용법과 노동법 개정이 상당수 국민과 야당의 반발로 무산되었기에 통합간접세법은 모디 총리발 개혁의 핵심이라고 판단하는 것이 옳다. 시행일로부터 정확히 1년이 지난 2018년 7월 통합간접세는 시행착오를 거쳐 제반 비즈니스 현장에 일단 뿌리 내린 것으로 보인다. 하지만 이러한 세제 개혁이 인도 경제에 실제로 가져오는 효과를 올바르게 판단하려면 일정 기간을 더 지켜봐야 한다. 부가세 환급 규정 등에 아직 불확실하고 분명하지 않은 구석이 있기 때문이다.

〈이코노믹 타임스〉의 2017년 3월 29일자 기사에 따르면, 연방 재무장관 아룬 자이틀리는 통합간접세법 도입은 강력한 탈세 방지 효과와 더불어 향후 인도 GDP 성장률이 무려 약 2% 포인트 상승하는 긍정적 결과를 가져올 것이라고 밝혔다. 국제통화기금 역시 유사한 견해를 밝혔다. 지난 3년간 인도 경제성장률이 7% 초 중반이니, 자이틀리 장관의 예상대로 2% 포인트가 올라간다면 경제성장률은 과거 대비 무려 30% 정도가 상승하는 엄청난 성과를 거둘 것이다. 향후 경제성장률이 경우에 따라 8~9%에도 이를 수 있다는 뜻이다.

인도 연방정부 및 기업들뿐 아니라 인도 경제를 모니터링하고 있는 많은 외국 기업에게도 통합간접세 도입은 초미의 관심사다. 모두 한결같이 통합간접세법이 기존 인도의 복잡하디 복잡한 세금 체계를 단칼에 정리하는 마법의 지팡이가 되길 갈망하고 있다.

지난 2017년 6월 말 트럼프 미국 대통령을 만나기 위해 워싱턴을 방문한 모디 총리는 아마존의 제프 베조스, 애플의 팀 쿡Tim Cook, 구글의 순다르 피차이, 월마트의 더그 맥밀런Doug McMillon, JP모건JP Morgan의 제이미 다이먼Jamie Dimon 등 실리콘밸리의 주요 기업 대표들과 모임을 가졌다. 그 자리에서 모디 총리는 통합간접세 제도를 중점적으로 설명했고 이에 대해 대표들 모두는 "훌륭하다" "환상적이다"라는 반응을 보였다. 그들도 기존 인도의 복잡한 세금 체계가 새롭게 개혁되는 것이 자신들의 인도 비즈니스에 얼마나 중요한 영향을 미칠지를 정확히 인지하고 있다.

세수가 부족한 인도에서 종종 발생하는 소급 과세의 리스크도 인도 비즈니스에서 유의해야 하는 부분이다. 일례를 들어 보자. 지난 2012년 인도는 보더폰(영국의 거대 이동통신업체로 2010년 기준 전 세계 최대 매출액을 창출했다)에게 소급과세를 적용해 세계의 주목을 끌었다. 이 이슈는 당시 하루가 멀다 하고 경제지 지면을 뜨겁게 장식했다.

내용인즉슨 이렇다. 지난 2007년 보더폰은 인도 업계 4위의 무선통신회사인 허치슨 에사르Hutchison Essar의 지분 67%를 110억 달러에 사들였는데, 인도 연방정부는 이 거래가 면세 지역에 해당하는 제3국 모리셔스에서 이루어졌음에도 790억 루피를 과세했다. 보더폰은 연방정부의 과세 결정에 불복하여 소송을 제기했고, 2010년 9월 고등법원에서 패소했지만 2012년 1월에는 대법원에서 최종 승리했다. 그럼에도 인도 세무 당국은 세법을 재차 개정해 결국 보더폰에 소급과세를 적용, 당초 징수해야 할 기본 세금액에 이자 및 수수료 등을 더해 총 1,980억 루피를 부과했다. 이는 최초 과세 결정액이었던 790억 루피의 약 2.5배에 달하는 거액이었다.

2019년 현재까지도 보더폰과 세무 당국은 계속해서 법정 다툼 중이다. 참고로 인도는 그동안 국내외 반발이 심해서 시행이 미뤄져왔던 2017년 과거 50년간의 거래에 대해 소급과세가 가능한 '일반적 조세 회피 방지법안GAAR: General Anti-Avoidance Rule'을 도입했다. 모디노믹스의 근본 취지인 친기업 및 해외투자 유치에 찬물을 끼얹을 우려가 있으니 쉽게 도입되지 않을 것이라는 게 사람들의 예상이었지만 그것이 깨진 것이다.

마지막으로 '이전가격 과세Transfer Price Taxation' 문제도 우리 입장에서 속 시원히 해결되어야 하는 해묵은 과제다. 그동안 인도에 진출한 우리 기업들은 인도 정부가 국내외 계열사 간의 거래에 대해 강력한 과세 조치를 취해도 소송 외에는 별다른 구제 수단이 없었다. 이제까지 인도 측은 조세 조약상 이전 거래의 과세에 대한 한-인도 간의 별도 합의 조치가 없었다는 이유로 상호합의에 부정적 태도를 취해왔었다. 이에 인도와 한국의 국세청장들은 이를 시정하기 위한 방안을 2016년 9월과 2017년 4월 그리고 2019년 2월에 마련하여 협의했다. 하지만 최대한 빠른 시일 내에 '이전거래 과세'의 불합리한 점이 완전히 시정되어야 한다는 것은 여전히 과제로 남아 있다. 다행히 한국과 인도는 향후 정기적으로 상호 국세청장 회의를 갖기로 합의하였고, 이 회의에서 과세 현안을 신속히 근본적으로 해결하는 실질적 결과가 나와야 한다. 인도 진출을 원하는 한국 기업들은 '아는 것이 힘'이라는 옛말처럼 다양한 과세 관련 리스크 사례를 미리 알고 철저한 사전 준비를 해야 한다.

# 부정부패

내가 인도에 체류한 기간은 정확히 4년 3개월인데, 이 기간 동안 인도의 부정부패를 생생하게 피부로 겪은 경우는 한두 번이 아니다. 2014년 가을 어느 날 외근 중에 세무팀장이 갑자기 연락했다. 세무 당국에서 다섯 명의 세무공무원이 찾아와 2009년 홈쇼핑 개국 이후의 각종 세무 자료를 요구한다는 것이다. 그날 이후 몇 개월 동안 해당 공무원이 방문 혹은 전화 및 이메일로 요구하는 각종 자료를 소명하기 위해 팀장·팀원들이 동분서주했고, 그 조사를 깔끔히 해결하는 데 무려 1년 이상의 기간이 소요되었다. 2009년부터 영업 및 세무와 관련하여 착실하고 꼼꼼히 5년간 축적해온 각종 자료들 덕에 아무 문제 없이 지나갈 수 있었지만, 당시 회사를 갑자기 방문한 해당 세무공무원들은 우리에게 사실상 이 세무 조사를 취소하기 위한 '뒷돈'을 요구했던 것이 사실이다.

인도에서 각종 사업 진행을 하다 보면 불가항력적인 문제가 발생해서 공무원들에게 소위 '뒷돈'을 어쩔 수 없이 제공해야 하는 경우가 발생하는데, 이때 유의해야 할 점이 있다. 한국 지사나 합작사가 절대로 공무원 당사자에게 직접 돈을 제공하면 안 된다는 것이다. 경우에 따라서는 그로 인해 나중 훨씬 더 큰 문제가 발생할 수 있으니 해당 문제 해결을 위한 전문 인도 에이전트를 고용해 신속하고 조용히 마무리 짓자. 피치 못할 뒷돈도 반드시 해당 에이전트의 손을 통해 간접적으로 처리되어야 한다는 뜻이다. 후에 뜻밖의 봉변을 당하지 않으려면 반드시 기억해둬야 할 내용이다.

〈한국경제신문〉 2013년 9월 9일자 기사에 의하면 인도의 국가 투명성 지수는 2008년 85위에서 2012년 94위로 오히려 악화되었다. 하지만 2014년 5월 모디 총리 당선 이후부터는 더디게나마 꾸준히 향상되고 있다. 2016년에는 100점 만점에 40점을 받으면서 79위를 차지했다가 2017년에 다시 81위로 두 계단 주저앉긴 했으나, 전반적으로는 꾸준한 개선의 흐름을 보인다. 물론 국가 투명성 지수에서 세계 1위를 차지한 덴마크의 점수가 90점임을 감안하면 아직도 인도는 그 절반의 수준에 불과하다. 그러므로 인도 정부와 국민은 부정부패 근절을 위해 보다 큰 노력을 철저하게 행해야 한다.

앞서 언급했듯, 2016년 11월 초 모디 총리가 화폐개혁을 진행했던 이유 중 하나도 인도에 만연한 부정부패와 지하경제의 근절이었다. 4년 이상 나와 동고동락했던 인도 현지 직원의 최근 평가에 따르면 인도의 심각했던 부정부패는 최근 비교적 빠르게 개선 중이라 한다. 모든 공공사업은 입찰을 통해 이뤄지고, 인도 시민사회 집단들도 부정부패 일소를 위해 공무원들을 감시하고 있으며, 통합간접세법 역시 부패의 가능성을 상당폭 줄여줄 것으로 기대된다. 하지만 수십 년의 뿌리 깊은 부정부패가 일거에 해소되는 것은 어려운 일인 만큼, 그 이행 과정을 우리 또한 계속 잘 지켜봐야 한다.


## 복잡한 행정 절차와 규제

인도에 사는 모든 외국 주재원들은 1년에 한 번씩 외국인 지역 등록사무소FRRO: Foreign Regional Registration Offices를 찾아가 비자를 의무적으로 갱신해야 한다. 많은 한국인들이 외국인 지역 등록사무소에 관련된 경험에 관해 이야기하는데, 대부분은 극히 부정적인 평가들이다.

이 비자 갱신 과정은 이렇다. 첫째, 사전에 FRRO의 공식 웹사이트에 직접 접속해 본인·가족에 대한 정보를 꼼꼼히 입력하고 방문 일정을 확정받아야 한다. 둘째, 방문 확정 후에는 보통 오전 일찍 FRRO에서 면담을 한 뒤 특별한 문제나 하자가 없으면 그날 오후에 재차 방문하여 체류 비자를 최종 수령한다.

그런데 이러한 행정 절차 및 규제와 관련된 문제가 있다. 우선 외국인 등록사무소의 실제 방문 전 접속하는 FRRO 웹사이트의 속도 및 안정성 문제다. 입력 내용·방식이 매년 달라짐은 물론 입력 중 오타가 발생하면 처음부터 모든 입력을 다시 시작해야 한다는 것이 너무나 불편했다. FRRO의 공식 웹사이트임에도 속도가 느리고 수시로 다운되는 바람에 내 경우엔 관련 내용 입력을 일곱 번이나 처음부터 다시 했던 적도 있었다.

겨우 입력이 끝나 방문 일자가 확정된 후에도 무려 열댓 가지의 두툼한 서류들을 준비해야 한다. 내 경우 가족 전체를 위해 준비하여 쌓아둔 서류들의 높이가 매년 무려 2센티미터에 가까울 정도였다. 그렇게 준비해도 면접 당일 FRRO에서 사전에 파악되지 않은 서류 미비, 누락 등으로 인해 비자 갱신이 보류되어 재방문해야 했던 경험도 두 번이나 있었다.

가장 큰 문제는 매년 진행되는 이 외국인 등록과 관련한 표준화된 절차, 필요 서류, 달라진 규정 등에 대한 안내가 근본적으로 미비하다는 것이다. 때문에 FRRO 경험은 인도의 복잡하고 불필요한 행정 절차 및 관료제에 기인한 각종 문제점들을 몸소 경험할 수 있는 정말 좋은 예에 해당했다.

한 가지 분명한 점은, 피부로 느꼈던 FRRO 비자 갱신의 부정적 경험이 해가 갈수록 조금씩 개선되었다는 점이다. 모디총리는 복잡한 행정 절차 및 관료제 개선을 위해 지난 몇 년간 부단히 애써왔다. 그의 확고한 의지와 노력이 조만간 좋은 결실을 맺기를 기대한다.

# TIP
## 한국인이 적응하기 만만치 않은 나라

어느 나라를 막론하고 외국 현지에서 비즈니스를 한다는 것, 특히 그것으로 성공을 거둔다는 것은 결코 말처럼 쉽지 않은 일이다. 하지만 그것만큼이나 어려운 것이 현지 생활에 적응하는 것이다. 특히나 장기 출장자, 파견자 그리고 주재원들에게 있어 인도 현지 적응은 언제나 쉽지 않은 과제다. 음식, 날씨, 교통 체증 그리고 환경오염 등의 면에서 여러 문제들이 있기 때문이다.

인도에 체류하는 동안 나는 연간 두세 번 한국에 방문하곤 했는데 그때마다 내가 열심히, 또 반드시 했던 일이 있다. 나 자신은 물론 우리 가족을 위해 한국 음식과 식재료들을 한가득 사고 잘 포장해 인도로 돌아오는 것이 그것이었다. 얼마나 잔뜩 샀는지 2015년 겨울에는 한국 음식이 가득한 큰 캐리어를 몇 개나 끌고 입국하다가 왼쪽 팔뚝의 인대를 다치기도 했다. 그렇게까지 사다 날랐던 이유는 당시 내가 거주했던 뭄바이에 한국인이 즐겨 먹는 식재료를 구하기가 정말 어려웠기 때문이다.

한국 교민이 몇 천 명 거주하는 뉴델리나 첸나이에는 한국 음식점이 10여 군데씩 있어 한국 음식을 언제든 먹을 수 있다. 하지만 뭄바이는 시 외곽까지 포함해 인구가 무려 1,800만 명이나 되는 대도시였음에도 2016년 상반기까지 한국 식당은커녕 슈퍼마켓조차도 전혀 없었고, 2017년에 그나마 인도인이 경영하는 한국 음식점 한 곳이 생겼다. 아마 당시 정착 혹은 주재 중인 한국인이라고 해봐야 400명 미만이어서 수요가 부족했던 탓인 듯하다.

원론적으로 얘기하자면 인도 현지 적응을 위해선 다양한 음식에도 궁극적으로 익숙해져야 한다. 하지만 현지 음식에 적응하는 속도는 개인마다 다르고, 아무리 현지 음식이 익숙해져도 하루 한 끼 정도는 한국 음식을 먹어야 한다. 그렇기에 매 끼니를 한식으로 먹어야 하는 사람이라면 이 음식 문제를 반드시 잘 해결해야 한다. 그렇지 않으면 시간이 가면서 몸이 축나 결국 중도 포기해야 하는 상황이 올 수도 있기 때문이다.

아울러 당연한 얘기겠지만, 찌는 듯한 더위와 습기도 현명하게 다스려야 한다. 열사의 나라인 인도에선 뉴델리만 하더라도 한여름엔 40도를 가볍게 넘고, 뭄바이는 그 정도로 덥진 않지만 대신 습도가 엄청나게 높다. 섭씨 35도 이상의 더운 지역인데 습도까지 높으면 생활하기가 대단히 어렵다. 체력도 쉽게 고갈되고 집 안 여기저기나 의류, 침구 등에 곰팡이도 자주 생겨 각종 질환에도 잘 걸리는 탓이다.

교통 문제도 잘 생각해야 한다. 시중 서점에 얼마 없는 인도 관련 서적들의 대부분은 인도의 교통 혼잡 및 정체 문제를 언급하고 있다. 대표적인 예로, 인도의 차도에는 분명 차선이 그려져 있지만 잘 지켜지지 않는다. 운전하다 보면 차선과 상관없이 그냥 자연스럽게 서로 비집고 들어와 얽히고설킨다. 그럼에도 실제 교통사고 발생 빈도는 예상보다 훨씬 낮다. 그런 운전 관행이 인도인들에겐 이미 지극히 익숙하기 때문이다.

엉키는 도로보다 개인적으로 훨씬 적응이 힘들었던 문제는 쉴 새 없이 울리는 차들의 경적이었다. 한국에선 가끔 뒷차의 경적 소리 때문에 보복 운전까지도 발생할 수 있어 조심하는 편인데 인도인들은 쉴 새 없이 빵빵대고, 이것이 거리 소음의 주범이다. 처음엔 도무지 익숙치 않아 뒷골이 뻐근해지곤 했다. 이로 인한 소음이 엄청난 만큼, 인도의 큰 도시에서 일할 한국인은 사전에 마음의 준비를 단단히 해야 한다. 하지만 마음을 비우고 일에 몰두하며 생활하다 보면 거리의 경적 소리가 자연스럽게 들리는 날이 도래한다. 그리고 그것이 곧 인도에 적응되었다는 신호다.

마지막으로 환경오염 문제다. 최근 한국 방송과 언론을 보면 인도의 심각한 환경오염과 관련된 이야기가 많다. 미국 예일대와 컬럼비아대의 공동연구진이 2018년 발표한 환경성과지수EPI: Environmental Performance Index에서 인도는 아시아 26개국 중 25위, 전체 180개국 중 177위에 랭크되어 거의 꼴찌 수준이다.

나는 뉴델리를 적어도 3개월에 한 번씩 방문했는데, 그때마다 더운 날씨 속에서 뿌연 먼지가 결합된 매캐한 공기 때문에 힘들었었다. 그만큼 뉴델리의 공기오염은 심각한데, 보도에 따르면 뉴델리에서는 5년에 약 1,000명이 환경오염으로 사망한다고 한다. 인도에서 일하는 한국인들이 가장 많이 거주하는 곳이 뉴델리와 인근의 구르가온인데, 앞으로 여기에서 근무할 한국 분들이라면 집 안에 성능 좋은 공기청정기를 방마다 비치하는 등 대기오염으로 인한 피해를 최소화할 준비를 하는 것이 좋다.

# TIP
## 중장기적 안목과 일본 벤치마킹의 중요성

　말 많고 탈 많았던 중국의 사드 보복은 지난 2016년 7월부터 시작되었다. 만 3년이 경과한 2019년 상반기 시점에서 봤을 때, 중국의 사드 보복은 완전히 끝나지 않았다. 사드 보복에 엄청 시달리던 롯데는 현재 중국에서 결국 롯데마트뿐 아니라 백화점까지 철수하는 수순을 밟고 있다. 이 과정에서 우리는 기존에 잘 몰랐던 중국의 적나라한 민낯을 속속들이 볼 수 있었고, 이를 통해 25%에 이르는 중국에 대한 과도한 수출 의존도를 하루빨리 줄여야겠다는 공감대가 정부와 민간 기업에 걸쳐 광범위하게 형성되었다. 더군다나 2018년 봄부터 본격화하기 시작한 미국과 중국의 무역전쟁의 여파가 장기화되면서 중국에 대한 수출 의존도가 높은 한국 경제는 더욱더 어려워지고 있다. 이런 상황에서 포스트 차이나, 그중에서도 베트남과 더불어 인도가 본격적으로 주목을 받는 것은 당연한 결과다.

　하지만 인도에 실제 진출하는 작업과 과정은 말처럼 쉽지 않기 때문에 인도에 대한 보다 철저한 공부, 조사 그리고 사전 대비를 반드시 해야 한다. 혹자는 우리가 마음만 먹으면 인도 시장이 두 팔 벌려 무조건 환영할 줄로 알지만 이는 현실과 거리가 있는 얘기다. 비근한 예로 지난 2010년부터 발효된 한-인도 CEPAComprehensive Economic Partnership Agreement는 활용률이 60% 초반에 불과한 낮은 수준의 자유무역협정이라 개선이 시급한 과제인데, 2016년 6월 이래 여섯 차례 공식 협상과 다수의 실무협상이 있었음에도 별 변화가 없었다. 한-인도 상호의 눈높이와 기대치가 다르고, 인도의 대한국 무역적자가 예상보다 훨씬 컸기 때문이다. 참고로 인도의 대한국 무역적자는 연간 약 100억 달러 수준으로, 35억 달러인 대일본 무역적자와 비교하면 거의 세 배에 가까운 규모다. 이처럼 한국의 대인도 무역흑자가 크다 보니 CEPA 개선에 속도를 내기가 어려웠던 것이 현실이다.

한국에 대한 인도의 수입 규제 조치는 어떠할까? 우리의 바람과 달리 인도는 2017년 6월 한국을 상대로 반덤핑, 상계관세, 긴급수입제한(세이프 가드) 등 수입규제 조치 33건(화학제품 관련 20건, 철강 관련 10건 및 섬유 관련 3건)을 시행·조사 중이었다. 2018년 6월에도 인도의 수입규제 조치는 30건으로, 33건이었던 2017년과 대비하여 3건이 줄었지만 아직도 미국(40건) 다음으로 많은 건수가 진행 중이다. 다행히 2018년 7월 초에 있었던 문재인 대통령의 인도 방문으로 향후 무역구제협력위원회 등 정례 채널 가동을 통해 인도의 수입규제 조치를 해결하기 위한 노력이 이루어지고 있지만, 한국에 대한 인도의 제반 수입규제 조치가 실질적으로 해결될지의 여부는 관심을 갖고 향후 유심히 지켜봐야 할 대목이다.

인도와 관련해 많은 한국 분들과 이야기를 나누면서 거듭 느끼는 것이지만 정말 많은 한국 기업들이 인도를 잘 모르거나, 알아도 일부에 불과한데 그것을 바탕으로 인도 전체를 성급하게 보편화하려는 경향이 있다. 더불어 인터넷 등을 통해 잘못 알려진 정보도 많기 때문에 이것들에만 의존한다는 것은 절대 안 될 말이다. 대한민국 정부와 기업들은 지금부터라도 찬찬히 계획을 세우며 인도에 대해 진지한 연구와 공부를 해나가야 한다. 솔직히 우리나라를 대표하는 대기업 집단 중 이미 구매력 기준으로 세계 3위인 인도에 대해 중장기적 '컨트리 전략Country Strategy'을 뚜렷이 세운 그룹이 몇이나 있는지 궁금하다.

더불어 인도 전문가도 꾸준히 키워야 한다. 2017년 6월 말 〈이코노믹 리뷰〉의 인도 세미나에서 만났던 부산외국어대 이광수 교수의 얘기가 생각난다. 그는 몇 년 전 일본을 방문해 인도를 전문적으로 연구하는 일본 학자들과 대규모 콘퍼런스를 가졌는데, 그 수가 가볍게 100여 명 이상에 이르렀음을 깨달았다고 한다. 실제로 인도 관련 학과를 운영하는 일본 대학은 무려 50곳 이상이다. 그런데 한국은 어떤가? 고작 두어 곳만 있을 뿐이고 그마저도 인도의 정치·경제·사회·문화보다는 주로 언어 교육에만 방점이 찍혀 있다. 인도를 모르고선 인도에 성공적으로 진출할 수 없을 것이다.

마지막으로 인도에 대한 우리의 기존 인식 역시 개선되어야 한다. 인도에 신속하게 진출해 '우수한 한국 상품을 판매하자'라고만 생각하는 것은 정말이지 매우 큰 오산이다. 인도의 입장을 간과한, 한마디로 한국 이기주의적인 발상이기 때문이다. 세상에 공짜 점심이 없듯이 어떤 거래도 일방적일 수는 없고, 모든 거래는 반드시 호혜적이어야 한다. 그래야 상호 신뢰의 기반 위에서 오래도록 지속될 수 있기 때문이다. 때문에 인도에 우리의 상품·서비스를 판매하는 것만큼이나 인도의 상품도 한국으로 적극 수입하고, 대인도 투자 역시 긴 안목에서 집행해야 한다. 인도의 대한국 무역적자 100억 달러는 무시할 수 없는 큰 숫자임을 기억하면서 말이다.

그런 면에서 우리는 인도에 대한 일본의 교역 관계와 투자를 눈여겨보고 이를 적극 벤치마킹해야 한다. 특히 주목할 것은 일본의 인도에 대한 진출이 절대 단기적이 아닌 중장기적으로 이루어지고 있다는 점이다. 서두르지 않고 느긋하게 상대와의 관계를 쌓아올리는 일본의 모습은 우리가 반드시 배워야 하는 부분이다.

사실 우리는 일본보다 먼저 인도와의 관계를 시작했다. 삼성, LG, 현대가 1990년대 중반부터 인도에 제대로 진출했으니 말이다. 하지만 일본은 2000년대 초부터 인도를 넥스트 차이나로 간주하여 체계적인 관계 개선을 모색하면서 그들이 미래의 슈퍼 강대국이 될 것임을 일찍부터 인정했고, 특히 2005년부터 양국 정상회담을 매년 추진해왔다. 이는 지금으로부터 무려 14년 전에 이루어진 일로, 현재까지도 여전히 한-인도 간의 정상회담이 정례화되지 않은 우리 현실과 비교해보면 크게 대조적이지 않을 수 없다. 일본은 2017년 기준 인도 내에 1,370개 이상의 투자법인을 두고 있어 약 400개 미만인 한국의 경우와 역시 대비된다. 대인도 직접투자비에서도 일본은 한국이 투자한 비용의 열 배를 훌쩍 넘으며 압도적 면모를 보인다. 뿐만 아니라 인도에서 일찍부터 대규모 전용공단을 개발하고 있으며 원자력, 신칸센 열차 및 4차 산업혁명과 관련해서도 인도와 밀접한 협업을 진행 중이다. 이 모든 것들은 인도의 매우 큰 미래 성장 가능성을 보고 진작부터 공들여온 결과다. 더 이상 늦지 않도록 우리도 인도에 대한 일본의 일거수일투족을 벤치마킹해 실행에 옮겨야 한다.

자라나는 인도 청소년들에게 대한민국에 대한 애정과 사랑을 심어주는 투자도 반드시 실천에 옮겨야 할 중요 사항이다. 인도의 미래를 짊어질 젊은 세대에게 대한민국의 브랜드를 알려준다는 점에서 이는 브랜드 가치에 중장기적 투자라 할 수 있다. 한국 정부와 기업들은 인도 청소년들에게 일찍부터 다가가 그들이 한국을 진정으로 좋아하고 선호하게 만들어야 한다. 요즘 한창 주가가 상승 중인 방탄소년단, 블랙핑크 등 K-POP 가수들을 적극적으로 활용하는 것도 한 방법일 것이다.

# 어떻게 인도 시장을
# 파악할까?

# 인도 진출의 첫 발걸음: 시장조사

　당연한 얘기겠지만 인도 진출을 계획 중이라면 무엇보다 중요한 것은 정확한 시장조사다. 내가 보기에 가장 우선적으로 필요하면서도 가장 간편한 시장조사 방법은 네이버, 다음, 구글 등에 들어가 인도 관련 자료를 살피는 것이다. 인터넷 서핑은 시간 낭비 없이 가장 적은 비용으로, 그것도 효과적으로 인도에 관해 살펴볼 수 있는 손쉽고도 강력한 시장조사 방법이다.

　물론 한국에 인도에 대한 전문적인 정보가 많지도 않고 오래되거나 잘못된 정보도 있을 수 있다. 그러니 포털사이트를 통한 정보 검색으로는 오로지 인도에 관한 기본 자료를 찾는 것으로 만족하자. 그래도 몰랐거나 도움이 되는 정보도 꽤 많을 것이다. 좀 더 깊은 정보를 위해서는 책이나 신문 등 전문매체를 찾아보자.

## 시장조사의 몇 가지 팁

　시시각각으로 변하는 인도 정치, 정책, 사회경제, 소비자, 문화 등의 중요한 이슈를 살펴볼 수 있는 효과적인 시장조사는 인도 현지의 일간지, 경제지 그리고 주간지 및 월간지 등을 구독하는 것이다. 고맙게도 대부분의 일간지와 경제지 사이트에는 중요 기사들을 인터넷으로 무료 전달해주는 서비스가 많다.

　내 경우엔 주로 다음과 같은 소스를 통해 이러한 무료 전달 서비스를 받는다. 물론 이들 신문들은 전부 영자 신문이다. 힌디어나 타밀어, 안드라프라데시의 텔루구어 등을 읽고 쓸 줄 안다면 당연히 그 언어를 사용하는 주의 신문을 구독하는 것이 가장 효과적이겠지만 그렇지 못한 관계로 나는 다음과 같은 영자 신문들을 읽고 있다.

1) 일간지
　〈타임스 오브 인디아〉
　〈힌두스탄 타임스Hindustan Times〉
　〈DNA〉

2) 경제지
　〈이코노믹 타임스〉
　〈비즈니스 스탠더드Business Standard〉
　〈파이낸셜 크로니클Financial Chronicle〉
　〈파이낸셜 익스프레스Financial Express〉
　〈민트〉

그밖에도 나는 영국의 〈파이낸셜 타임스Financial Times〉, 미국의 〈월스트리트 저널The Wall Street Journal〉 그리고 일본의 〈닛케이 아시아 리뷰Nikkei Asian Review〉 등을 참고한다. 이들 인도 국외 영자 신문들은 가끔 주목해야 할 인도 관련 중요 이슈를 집중적이고 심층적으로 다루기 때문에 해당 이슈의 근본적인 문제를 이해하기에 좋다. 이러한 신문들을 계속 읽다 보면 자신도 모르게 영어 실력이 부쩍 느는 부수 효과도 있어 일거양득이다.

인도에서 한창 생활할 때 나는 〈인디아 투데이India Today〉〈비즈니스 투데이Business Today〉 및 〈아웃룩Outlook〉 등의 잡지들을 주로 구독했다. 스포츠용품 제조 기업이라면, 그리고 크리켓 관련 상품을 생산하여 인도에 수출하겠다고 마음먹었다면 〈다이아몬드 크리켓 투데이 Diamond Criket Today〉 같은 스포츠 잡지도 참고하면 좋겠다. 인도에서 크리켓에 대한 인기는 마치 특정 종교를 향한 광신도의 열정과 거의 유사하므로 크리켓 관련 상품에 대한 인도인들의 선호도와 기호를 세심히 파악하는 것에 도움이 될 것이다.

인도 진출 관련 인터넷 자료를 찾을 때 자주 봐야 할 사이트가 몇 가지 있는데, 인도 연방정부 사이트도 그중 하나다. 앞의 1장에서 모디 총리의 모디노믹스를 설명하긴 했으나 이에 대해 좀 더 자세히 알아보고 싶다면 구글에서 'Make in India'를 검색해보자. 검색 결과창 맨 위에는 'Home—Make in India'가 뜰 것이고, 이를 클릭하면 인도 연방정부가 이 정책에서 가장 역점을 두고 대내외에 소개하는 모든 내용을 한눈에 볼 수 있다. 또한 이 연방정부 사이트에는 제조업과 인프라 구축에 연관된 사회간접자본 투자 및 스마트시티, 산업회랑 등에 관한 향후 정책 방향도 상세히 업데이트되어 있다. 중요한 점은 여기 소개된 내용이 인도 연방정부의 '공식적인' 발표이므로 해당 내용의 신빙성이 기본적으로 담보된다는 점이다.

그러므로 우리나라가 전통적으로 수출 관련 강세를 보이고 있는 전자, 전기, 기계, 화학, 조선 및 IT 하드웨어 관련 기업은 이 사이트를 필수적으로 체크해야 한다. 부두, 항만, 도로, 교량, 공단 등 사회간접자본 및 인프라 구축 관련 시장기회를 선점하기 위한 건설, 토목, 설계, 시공 및 건축 원부자재 회사들도 반드시 이 사이트의 내용을 살펴봐야 하는 것은 물론이다. 또한 이 사이트는 기존의 미국, 중국, 일본, 러시아 등 4강 외교를 탈피하고자 신남방정책에 입각하여 인도로의 진출을 희망하는 기업을 지원, 가이드해야 하는 대한민국 정부 관료 및 공무원에게도 필수불가결한 곳이다.

# 그럼에도 필요한 별도의 시장조사

　인터넷 서핑과 주간지 구독은 간편하고 손쉬운 시장조사 방법이지만, 실제 인도 진출을 진지하게 기획하는 중견 및 대기업에겐 보다 전문적인 시장조사가 필요할 수 있다. 혹시라도 있을지 모를 의사결정상의 오판 및 실수를 보다 철저히 보완하기 위해서다. 비록 100%의 정답을 얻을 수 있는 것은 아니지만, 그래도 그나마 정답에 가까운 정보를 얻을 수 있는 현실적인 방법은 전문 시장조사가 아닌가 싶다.

### 별도조사 1: 전문 시장조사

　숍CJ는 CJ오쇼핑이 인도의 KBS라 할 수 있는 스타TV와 지분을 50 대 50으로 갖고 2009년 9월에 설립한 홈쇼핑 회사다. 당시 인도 홈쇼핑 시장에 처음으로 진출했던 CJ오쇼핑이 인도의 소비자들에게 보다 신속하고 효과적으로 접근하기 위해 인도 시장을 잘 아는 현지 방송사와 손잡고 설립한 합작회사인 것이다. 하지만 홈쇼핑 분야는 스타TV 역시 과거에 경험해보지 못한 사업 분야라 생소했고, 이 때문에 사업 초기에 세계적인 마케팅리서치 전문회사인 닐슨 인디아Nielsen India에게 홈쇼핑 시장 전문조사를 의뢰했었다.

　보다 구체적으로 살펴보면, 숍CJ는 자가용과 PC를 소유하고 있는 프리미엄 고객, 자가용과 PC 외 LCD TV를 소유하고 있으며 지난 2년간 해외여행을 경험한 슈퍼 프리미엄 고객을 대상으로 4개 부문에 대한 시장조사를 닐슨 인디아에 의뢰했다. 조사 대상 인도 고객들은 뭄바이와 나식Nashik(뭄바이에서 차로 대략 3시간 떨어진 인구 약 50만 내외의 도시)에 거주하는 25~45세 남녀 301명이었다. 당시 숍CJ가 의뢰했던 4개 부문은 다음과 같다.

1) 소비 실태(주중, 주말, 여가 시 소비 행위, 쇼핑 장소 등)
2) 주 소비 품목(상품군, 라이프스타일 등)
3) 홈쇼핑 관련 조사(브랜드 인지도, 선호 품목, 배송 희망 시간 등)
4) 목표고객층의 평소 TV 이용 행태

숍CJ는 닐슨 리서치를 통해 우선 목표 고객들의 주중·주말·여가 등에서의 소비 실태와 주로 소비하는 품목은 무엇인지를 파악했다. 더불어 목표고객이 인지하고 있는 홈쇼핑 브랜드 및 그들이 홈쇼핑에 바라는 점, 마지막으로 그들의 평소 TV 이용 행태를 살펴보았다. 닐슨 리서치는 이러한 조사결과를 최종적으로 정리, 분석하여 향후 숍CJ가 인도 고객들을 상대로 홈쇼핑 운영과 방향을 어떻게 가져갈 지에 대한 필수적인 제언을 주었다.


### 별도조사 2: 홈 서베이Home Survey

이와 별도로 숍CJ는 '홈 서베이'란 이름의 별도조사를 또 한 가지 행했다. 뉴델리와 뭄바이에 소재한 인도 중산층 27가구를 가가호호 방문해 가족 구성원의 개별 식생활 등 라이프스타일을 자세히 살피는 조사였다. 구체적으로는 가옥 구조, 방의 개수, 방 넓이 및 가구, 전자·전기 기기, 주방 및 생활 용품, 옷가지 및 액세서리 등의 소유 현황을 파악하고 더 나아가 주로 먹는 음식과 식습관을 일일이 상세하게 관찰, 기록하는 리서치였다.

사실 인도인들의 전통, 문화, 종교, 생활양식, 주식 및 식습관 등은 한국과 상당히 상이하다. 그렇기에 인도인이 어떤 집에서, 무엇을 소유하고, 먹고, 어떻게 생활하는지를 파악하기 위해 이 조사를 진행한 것이었다. 해당 가구를 방문할 때는 전문 시장조사 상담원이 함께 대동하여 조사가 이루어졌다. 인도 중산층의 상세한 생활방식을 속속들이 파악하기 위한 조사였기 때문에 비록 대상 가구의 숫자는 많지 않았지만 조사 기간이 2개월 이상으로 상당히 길었다.

# 인도 시장에서의
## 기회를 잡을 수 있는 방법들

### 인도 현지 방문

백문이 불여일견이라는 옛말처럼 인도 진출을 고려하는 개인이나 기업에겐 인도 현지를 직접 경험하는 것이 가장 효과적인 방법이다. 배낭여행을 포함한 인도 관광도 좋고, 인도 현지의 친지나 친구 혹은 선후배를 방문하는 것도 괜찮다.

나와 인도를 처음 방문한 주요 협력사 대표 중에는 간편 머리 염색제 '리체나'의 유통협력사인 리우엔컴의 윤성용 대표도 있었다. 그와 관련하여 한 가지 잊히지 않는 기억이 있다. 인도 방문 기간 내내 윤 대표는 디지털카메라로 쇼핑몰과 매장에서 쉴 새 없이 인도 여성들의 헤어스타일을 찍곤 했다. 헤어케어 상품의 사업 개척에 남다른 열정이 있었던 그는 후에 인도 출장 당시를 회상하면서 이렇게 이야기했다.

"하하, 그때 인도에 가서 인도 여성들의 헤어스타일을 참 많이도 찍었죠! 인도 여성들의 모질毛質과 모발의 손상 정도 및 컬러 등을 보려고 엄청나게 사진을 찍었던 기억이 생생합니다."

2011년 말 숍CJ에 론칭했던 리체나는 2017년 중반까지 꾸준히 판매가 이루어졌고, 후에도 끊임없이 일정 수요가 창출되었던 상품이다. 업체 대표의 지속적인 열정이 인도에서 꾸준한 매출로 결실을 맺은 좋은 사례였다. 이처럼 직접 인도를 방문하여 시장을 살펴보는 경험은 맞춤형 상품 개발, 그리고 괄목할 만한 실적으로 종종 이어진다.

## 각종 세미나, 콘퍼런스, 무역관련 전시회 및 박람회 참여

넥스트 차이나인 인도에 대한 관심이 높아지면서 최근 점점 더 많은 세미나, 콘퍼런스, 전시회 및 박람회가 한국과 인도 양국에서 이루어지고 있다. 나 역시 2016년 4월 인도에서 귀국한 이래 발표자와 토론자로 각종 세미나와 콘퍼런스에 활발히 참여 중이다. 대부분 코트라, 한국무역협회KITA, 인도에 관심이 많은 지자체, 인도 포럼(인도연구원 산하에 있으며, 국내 회원 수가 약 1,500명 이상임)을 통한 행사들이다.

인도 진출에 관심이 있다면 기회가 주어지는 대로 이들 행사에 열심히 참여하여 인도 전문가들의 의견과 생각을 청취해야 한다. 전문적 식견과 경험을 간접적으로나마 접할 수 있기 때문이다. 그들의 전문적 식견과 경험은 인도 진출 계획을 수립, 수정, 정교화하는 데 필수적 요소인 데다 그전까진 미처 생각하지 못한 아이디어나 주의점까지도 일깨워주므로 자신의 진출 계획에 수시로 반영할 수 있다.

코트라, 한국무역협회, 주한인도상공회의소ICCK: Indian Chamber of Commerce in Korea 및 인도상공회의소를 통해 연중 기획, 진행되는 각종 무역 전시회나 박람회의 내용도 살펴보자. 전시회의 예들을 살펴보면 엔지니어링 및 전력 부문의 'ELECRAMA', 기계 관련 제품들을 위한 'IMTEX', 자동차 부품 및 자동차 관련 제품을 전시하는 'AUTOEXPO', 섬유 및 관련 기계를 전시하는 'GARMENT TECHNOLOGY EXPO', 건설자재·배관 및 인테리어와 관련된 'Plumbexindia', 의료기기 및 의료 상품 관련 전시회의 대표격인 'Medical Fair India' 등이 1년 혹은 2년 주기로 진행된다. 이들 전시회 및 박람회의 상세 내용은 해당 홈페이지에 들어가서 살펴보면 된다. 이러한 전시회 및 박람회에 참가하면 인도 현지 방문도 자연스럽게 이루어지는 동시에 관심 부문·분야의 최신 트렌드와 흐름을 파악할 수 있어 일거양득의 효과를 거둘 수 있다.

여기서 내가 두 번에 걸쳐 토론자로 참여했던 인도 소매협회RAI: Retailers Association of India 토론회에서의 경험을 요약하고자 한다. 첫 번째 토론회는 '디지털 시대의 소매업'이라는 주제로 2015년 6월에 열렸다. 동석했던 패널 멤버에는 인도에서 가장 오래된 대형 백화점 쇼퍼스스톱의 CEO인 고빈드 슈리칸드Govind Shrikahande, 인도 이베이 대표였던 라티프 나다니Latif Nathani, 월마트의 인도 합작법인 바티 월마트Bharti Walmart 대표였던 크레이그 윔사트Craig Wimsatt도 있었다. 두 번째로 참여했던 토론회는 2016년 2월에 '시장 리더십을 위해 필요한 혁신'이란 주제로 열렸는데, 당시에도 이케아 인도의 부사장 패트릭 안토니Patrick Antoni 등이 자리를 함께했었다.

패널로서의 토론 참여는 한마디로 인도 소매업계의 트렌드 그리고 현안과 이슈를 한꺼번에 살필 수 있었던 좋은 기회였다. 더불어 앞서 이야기했듯 해당 업계의 주요 인사와 회사 대표들이 참여하는 자리인 만큼 인도 시장에 관한 그들의 견해를 직접 들을 수 있음은 물론 그들과 직접 만나 자신을 소개하고 주요 관심사를 논하는 등의 값진 기회도 잡을 수 있었다. 이러한 세미나 및 콘퍼런스는 사실상 해당 주제 및 분야와 관련된 사람이라면 누구에게나 개방되어 있으니 가능한 한 최대로 활용하는 것이 좋다.

## 양국 정부 및 대사관과 영사관 활용

2018년 7월 주한 인도대사관에서는 중요한 인사가 있었다. 주한 인도대사가 비크람 도레스와미에서 스리프리야 란가나탄Sripriya Ranganathan으로 바뀐 것이다. 나는 인도와 관련된 각종 주요 현안과 이슈를 업데이트하기 위해 한 달에 서너 번은 주한 인도대사관 사이트에 접속해 제반 정보를 주의 깊게 살핀다(기본적으로는 영문 사이트지만 한국어도 지원된다).

내가 주로 살펴보는 비즈니스 관련 내용들은 이 사이트의 왼쪽 상단에 위치한 웹사이트 메뉴 내의 '무역 및 투자Trade and Investment'에 소개되어 있다. 주요 하위 메뉴로는 '인도-한국 간 교역과 경제 관계', 최근 개정의 필요성이 한참 제기되고 있는 'CEPA' '한국 내 인도 비즈니스' '유용한 인도 교역 관련 웹사이트 소개' 등이 있고, 인도와의 사업 진행에 관련된 질의응답도 있다.

주인도 한국대사관의 공식 사이트에도 주한 인도대사관과 유사하게 한-인도 양국관계에 관련된 각종 정보들이 망라되어 있다. 인도 진출에 관심 있는 기업이나 개인은 메인 메뉴에서 '한-인도관계' 메뉴를 클릭해 자세히 살펴보자.

현재 인도에는 주인도 한국대사관 외에 주첸나이 총영사관과 주뭄바이 총영사관 등의 재외공관이 있다. 주인도 한국대사관은 21개 지방 주와 3개 연방직할령을, 주첸나이 총영사관은 3개 지방 주와 2개 연방직할령을, 주뭄바이 총영사관은 5개 지방 주와 2개 연방직할령을 각각 영사 업무 관할 구역으로 둔다. 그러므로 예컨대 타밀나두주

첸나이에 소재한 기업의 비즈니스 애로사항이나 민원은 해당 영사 업무 관할 구역인 주첸나이 총영사관을 통해 진행해야 한다. 나의 경우도 마찬가지였다. 2015년 말 뭄바이 외곽 타네에 소재한 숍CJ 물류창고와 관련하여 민원이 발생했을 때, 소관 주인 마하라스트라 주 정부와의 민원 해결을 뉴델리에 소재한 주인도 한국대사관이 아닌 뭄바이 총영사관의 도움을 빌어 해결한 적이 있었다. 총영사관이 해당 지역사회의 주 정부 관계자 및 공무원들과 평소 밀접한 교류가 있기 때문이다.

## 코리아 플러스

2017년 3월 말 비크람 도레스와미 전 대사를 방문했을 때, 그분은 내게 한 가지를 별도로 부탁했다. 내 책에서 '코리아 플러스'와 관련된 부분을 특히 강조해달라는 것이었다. '코리아 플러스'야말로 인도 정부가 한국 기업의 민원, 애로사항 해결 및 투자 유치를 위해 신경 쓰는 부분이기 때문이다.

2015년 한국을 방문했던 모디 총리는 인도에 이미 진출해 있거나 진출을 희망하는 한국 기업들의 민원 및 이슈를 신속히 해결해줄 수 있는 특별 기구의 설치를 약속한 바 있었고, 그 결실이 바로 코리아 플러스다. 2016년 6월 주형환 산업통상자원부 장관과 인도의 니르말라 시타라만Nirmala Sitharaman 상공부 장관은 뉴델리에 소재한 아쇼크 호텔에서 '코리아 플러스' 개소식을 진행했다. 눈에 띄는 부분은 민원인이 쉽게 접근할 수 있도록 코리아 플러스의 사무실을 관공서가 아닝 아쇼크 호텔 내의 비즈니스 공간에 마련했다는 점이다. 인도 정부가 특정 국가의 애로사항 해결 및 투자유치의 특별 전담 기구를 연방 정부 내에 별도로 설치한 것은 일본에 이어 한국이 두 번째다.

그렇다면 인도 진출을 원하는 회사의 입장에서 볼 때 코리아 플러스로 얻을 수 있는 실질적인 장점은 무엇일까? 바로 한국 기업의 민원 해결과 투자 관련 애로사항을 해결하는 데 있어 속전속결이 가능해졌다는 점이다.

이를 웅변하는 생생한 사례가 있다. 숍CJ는 기존의 50% 합작 대주주였던 스타TV가 전체 지분을 미국 사모펀드인 프로비던스 에쿼티Providence Equity에 양도하면서 이를 위한 인도 정부의 지분양수도 허가를 얻기 위해 무려 1년 이상을 허비해야 했다. 그로 인해 여러 신규 투자 역시 무기한 연기되는 등의 기회 손실이 발생했다. 나는 하루빨리 문제를 해결하기 위해 주인도 한국대사관과 산업통상자원부, 인도의 경제 장관 및 관련 고위 공무원과 수도 없이 접촉하는 등 백방으로 뛰었다. 심지어 나중에는 한-인도 정상회담을 위해 인도를 방문한 한덕수 한국무역협회장에게도 지원요청을 했었고, 결국 신청한 지 1년 3개월 만에 인도 정부의 허가를 받을 수 있었다.

이것이 코리아 플러스의 적극적 활동을 많은 한인들이 기대하는 이유다. 다행히 지금은 코리아 플러스가 많은 활동들을 적극적으로 해나가고 있다. 무료로 자신이 궁금해하는 사업 관련 내용을 문의해볼 수 있으며 이에 관한 안내책자는 주한 인도대사관에 비치되어 있다. 총 261쪽에 달하는 이 책자에는 인도에서의 법인 설립 절차, 인도의 세금 제도, 산업별 현황 자료, 각 주별 개요 및 투자 관계 등 인도 진출 시 꼭 알아야 할 내용들이 상세히 수록되어 있다. 관련 내용 중 특히 인도의 각 주별 현황을 알기 쉽게 요약해놓은 점이 주목된다.


## 코트라와 한국무역협회의 자료


코트라와 한국무역협회는 의심의 여지가 없는 해외 무역, 투자, 진출 관련 정보의 보고寶庫다. 백문이 불여일견이니 조금이라도 인도에 관심이 있거나 인도 진출을 원하는 기업이 있다면 무조건 코트라(www.kotra.or.kr)와 한국무역협회(www.kita.net) 사이트에 접속해 차근차근 둘러보라고 나는 강력히 권고한다. 양 사이트 모두에는 해외 무역과 관련하여 수십 년간 쌓인 노하우가 누적되어 있으니 각종 정보를 얻을 수 있음은 물론 무역투자, 해외투자 진출 지원 및 무역·투자와 관련된 각종 교육과 연수 등 다양한 혜택을 활용할 수 있다. 보다 상세하고 심층적인 정보의 열람과 적극적인 활용을 위해서는 두 사이트 모두에 회원으로 가입해야 한다.

코트라 홈페이지에선 인도에 대한 개괄적인 '국가 정보' '분석보고서'(심층보고서 및 진출전략 보고서, 설명회와 세미나 자료)와 '비즈니스 정보' 등을 열람할 수 있다. 코트라는 특별히 인도 관련 활동을 위해 '서남아 지역본부'를 마련하고 그 밑에 뉴델리, 뭄바이, 벵갈루루, 첸나이, 콜카타 등 5개 대도시에 무역관을 설치했다. 이들 무역관을 통해 오랜 기간 인도 현지에서의 여러 활동, 정보 수집, 한국 기업의 인도 진출 지원 사업 등을 진행한 만큼 이와 관련해서도 다양한 자료들이 축적되어 있다. 코트라 홈페이지에서 '서남아 지역본부'로 들어가면 5개 도시별 무역관도 각각 살펴볼 수 있다. 해당 무역관에 접속하면 그 지역에 특화된 자료들이 있으니 꼼꼼히 살펴보자.

한국무역협회 홈페이지 메뉴에는 '무역통상정보' '회원/업무지원' '무역통계' 등의 메뉴가 있어 해당 자료를 열람할 수 있다. 인도와 관련하여 내가 주로 검색하는 자료는 '무역통상정보' 메뉴에 있는 'KITA 연구보고서'와 '해외시장 보고서' 등이다. 더불어 '무역뉴스' '통상정보'와 함께 인도의 법령 정보도 자주 살펴본다. 인도의 법령 정보는 굉장히 중요한 내용이므로 자세히 숙지해야 한다. 인도처럼 행정 절차가 복잡하고 규제가 까다로운 국가일수록 관련 내용들을 잘 알고 있어야 효과적이고 빠른 의사결정이 가능하기 때문이다. '무역통계' 메뉴 내 '인도무역' 탭에도 들어가 각종 관련 통계도 살펴보기 바란다.

2012년에 설치되어 지부장을 포함해 총 다섯 명이 근무 중인 한국무역협회 뉴델리 지부 역시 각종 활동을 진행 중이다. 뉴델리 지부의 홈페이지를 살펴보면, '해외시장뉴스' '연구보고서'에서 인도-한국 무역 및 인도 진출에 관한 다양한 정보가 망라되어 있다. 아울러 대부분의 메뉴가 한국 무역협회 본사가 구비하고 있는 데이터와 연동되어 확인 가능하다. 인도 관련해서는 '한-인도 CEPA 현황' '한-인도 CEPA 동향뉴스' '인도시장뉴스' '인도시장보고서' 등이 그것이다. 마지막으로 무역협회에서 운영하는 'Kmall24'와도 연동되어 화장품, 패션 등의 한국 상품도 살펴볼 수 있다.'

## 인도상공회의소와 인도산업연합의 자료

인도에서 가장 중요한 비즈니스 관련 단체 중 두 개만 꼽으라면 단

연 인도상공회의소와 인도산업연합CII: Confederation of Indian Industry이
다. 조직 규모와 영향력 면에서 보면 이 두 단체가 단연 압도적이기 때
문이다. 이 둘은 경쟁 관계에 있지만 각종 비즈니스 사안에 대해서는
상호간 밀접하게 협력한다.

흔히 FICCI로 알려져 있는 인도상공회의소는 상공인들의 각종 비
즈니스 활동을 지원하는 가장 크고 오래된 단체다. 마하트마 간디의
조언으로 1927년에 설립된 FICCI는 뉴델리 본사 외 총 15개 주에서
사무실을 운용 중이고, 전 세계 8개국에 진출해 있다. 참고로 이 단체
는 1,500개 이상의 기업과 500여 개 이상의 상의商議가 가입해 있으
며, 무려 25만 개 기업과 연결된 비정부, 비영리조직이다. 인도상공회
의소는 정부와 비즈니스 관련 이슈에 대해 공식적으로 보도자료를 내
며, 항상 비즈니스 뉴스의 중심에 있기 때문에 정부의 각종 정책에 대
해 뚜렷한 목소리를 낸다.

참고로 한국에는 주한인도상공회의소가 활동 중이다. 한국어와 영
어를 동시에 지원하는 주한인도상공회의소는 한-인도 간 교류에 관
심 있는 한국 기업들, 그리고 한국에 소재한 대부분의 인도 기업들
이 회원으로 참여하고 있다. 쌍용차의 대주주인 마힌드라Mahindra 코
리아, 타타대우상용차, 쌍용자동차, 노벨리스아시아Novelis Asia 등이 후
자의 예고, 한국 측 회원 기업들로는 금강공업, 송산엘리베이터, 국민
은행, KPMG, 김&장, 엔씨소프트, 3M 코리아, 법무법인 화우, 딜로이
트 안진회계법인 등이 있다. 주한인도상공회의소의 홈페이지(www.
indochamkorea.org)를 방문하면 한-인도 간 교역 및 비즈니스 활동
에 관련된 여러 사이트의 링크를 풍부히 알 수 있고, 주한 인도대사관
의 제반 입찰공고도 여기서 동시에 확인 가능하다.

CII로 알려져 있는 인도산업연합 역시 인도상공회의소와 마찬가지로 기업 연합 조직이며 비정부, 비영리기구다. 쉽게 얘기해 한국의 전경련 같은 CII는 1895년에 설립되었으므로 상공회의소보다 더 오래된 조직이고 뉴델리에 본사가 있다. 인도산업연합은 사기업과 공기업을 포함하여 8,300개 이상의 회원사 및 20만이 넘는 간접 회원을 보유 중이다. 또한 인도 내 총 57개의 사무소를 포함, 미국, 영국, 일본, 싱가포르, 프랑스, 중국 등에 열 곳의 해외 사무소를 설치해두고 있음은 물론 전 세계 129개국의 344개 조직과 다양한 관계를 맺고 있다. 인도상공회의소가 좀 더 정부와 가까운 '관官'의 분위기를 띠는 것과 대조적으로 인도산업연합은 기업의 제반 이슈를 직접 푸는 데 역량을 집중한다. 인도산업연합은 매월 〈경제이슈Economy Matters〉라는 잡지를 발간하고 있다.


## 그 밖의 자료


정부의 직간접적인 지원하에 방대한 조직이 있고 대학에서 인도를 연구하는 일본과 달리 한국에서의 인도 연구는 극히 작은 규모라 할 수 있다. 그나마 나름 중요한 역할을 하는 것은 정부출연 연구기관인 대외경제 정책연구원인데, '신남방경제실' 밑에 설치된 '인도남아시아팀'이 오랜 동안 연구보고서를 통해 인도와 한국 양국 간 교역에 관련한 심층 분석을 행해왔다.

2018년 8월 현재 대외경제 정책연구원의 홈페이지에 접속해 인도 자료를 찾으면 1996년 이후 총 133건의 발간물이 검색된다. 연구보고(58건), 지역경제포커스(17건), 월간 KIEP(15건), 지역경제(15건), 오늘의 세계경제(16건) 등이 그것이다. 이 자료들에는 최근 신남방정책 이슈, 한국 중소기업과 스타트업의 인도 진출 방안을 포함해 인도의 산업 정책과 기업의 특성, CEPA 관련 주요 이슈, 내수시장, 모디의 경제 개발 정책, 문화산업의 경쟁력 분석, 제약산업 등 인도의 모든 주요 정책과 시장 구조, 비즈니스 이슈, 협력과 경쟁 방안 등이 골고루 소개되어 있다.

마지막으로 전 인도 및 일본 대사를 역임한 이준규 대사가 회장으로 있고, 내가 운영위원장으로 있는 '인도 비즈니스 포럼'에 관해 간략하게 소개하고자 한다. 인도 비즈니스 포럼은 2013년 11월 창립된 사단법인 인도연구원(www.인도연구원.kr) 산하의 지회로서 매년 인도 비즈니스 전문가가 나서서 각종 오프라인 세미나를 개최하고, 페이스북의 인도 비지니스 포럼 홈페이지를 통해 온라인 활동을 진행해왔다. 나 역시 2016년 7월에 인도에서 귀국하여 인도 전자상거래 시장 관련 세미나를, 10월에는 인도 스타트업 현황 세미나를 개최한 바 있다. 2017년 들어서는 잡지 〈이코노믹 리뷰〉와 6월 말에 '인도 전문가 세미나', 9월 초엔 뉴스핌 주최로 인도 전문가 좌담회, 9월 말에는 '인도의 4차 산업혁명 현황, 개발협업 모델 및 시장 사례'라는 주제로 세미나가 진행되었다. 2018년에도 연초 이후 2019년 상반기 현재 인도 모바일 서비스와 광고, 통관과 내륙 물류, 화장품 시장, 인도 체류와 비자 문제, 법인 설립 실무와 사례, 통합간접세, 인도 중산층 등의 주제로 왕성한 온라인 세미나 및 콘퍼런스를 진행 중이다.

# 어떻게 인도 시장에
# 진출할까?

# 한국 기업의 인도 진출

　그간 인도 진출에 관해 한국 기업들이 관심을 보였던 시기는 크게 세 가지로 구분할 수 있다. 첫 번째는 1995년부터 1997년에 이르는 약 3년간의 시기인데, 이때는 1991년 인도 제9대 연방총리인 P. V. 나라시마 라오P. V. Narasimha Rao 정부의 인도가 기존의 사회주의적 기조를 탈피하고 개방화와 세계화의 길로 접어든 이후 삼성전자, LG전자, 현대차가 발 빠르게 인도에 진출한 때였다. 두 번째는 브라질, 러시아, 인도, 중국 등 4개국인 브릭스의 붐에 편승해 인도 진출에 관심이 쏠렸던 2000년대 중반이었다. 마지막으로 인도 진출에 다시 관심이 붙기 시작한 것은 모디 총리가 연방 총리로 당선된 2014년 5월 이후부터의 시기인데, 그 이유는 친성장과 친기업을 축으로 모디노믹스가 뚜렷한 성과를 내오고 있기 때문이다. 2016년 여름 이후 중국의 사드 보복과 최근 미·중 무역전쟁 여파를 극복하기 위한 한국의 수출 다변화 노력 역시 인도에 대한 관심을 높이는 데 한몫하고 있다.

　그러나 현재까지 한국 기업이 보여준 인도 진출에 대한 성과는 흡족하지 못한 상태다. 삼성전자, LG전자, 현대차 외 롯데, 성화산업, 오스템임플란트 등 몇몇 대기업 및 중견기업의 성과 외엔 뚜렷한 성공 사례가 많지 않다. 한국 기업의 가시적 성공 사례가 부족한 것은 그간 인도 진출을 꾀했던 상당수 한국 기업의 의지와 계획이 단기적, 즉흥적이기 때문이었다. 인도에서의 궁극적 성장을 원하는 한국 기업은 특히 우리 특유의 '빨리 빨리' 문화를 잊고 처음에는 적게 투자한 뒤 천

천히 성장을 꾀하고, 돌다리도 한 번 더 점검하는 신중한 자세로 진행해야만 한다. 인도 진출의 성공은 시장조사와 사업 계획을 위한 몇 번의 방문, 혹은 막연한 희망을 갖고 진행한 단기 상품 수출로 이루어질 수 있는 것이 아니다. 오직 중장기 진출만이 정답이다.

인도에 진출하는 방법으로는 여러 가지 것들이 있다. 인도에 프로젝트사무소, 연락사무소, 지사, 합작투자 혹은 현지 법인 등을 설립하는 직접적인 방법부터 인도 내 로켓 성장을 지속하는 이커머스·엠커머스 회사 그리고 홈쇼핑 회사를 활용하는 간접적인 방법에 이르기까지 다양한데, 우선 후자에 해당하는 것들부터 하나씩 살펴보자.

# 인도 진출의 간접적 방법

## 홈쇼핑 회사 활용하기

인도에 연락사무소나 지사 등 법인을 직접 설립하는 방법은 일단 비용과 노력이 많이 들기 때문에 실패 시 감내해야 할 재무적 리스크도 크다. 이 점이 특히 중견, 중소기업에게 중요한 포인트인 이유는 이들의 경우 대개 자본이나 리소스가 부족하기 때문이다. 그렇기에 인도 현지에서 오랫동안 자리 잡은 홈쇼핑 회사를 활용하는 방법은 괜찮은 대안이 된다. 홈쇼핑 회사들은 이미 스튜디오 등 방송시설 일체, 물류, 콜센터, 케이블회사 등과의 방송 송출망, 인터넷몰 및 앱 구축 등 상품 판매에 필요한 제반 플랫폼과 유통채널을 오랜 기간 운용해 왔기 때문이다. 인도 진출에 관한 여러 방법 중 제일 먼저 이것을 소개하는 이유 역시 인도 진출을 원하는 한국 기업이 가장 쉽고 빠르게 접근할 수 있는 방안이기 때문이다.

세계적인 시장조사 기업 유로모니터Euromonitor에 따르면 인도의 홈쇼핑 시장은 매년 22% 이상 성장하고 있다. 인도의 경제지 〈파이낸셜 익스프레스〉는 2017년 기준 자국 시장의 규모를 약 9,000억~1조 500억 원으로 예측했다. 현재 인도 내 전국 배송을 행하는 대표적인 홈쇼핑 회사는 뉴델리 인근의 홈숍18Homeshop 18과 뭄바이에 소재한 납톨Naaptol 두 곳인데, 숍CJ는 홈숍18과 2018년 초 최종적으로 통합되었다. 2008년 4월에 설립된 홈숍18은 인도 재벌 릴라이언스 그룹의 소유로 GS홈쇼핑이 지분의 약 15%, CJ오쇼핑이 약 12.5%를 소유한 인도 홈쇼핑 매출 1위 회사다.

홈숍18에 론칭을 원하는 한국 기업은 상품 입점을 위해 두 가지 방법을 활용해볼 수 있다. 하나는 서울 방배동의 CJ오쇼핑 글로벌본부, 다른 하나는 문래동의 GS홈쇼핑 글로벌부서와 접촉하는 것이다.

내가 CJ 출신이니 CJ 중심으로 살펴보자. 인도 진출의 첫 관건은 먼저 '회사' 및 '상품 소개서'를 잘 정리해 CJ오쇼핑 MD의 눈길을 사로잡는 것이다. 소개된 상품의 특장점과 가격 등이 인도 시장에 먹힐 수 있다는 확신이 서면 담당 MD는 홈숍18의 MD와 접촉한다. 홈숍18의 MD는 해당 상품의 상품력에 근거하여 진행 가능하다는 판단이 들 경우 상품의 가격, 준비 수량, 마케팅 및 프로모션 계획을 세운다. 몇 번의 조율을 거쳐 최종적으로 상품 TV 론칭 일시가 결정되면, 그때부터 MD와 함께 프로듀서PD가 붙어 상품을 효과적으로 소개하기 위한 콘티를 짜고 판매 준비를 한다. 이때 상품을 직접 설명할 쇼호스트에게도 미션이 부여된다. 보통 프로듀서 및 쇼호스트와의 작업이 구체적으로 시작되는 시기는 대략 TV 론칭 시점 한 달 전후부터인데, 대개는 해당 상품을 보다 잘 소개하기 위한 동영상 자료도 준비한다. TV를 통해 론칭된 상품은 당연히 홈숍18의 인터넷몰(www.homeshop18.com)과 앱에도 동시에 입점해 멀티채널을 탄다.

론칭된 상품이 매출, 영업이익 그리고 미래 성장 측면에서 홈쇼핑 기준에 부합한다면 지속적 물량 공급을 통한 정규 방송 일정이 잡히고, 중장기적 성과가 좋은 상품은 '효자 상품'으로 자리매김을 한다. 효자 상품은 필요에 따라 진화를 거듭해 시즌 1, 시즌 2 등의 업그레이드를 거치고 그 과정에서 계속 협력사와 홈쇼핑 측에 수익을 창출해준다.

TV홈쇼핑 회사의 가장 중요한 경영 자원은 바로 'TV 방송 시간'이다. 따라서 이 시간을 확보하는 것은 담당 MD에게 있어 생사를 좌우하는 문제가 된다. 모든 방송 MD는 시청률이 높은 방송 시간을 확보하는 데 사활을 걸지만, 아무래도 최종 확정된 방송 시간은 가장 잘 판매되는 상품 위주로 구성되는 법이다. 회사가 필요로 하는 매출과 영업이익을 확보해야 하기 때문이다. 2016년 4월 기준으로 봤을 때, 숍CJ의 TV 방송에 등장했던 상품 중 가장 많은 매출 비중을 차지한 상품은 프라이팬, 냄비, 푸드프로세서(다짐기) 등의 주방용품으로 전체 매출의 약 30%를 차지했다. 매출 비중 2위를 차지했던 상품군은 홈쇼핑 성공 상품 사례인 매직맙Magic Mob, 빨래건조대, 진공 압축팩 등의 생활용품이다. 이 상품들은 2016년 4월 기준 약 19%의 매출 비중을 점했고, 이 두 상품 카테고리를 합치면 거의 50%에 육박했다.

## 주요 전자상거래 회사 활용하기

현재 인도의 전자상거래 시장에선 완연한 2강 2약 상황이 벌어지고 있다. 원래 2~3년 전까지 플립카트, 스냅딜, 아마존 인도의 절대 3강 구도였으나 소프트뱅크의 손정의와 아마존의 제프 베조스 간 각축전 속에서 엠커머스의 총아 페이티엠이 빠른 속도로 몸집을 키우고 있고, 전 세계적으로 아마존과 자웅을 겨루는 오프라인 강자 월마트가 2018년 5월 플립카트의 대주주가 되면서 인도 전자상거래 시장에 본격적으로 가세했다.

인도의 전자상거래 시장은 보수적인 포레스터 리서치의 예측을 인용해도 연간 31.2%씩 성장세를 거듭 중이기에 한국 기업, 특히 중소기업에게 입맛 당기는 기회의 장임이 틀림없다. 따라서 가용한 자본, 직원 등의 리소스가 부족한 중소기업들은 몇 년 전부터 특별한 관심을 가졌고, 가능한 진출 방법을 2015년부터 모색해왔다.

이와 관련하여 한 가지 한국 정부에 제안하고픈 내용이 있으니, 향후 정부가 보다 전향적으로 나서 가칭 '중소기업 인도 진출 활성화 펀드'를 구성하는 것이 그것이다. 필요하다면 이 펀드로 인도 현지에 (유통)법인을 설립하고 그를 통해 한국 중소기업 상품을 인도에서 주문, 수입 및 통관을 거쳐 인도 소비자에게 배송하는 원스톱 솔루션을 제공할 수도 있겠다. 인도 시장도 잘 모를 뿐 아니라 여러 리소스가 부족한 한국 중소기업이 본격적으로 인도 전자상거래 시장을 공략하기란 쉽지 않은 일이다. 그러나 이 펀드에 준해 장기간 저리低利로 필요자금을 융통하고, 상품도 한국 공장에서 인도 소비자에게 최종 배송하는 제반 과정을 해당 법인이 진행한다면 얘기가 달라질 것이다. 이 법인을 통해 한-인도 간 국제무역 전자상거래에 대한 프로세스와 규모의 경제가 확립된다면 그다음인 2단계로 한국 중소기업이 이커머스뿐 아니라 오프라인 유통까지 공략하는 마중물이 될 것이라 판단되기 때문이다. 2017년을 기준으로 하여 보수적으로는 약 740조 원, 낙관적으로는 약 1,000조 원 규모라 판단되는 인도 전체 소비 시장의 단지 약 3.5%만이 전자상거래 시장이다. 그러므로 오프라인 유통 시장을 공략한다는 것은 곧 최소 740조 원 이상 되는 메가 시장에 진출한다는 것이니 그 의미가 클 수밖에 없다.

# 인도 진출의 직접적 방법

인도에 설립된 연락사무소Liaison Office와 관련하여 우연히 알게 된 불행한 예가 있다. 대도시에 연락사무소를 개소한 이후 수년간 실제 상거래 행위를 하다가 인도 당국에 적발된 난감한 경우였다. 인도 회사법상 연락사무소의 설치 목적은 문자 그대로 외국 기업이 인도와 본격적 사업을 진행하기에 앞서 사업기회 확보를 위한 시장조사, 상품 홍보, 사업 파트너 상담 등 간단한 비즈니스 활동을 위한 것이다. 따라서 원칙적으로 상품 제조와 유통에 관련된 일체의 상거래 활동을 할 수 없음에도 해당 연락사무소는 상거래 행위를 하다 적발된 불행한 예에 해당했다. 작은 연락사무소 하나를 설치하더라도 현지 법률을 상세하고 정확히 파악한 뒤에 실행해야 한다는 교훈을 주는 예라 하겠다.

인도에 직접적으로 진출하는 방법에는 몇 가지가 있다. 연락사무소, 프로젝트 사무소, 지사, 현지법인 등을 설치 혹은 설립하는 것이다. 현지법인을 설립하는 방법에는 크게 세 가지가 있는데 단독 투자회사 wholly owned subsidiary 설립, 합작 투자회사joint venture 설립, 그리고 인도 기업의 인수합병이 그것이다. 그러나 여기에서 각각을 상세하게 논의하지는 않으려 한다. 지면도 제한되어 있고 이미 코트라, 인도 진출 컨설팅 회사, 법무법인 등에서 실무적 방법을 자세히 설명하고 있는 데다 인도 내 법인 설립에 관한 실무 단행본(김영은 외 지음, 『인도 법인 설립 가이드』, 비티엔, 2018년 4월)도 이미 출간되어 있기 때문이다. 그러니 여기서는 인도 진출의 직접적 방법에 대해 반드시 알아야 할 핵심 이슈와 유의점 몇 가지만 살펴보도록 하자.

사실 연락사무소 설치는 인도 내에서의 실질적 제조, 상업 활동에 제약을 받으므로 간단한 시장조사나 홍보 등을 행하는 경우가 아니면 권장되지 않는다. 그렇기에 연락사무소는 대개 본격적인 인도 진출에 앞서 인도 시장을 탐색, 발굴하고 정보를 수집하기 위해 한시적으로 둔다. 앞서 들었던 예와 마찬가지로 간혹 연락사무소를 통해 암암리에 상업 활동을 행하는 경우엔 인도 당국에 적발되는 불행한 경험을 하게 될 수 있으니 주의를 요한다.

프로젝트 사무소는 외국 기업이 인도 내에서 건설, 금융 등 특정 프로젝트를 수행키 위해 한시적으로 개설된다. 설립에 관한 승인은 인도 정부가 지원하는 건설 프로젝트 및 국제 금융기관 등에만 국한되는 등 프로젝트 사무소는 설립 목적에 제한을 받고, 해당 프로젝트의 종료와 동시에 폐쇄된다는 특징을 갖는다.

지사는 법적 지위가 '외국 법인'이므로 본격적 상업 활동을 펼칠 경우엔 높은 법인세가 부과되는 등의 제약 요건이 있다. 하지만 연락사무소와 달리 인도 내에서 실질적 상업 활동을 수행할 수 있고, 그렇기에 당연히 납세 의무를 지게 된다. 그럼에도 지사는 상품의 실제 제조·생산이 불허된다는 근본적 제약 조건이 따르니 상품 제조사는 주의해야 한다.

인도에 직접 진출하는 것은 아니지만 위탁생산CMO: Contract Manufacturing Organization이라는 방법을 활용할 수도 있다. 사실 위탁생산은 간접 진출 방법에 해당되지만, 홈쇼핑이나 전자상거래 회사를 통한 진출과는 구별되므로 여기에서 언급하려 한다. 위탁생산이란 한국과 인도에 소재한 두 회사가 위탁계약에 의해 일정 기간 동안 상품을 제조하는 것을 말한다. 가령 인도 진출을 원하는 한국의 한 제약회사가 자신들이 보유 중인 당뇨 특허나 자본 등을 인도의 제약회사에 투자하면, 인도 제약회사는 그 위탁계약에 의거해 당뇨 약을 위탁 생산하는 식이다. 이 경우 한국 제약회사는 자신들의 핵심 역량에 집중하면서도 인도에 대규모 자본이나 생산 시설의 투자 없이 빠른 시간 내 원하는 당뇨 약을 제조, 생산하여 인도 내에 유통할 수 있다는 장점을 가진다.

많은 한국 기업이 단독 투자와 합작 투자를 두고 고민에 빠지곤 하는데, 결론부터 말하면 최종 결정은 전적으로 회사의 경영 여건을 감안해야 한다. 단독 투자와 합작 투자는 장단점을 동시에 가지기 때문이다. 이제까지 일반적으로 알려진 바에 따르면 인도의 경우엔 합작 투자보다 단독 투자가 선호되고, 인도 내의 법인 설립에 관한 코트라의 설명에도 단독 투자가 바람직하다고 기술되어 있다. 과거 인도에서 현지 경영을 했던 회사들을 살펴보면 인도에서 단독 혹은 합작 투자를 행한 한국 및 다국적 회사들의 다양한 성공 및 실패 사례가 있으니 현지법인 설립이라는 방법을 통해 인도에 직접 진출하려는 회사들은 해당 사례들을 신중하게, 또 충분히 검토해야 한다.

1990년대 중반 삼성전자도 처음 인도 전자회사인 비디오콘Videocon과의 합작 투자로 인도에 진출했지만 이익배당 및 경영 방안에 대해 상호 간의 의견 불일치를 겪다가 후에 100% 단독 투자로 전환한 바 있다. 합작 투자의 장점은 해당 상품에 대한 현지 파트너사의 자본 및 인적 자원을 포함한 제반 노하우와 경험, 기반 시설, 물류 창고, 판로 등을 활용할 수 있다는 것인데, 인도 현지 사정에 어두운 한국 기업에게는 이것이 중요 포인트가 될 것이다. 또한 합작사와 사업을 공동으로 진행하면 다양한 비즈니스 리스크에도 효과적으로 대응할 수 있다. 예컨대 상품 제조나 유통 과정에서 돌발 상황이 발생할 경우 현지 사정을 잘 아는 합작사의 네트워크를 활용하여 인도 중앙·지방정부에 효과적으로 대응할 수 있다는 점은 중요한 장점이다.

그러나 앞서 언급했듯, 어떤 방법을 택할 것인가에 대한 최종적인 의사결정은 예상되는 제반 장점을 실제로 유효적절하게 활용할 수 있는지의 여부를 면밀히 파악한 뒤에 이루어져야 한다. 의사결정 전에는 합작투자의 장점이 충분하다고 판단했으나 막상 실제로 접하는 비즈니스의 문제를 해결하는 데 있어 해당 장점을 활용할 수 없다면 난감한 상황이 벌어질 것이니 말이다.

또한 합작 투자를 고려 시엔 경영권 확보를 위한 지분 문제에도 주의해야 한다. 일례로 경영권을 확실히 쥐고자 한다면 반드시 76% 이상의 지분을 확보해야 한다. 인도에서는 26%의 지분만을 가진 소수 투자자라도 중요한 경영 의사결정에 개입하거나 대주주의 의사결정에 제동을 걸 수 있고, 그렇기에 한국 본사가 지분을 50% 이상 확보했다 해도 자유로운 의사결정이 보장되는 것은 아니기 때문이다.

끝으로 현지 공장 제조 및 위탁생산 관련하여 주의할 점 두 가지가 있다. 첫째는 애프터서비스의 중요성이다. 예컨대 내구 소비재를 판매했다면 소비자의 구매 후 각종 고장 및 업그레이드 문제를 해결해줘야 하므로 애프터서비스는 해당 상품의 중장기적인 인도 진출 성공에 있어 핵심 요소라 할 수 있다. 삼성, LG, 현대차의 경우에도 탄탄한 애프터서비스망의 구축 및 운영이 인도 진출의 성공을 담보했다. 인도에 진출한 지 20여 년이 된 한국 대기업들이지만 이들은 지금도 고객의 불편이 있는 곳은 어디건 찾아가 문제를 해결해준다.

둘째로 인도 국내 및 로컬 제조에서 환율이 갖는 중요성이다. 주지하다시피 인도는 지난 6~7년간 루피화의 가치 하락이 심각한 문제였고, 향후 미-중의 무역전쟁으로 더 안 좋아질 가능성도 있다. 인도 진출 초기에 일본의 소니가 실패했던 요인은 로컬 제조 없이 일본 본사가 제공하는 상품을 판매했기 때문이었다. 그러나 2013년 전후 때처럼 루피화 가치가 가파르게 하락한다면 외국에서 원부자재 및 완제품을 수입해 판매하는 방법으로는 원가를 통제할 수 없기 때문에 반드시 로컬에서의 R&D 및 구매를 전제로 사업을 해나가야 한다.

# 스타트업은 어떨까?

2016년 10월에 출간된 『취업보다 스타트업』이라는 책은 현재 전 세계를 무대로 기업가 정신과 동기부여 강연을 행하는 베스트셀러 작가 라시미 반살Rashmi Bansal의 저서로, 총 열 개의 인도 스타트업 회사의 성공 스토리를 담고 있다. 기업가 정신을 바탕으로 작게 시작해 산전수전을 겪으면서 멋진 벤처 회사를 일구어가는 인도 젊은이들에 관한 역동적인 얘기가 매우 흥미롭다.

이 책을 출간한 플랜지 출판사의 이경아 대표는 2017년 9월에 한-인도 스타트업 친목 모임을 주관했는데, 내게도 그 자리에 참여할 기회가 주어졌다. 많은 인원이 모인 것은 아니었지만 기업가 정신을 발휘하려는 양국 젊은이들의 열정과 반짝이는 아이디어가 듬뿍 느껴진 자리였다. 사실 스타트업이든 뭐든 일이 제대로 진척되려면 일단은 관심 있는 사람들이 모여 활발히 의견을 개진해야 한다. 그래야 아이디어도 생기고 문제도 해결되기 때문이다.

기업가치가 1조 원 이상인 비상장 스타트업을 일컬어 '유니콘Unicorn'이라 하는데, 2017년 하반기 현재 전 세계에는 200개가 넘는 유니콘이 있다. 국가별로 살펴보면 미국이 절반 이상을 차지하여 1위, 50개가 좀 넘는 중국이 2위, 그리고 각각 열 개씩을 기록한 인도와 영국이 공동 3위를 차지했다. 이렇듯 인도는 벌써 전 세계 3위의 스타트업 강국이다. 인도에서는 모디 총리의 '메이크 인 인디아'와 함께 몇몇 정책이 적극적으로 수행되고 있는데 그중 주목해야 할 것이 바로 '스타트업 인디아Startup India'다.

2016년 1월 모디 총리는 뉴델리에서 손정의 회장과 우버의 창업자 트래비스 캘러닉Travis Kalanick과 함께 '스타트업 인디아' 출정식을 가지면서 총 열 가지의 파격적 스타트업 육성 및 지원 정책을 발표했다. 스타트업 회사에 3년간 세금 면제, 1조 7,000억 원 규모의 펀드 지원, 벤처캐피탈의 자본 이익에 대한 세금 면제, 특허 출원비 80% 할인, 새로 창업한 스타트업에겐 3년간 세무조사 면제, 지적재산권의 획기적 보호를 위한 정책 마련, 스타트업 육성이라는 목적하에 별도 학교·학생 양성을 위한 특별 프로그램 마련, 스타트업 창업 등록 절차를 스마트폰 앱으로 하루 만에 끝내주는 지원 방안 등이 그것이었다.

여러분은 혹시 문재인 대통령도 주목한 '밸런스히어로'라는 인도 현지 한국 스타트업을 들어본 적 있는가? 앞에서 손정의의 소프트뱅크 코리아가 30억 원을 투자한 스타트업이라고 이야기했던 회사인데, 2018년 7월 현재 누적투자금은 총 450억 원에 달한다. 2014년 7월 인도에서 설립된 밸런스히어로는 통신요금 잔액을 확인할 수 있는 '트루밸런스'라는 앱을 2015년 1월 출시, 2019년 현재 7,000만 사용자를 보유하고 있다.

밸런스히어로의 이철원 대표는 인도의 휴대폰 사용자 대부분이 선불 요금제를 사용한다는 점에 착안해 이 앱을 출시했다. 과거의 휴대폰 가입자들은 통신회사에 전화를 직접 걸어 자신이 선불한 것의 잔액이 얼마 남았는지 일일이 확인해야 했지만, 이것을 트루 밸런스 앱으로 간편히 확인하게 한다는 것이 밸런스히어로의 비즈니스 모델이다. 인도의 선불제는 정확히 말하자면 '정액 기간제', 즉 일정 기간 내에 금액을 충전해 휴대폰을 사용하는 방식이다. 여기에서의 문제점은 사용자가 해당 기간 내 충전 금액이 얼마 남았는지 모르는 가운데 사용 기간이 만료되면 충전 잔액이 종종 말소되곤 했다는 점이다. 통신사에게는 쏠쏠한 수익원이 되어주었지만 선불제 사용자에게는 손실이었던 바로 이 점을 잡아주면서 트루 밸런스는 휴대폰 선불제 사용자들에게 어필할 수 있었다.

내가 판단하기에 밸런스히어로의 발전 가능성은 무궁무진하다. 인도의 스마트폰 보급률이 여전히 약 40% 정도에 불과하기 때문이다. 더불어 2017년 9월부터는 밸런스히어로의 영업 에이전트가 휴대폰 소유자 대신 잔액을 충전시켜주는 서비스가 추가되었다. 앞으로는 핀테크 사업에서 한 발 더 나아가 손안의 은행 개념의 '금융 플랫폼' 사업을 전개할 것으로 보인다. 토종 한국 스타트업 회사인 밸런스히어로의 큰 활약을 기대한다.

# TIP
## 인도 홈쇼핑에서 성공한 세 가지 상품

### 히트 상품 1 매직맙 물걸레

숍CJ 홈쇼핑 초기부터 대히트를 친 상품 단 하나를 고른다면 단연 매직맙 물걸레다. 매직맙 물걸레는 매년 꾸준한 매출을 기록했고, 2015년 여름에 이미 100만 개 넘는 판매고를 올린 메가 히트 상품이 되었다.

이 상품이 공전의 히트를 친 까닭은 다음과 같다. 첫째, 무릎을 구부릴 필요 없이 효과적으로 바닥, 천장, 가구 밑 등을 청소할 수 있는 전천후 청소 도구 매직맙은 인도에서 당시까지 존재한 적 없었던 신개념 생활 아이디어 상품이었다. 둘째, 수분 흡수에 탁월했던 극세사 걸레로 무장한 매직맙은 세척 효과가 탁월했다. 셋째, 깔끔한 외관 디자인이 소비자들의 호감을 얻었다. 넷째, 이 상품의 장점을 잘 시연한 홈쇼핑 TV 방송 효과도 좋았다. 종합하면 매직맙 물걸레의 성공은 수준 이하의 인도 청소 도구들이 가져다주지 못했던 효용과 디자인 그리고 사용 편리성을 소비자들에게 제공해준 것에 따른 성과였다.

**매직맙 물걸레**
(출처: 숍CJ)

## 히트 상품 2 빨래건조대

혹시 뭄바이의 촬Chawl에 대해 들어본 적이 있는가? 촬은 1900년대 초 주로 뭄바이 남부 방직공장의 노동자 계급을 수용하기 위한 다세대 주택이었으나 지금도 여전히 수십만 가구 이상이 거주하고 있는 주거 형태를 지칭한다.

촬을 방문한 즉시 알아챌 수 있는 사실은, 정말 좁은 주거 공간임에도 인도 서민들은 다양한 아이디어를 통해 기막히게 효율적으로 사용한다는 점이다. 그중 하나가 다락방이다. 촬이 층고가 높기 때문에 서민들은 내부에 다락방을 마련하여 잡동사니 수납처나 자녀들의 침실로 이용한다. 비단 촬뿐 아니라 인도 서민들의 주거 공간은 대개 비좁은데, 특히나 뭄바이처럼 삼면이 바다로 둘러싸여 택지가 부족한 지역이 그렇다.

촬 및 협소한 집에서 사는 사람들은 빨래를 널 공간이 없기 때문에 촬 앞의 통로 천장이나 난간을 이용하는데, 홈쇼핑에서 빨래건조대가 히트 상품이 된 까닭은 비좁은 주거 공간의 효율적 활용에 도움이 되었기 때문이다.

저자가 찍은 전형적인 뭄바이의 전통 다세대 주택 '촬'의 외부 모습. 전면부 위쪽과 난간은 대개 빨래 건조에 활용된다.

빨래건조대의 성공 이유로는 세 가지가 있다. 첫째, 좁은 공간에 양말을 포함한 50여 개의 빨래를 한꺼번에 널 수 있었다. 둘째, 빨래건조대는 밑에 바퀴가 달려 있기 때문에 빨래를 널어놓은 후에도 집 안내에서의 이동이 용이했다. 마지막으로 빨래건조대를 쓰지 않을 때는 건조대 앞뒤 양옆에 달린 날개를 접어 가구 뒤 등 집 안의 좁은 공간에 간편히 수납할 수도 있었다.

또한 인도는 매년 6월 초부터 9월 말까지가 우기라서 밖에 빨래를 널 수 없기에 빨래건조대가 큰 힘을 발휘한 것도 히트의 또 다른 이유가 되겠다. 이런 특장점 덕에 숍CJ는 매년 우기 전에 이 상품의 물량을 확보했고, 우기 동안 월 3~4만 개씩 판매했었다. 우기 아닌 기간에도 매월 몇 천 개씩 팔리며 숍CJ의 효자 상품이 되어준 이 빨래건조대는 제품 론칭 후 2016년 말까지 약 50만 개 이상의 누적 판매고를 달성했다.

인도 주거 공간의 활용도를 높이며 히트 상품이 되어준 빨래건조대.
(출처: 숍CJ)

## 히트 상품 3 리체나 샴푸형 헤어 염색제

2013년 어느 가을날, 나를 2년간 가까이에서 도와주었던 숍CJ 인 사팀의 자야다Jayada가 아쉬운 목소리로 말했다.

"오늘 이미용 MD에게 물어보니 리체나 샴푸형 헤어 염색제 재고가 창고에 없어서 더 이상 주문이 안 된다던데, 언제쯤 다시 창고에 재입 고되나요? 우리 엄마하고 동생한테 빨리 사줘야 하는데……."

한국에서도 그렇듯 인도에서 역시 머리를 염색하려면 헤어살롱에 가거나 집에서 직접 해야 한다. 헤어살롱에서 염색하는 비용은 대략 우리 돈으로 2~3만 원, 비싸면 8만 원 가까이 되고 시간 또한 1시간 30분 정도는 족히 걸린다. 그에 반해 집에서 직접 염색할 경우엔 비용 은 적게 들지만 염색제, 헤어 브러시, 염색제 용기, 고무장갑, 수건 및 종이 타월 등의 물품을 준비해야 하고, 염색 시간 또한 예상보다 오래 걸리며 과정도 번잡스럽다는 단점이 있다. 코를 찌르는 염색제 냄새를 참아야 하는 것 물론이다.

2011년 말부터 숍CJ의 방송을 타기 시작한 리체나 헤어 염색제는 비록 폭발적 매출을 일으키진 않았으나 2016년까지 꾸준한 효자 상

집에서도 짧은 시간 내에 머리 염색을 가능하게 해준 리체나 샴푸형 헤어 염색제. (출처: 숍CJ)

품이 되어주었다. 여기에는 몇 가지 이유가 있었는데, 그중 인도인에게 가장 크게 어필했던 것은 전체 염색 과정에 걸리는 시간이 기껏해야 10분 이내라는 점이었다. 튜브 두 개의 염색제를 각각 손바닥에 짜서 골고루 비빈 뒤 샴푸하듯 머리에 쓱쓱 발라주고 나서 약 7분만 기다리면 모든 염색 과정이 끝났다. 숍CJ는 이 장점을 부각시키기 위해 전체 과정에 걸리는 시간을 타이머로 직접 재면서 TV방송으로 내보냈었다. 이와 더불어 상품의 주성분이 인도 전통 염색제 성분인 헤나henna라는 점, 한 세트의 가격이 원화 2만 5,000원 내외로 저렴할 뿐 아니라 사용자에 따라 짧게는 3~4개월, 길게는 6개월 이상 사용이 가능하다는 등 경제성 면에서 가지는 장점도 인도의 소비자들에게 좋은 인상을 준 요소였다.

리체나 염색제는 CJ오쇼핑에서 성공적으로 론칭, 히트 상품이 되어 인도를 비롯한 CJ오쇼핑 글로벌사이트에 수출되면서 지금까지 2,500만 개 이상의 판매고를 올렸고, 숍CJ에서만도 누적 판매량이 30만 개 이상에 달했다. 이 이유로 리체나 염색제는 내가 코트라, 무역협회, 인도에 관심 있는 기업 세미나를 진행할 때마다 잊지 않고 소개하는 성공 상품 중 하나다.

# TIP
## 인도 홈쇼핑 시장 진입에 실패한 상품

인도 숍CJ에선 매년 약 10~15개의 한국 상품을 론칭했었다. 물론 그 상품들 모두가 성공을 거둔 것은 아니었기에 실패 상품의 경우 무엇이 원인이었을지를 분석하는 과정이 필요했다. 그래야 다음에 론칭할 상품의 성공 방정식을 끌어낼 수 있었기 때문이다. 여기에서는 숍CJ에서 판매했지만 성과가 그리 좋지 않았던 상품 중 별도의 리뷰가 필요한 중요 상품 두 가지를 이야기하고자 한다.

첫 번째는 홍삼 제품이다. 숍CJ가 론칭한 상품은 K사가 음용하기 쉽도록 낱개 포장한 홍삼차 세트였다. 우리는 이를 적극 홍보하기 위해 인도인에게 역대 최고의 크리켓 선수라 알려진 카필 데브Kapil Dev를 홍보대사로 활용했다. 인도인에게 인지도가 높고 건강과 활력의 상징적 인물인 카필 데브가 홍삼차를 홍보하면 제품에 대한 이미지도 보다 긍정적으로 전달할 수 있을 것이라 판단했던 것이다. 이와 더불어 매년 영화·방송·미디어 분야 봉사자들이 많이 모이는 2013 FICCI Frames에도 큰 홍보 부스를 설치해 홍삼차 시음 코너도 만드는 등 여러 프로모션 행사를 진행했다.

하지만 이 제품은 의미 있는 매출을 올리는 데 실패했다. K사의 제반 투자 여건 및 사정상 한국 상표 및 패키지를 영어로 바꾸지 않고 그대로 사용했기 때문이었다. 홍삼의 구체적인 효능 및 효과가 인도인들에게 제대로 알려지지 않아 인지도는 낮을 수 밖에 없었다. '인도인들에게 좀 더 어필할 수 있는 인도식 패키지 및 포장을 준비했으면 결과가 어땠을까?' 하는 아쉬움이 남는다.

실패 사례로 살펴봐야 할 두 번째 상품은 2012년부터 한국에서 엄청나게 판매되었고 인도에도 수출된 제습기였다. 제습기는 당시 인도 사람들에게 낯선 제품이었기 때문에 우리는 수요를 보수적으로 예측했고, 따라서 처음부터 많은 수량을 수입하지도 않았다. 홈쇼핑 TV에서의 론칭 당시 이 상품의 가격은 수입 및 통관에 따르는 제비용과 관세를 감안하여 원화 20만 원대 후반으로 정해졌지만 판매 결과는 좋지 않았다. 실패의 직접적 원인은 우선 제습기라는 상품에 대한 인도인들의 인식이 많이 부족했다는 것, 그리고 나름 경쟁력 있다며 책정했던 20만 원대 후반의 가격이 인도인에게는 고가여서 가격 저항이 있었다는 것이다. 방송을 몇 번 탔음에도 완판되지 않아 최종적으로 남은 재고는 가격 세일을 진행했고, 다행히 제습기의 효용성을 잘 아는 인도 내 주재원 등 한국인들에게 무난히 판매할 수 있었다.

만약 그 상품이 한국에서 수입된 것이 아니라 인건비 낮은 인도의 노동력으로 직접 제조된 상품이었다면 보다 경쟁력 있는 가격에 잘 판매되었을 것이라는 게 나의 예상이다. 더불어 인도인들의 가격에 민감한 특성을 감안, 정말 필수적인 제습 기능 위주로 제조된 상품이었다면 성공했으리라 믿어 의심치 않는다. 사실 이는 앞에 언급했던 주가드 이노베이션의 원리와도 통하는 얘기다. 몇 개월씩 고온다습한 우기가 이어지는 인도에선 제습기가 필수적이다. 인도에서 단 1년이라도 살아본 사람은 이 말이 무슨 뜻인지 쉽게 이해할 수 있을 것이다. 고온다습한 환경도 환경이지만, 옷장에서 발견되는 곰팡이의 엄청난 피해를 한 번이라도 경험했다면 제습기를 구비할 수밖에 없다. 이러한 상황과 여건들을 좀 더 면밀히 살핀 뒤 그 상품의 인도 판매 전략에 반영했더라면 좋았을 것이라는 아쉬움이 지금도 남는다.

# 결 론

잘 모르는 한 나라, 그것도 한창 빠른 속도로 성장과 발전을 거듭하는 나라를 파악하는 과제는 말처럼 쉽지 않다. 인도가 그렇다. 특히 인도는 삼성, LG, 현대 같은 한국의 대기업들이 비교적 빠른 시기인 1990년대 중반부터 본격적으로 진출하고 자리 잡으면서 당시 한국 기업들에게 블루오션으로 인지되기도 했다. 하지만 그 뒤에 이어진 기업들의 다양한 진출 시도는 빛을 발하지 못했다. 기업들이 제대로 자리 잡지 못한 이유를 찾기는 어렵지 않다. 크게 두 가지 이유가 있다. 첫째는 인도에 대한 충분한 시장조사와 면밀한 관찰 그리고 준비 없이 진출을 시도했다는 점이고, 둘째는 앞서 몇몇 대기업들의 성공사례를 보면서 인도 시장 진출을 지나치게 쉽고, 만만히 봤다는 점이었다.

한국 사람들의 대표적인 특징 중 하나는 바로 '급하다'는 점이다. 남들은 100년 이상이 걸리는 산업화를 수십년이라는 짧은 기간내에 해치워 소위 '한강의 기적'을 만들어 내다 보니 무엇을 해도 신속히, 잘 해낼 수 있다는 자신감이 생길만도 했다. 그래서 전형적인 한국 기업가들은 단기간에 성과를 올리는 것을 당연시한다. 인도 진출 문제에 있어서도 똑같은 생각이 적용되었던 것이 불문가지였다. 결국 단기간에 승부를 볼려고 서두른 점이 그동안 인도 진출 성과가 변변치 못한 이유와 통한다. 하지만 아직 늦지 않았다. 인도를 이해하고, 알고, 예측해 이에 근거한 진출 전략을 차분하게 다듬어 10년, 20년을 인도와 함께 윈-윈 전략을 꾀할 때가 되었다.

인도의 본격적인 성장을 이끌어온 나렌드라 모디 총리가 총선에서 다시 승리하면서, 현재 전 세계는 인도의 성장에 집중하고 있다. 우리도 늦지 않았다. 인도는 한 마리의 코끼리처럼 거대한 생명력을 가지고 있는 국가이며, 그 영향력은 갈수록 더욱 커질 것이다. 지금부터라도 인도라는 코끼리에 신속하게 올라탈 준비를 해야할 것이다. 그러기 위해서는 인도를 잘 알고 심층적으로 이해해야 한다. 바로 이것이 내가 이 책을 쓴 이유다. 마침 문재인 정부 역시 작년부터 신남방정책을 꾀하고 있다는 점을 잊지말자. 부디 이 졸고가 앞으로 인도라는 코끼리가 만들어내는 거대한 흐름에 올라탈 기업인들에게 길잡이가 되어주기를 바란다.

# 코끼리에 올라타라
## 홈쇼핑 베테랑의 인도 비즈니스 진출법

초판 인쇄  2019년 7월 23일
초판 발행  2019년 7월 31일

지은이  신시열
펴낸이  김승욱
편집  김승욱 심재헌 장윤정
디자인  최정윤
마케팅  최향모 이지민
홍보  김희숙 김상만 오혜림 이가을
제작  강신은 김동욱 임현식

펴낸곳  이콘출판(주)
출판등록  2003년 3월 12일 제406-2003-059호
주소  10881 경기도 파주시 회동길 455-3
전자우편  book@econbook.com
전화  031-8071-8678
팩스  031-8071-8672

ISBN  979-11-89318-12-3 03320

• 이 도서의 국립중앙도서관 출판시도서목록(CIP)은 e-CIP 홈페이지(http://www.nl.go.kr/ecip)
  와 국가자료공동목록시스템(http://www.nl.go.kr/kolisnet)에서 이용하실 수 있습니다.
  (CIP제어번호: CIP2019028446)